# Ubatuba

## além do tempo

*– memórias e marés*

Catalogação na Fonte
Elaborado por: Josefina A. S. Guedes
Bibliotecária CRB 9/870

| | |
|---|---|
| | Castro, Rafael Flori de |
| C355u<br>2025 | Ubatuba: além do tempo - memórias e marés / Rafael Flori de Castro. – 1. ed. – Curitiba: Appris, 2025.<br>298 p. : il. ; 23 cm.<br><br>Inclui bibliografia.<br>ISBN 978-65-250-8113-7<br><br>1. Ubatuba (SP) – História. 2. Turismo. 3. Memória. 4. Identidade social. 5. Meio ambiente – Preservação. 6. Mata Atlântica. I. Título. |
| | CDD – 981.61 |

Editora e Livraria Appris Ltda.
Av. Manoel Ribas, 2265 – Mercês
Curitiba/PR – CEP: 80810-002
Tel. (41) 3156 - 4731
www.editoraappris.com.br

Printed in Brazil
Impresso no Brasil

RAFAEL FLORI DE CASTRO

# Ubatuba

## além do tempo

### *– memórias e marés*

artêra
editorial

Curitiba, PR
2025

FICHA TÉCNICA

| | |
|---|---|
| EDITORIAL | Augusto V. de A. Coelho<br>Sara C. de Andrade Coelho |
| COMITÊ EDITORIAL | Ana El Achkar (Universo/RJ)<br>Andréa Barbosa Gouveia (UFPR)<br>Jacques de Lima Ferreira (UNOESC)<br>Marília Andrade Torales Campos (UFPR)<br>Patrícia L. Torres (PUCPR)<br>Roberta Ecleide Kelly (NEPE)<br>Toni Reis (UP) |
| CONSULTORES | Luiz Carlos Oliveira<br>Maria Tereza R. Pahl<br>Marli C. de Andrade |
| SUPERVISORA EDITORIAL | Renata C. Lopes |
| PRODUÇÃO EDITORIAL | Bruna Holmen |
| REVISÃO | Maria Eduarda Pereira Paiz |
| DIAGRAMAÇÃO | Andrezza Libel |
| CAPA | Pedro Crepaldi |
| REVISÃO DE PROVA | Colméia Studios |

*Porque se chamavam homens*
*Também se chamavam sonhos*
*E sonhos não envelhecem...*

***(Clube da Esquina Nº 2)***

# Agradecimentos

Escrever este livro foi mais do que um exercício de pesquisa e memória; foi uma jornada de redescoberta, aprendizado e conexão com Ubatuba e tudo o que ela representa. Este projeto não teria se concretizado sem o apoio, a inspiração e a colaboração de muitas pessoas e instituições que, de alguma forma, contribuíram para que estas páginas se tornassem realidade.

À minha família, em especial à minha mãe, Rosângela Fiore, que, com muita ousadia, mudou-se para Ubatuba comigo e meu irmão, Rodrigo, em um dia chuvoso de janeiro de 1993 — e aprendemos que chuva é fartura e abundância. Aos amores Nicholas Gianelli, Nayara Visan, Camila Prado e Shaíra Castro, pelo amor incondicional, pela paciência e pelo incentivo, sempre acreditando em meus sonhos e me apoiando em cada passo desta caminhada.

Aos amigos e colegas de profissão, por compartilharem ideias, inquietações, histórias e reflexões que enriqueceram esta obra.

Aos mestres e educadores que, ao longo dos anos, despertaram em mim a curiosidade, o desejo pelo conhecimento e a paixão por contar histórias. Em especial, à querida Lúcia Muniz, pela revisão atenta e seu olhar cuidadoso para a educação; à Irene Reis, por acreditar no meu projeto de vida; e a Marcos Roberto dos Santos, pelo amor à educação e a Ubatuba. Suas lições foram além das salas de aula e continuam ecoando em minha trajetória.

À cidade de Ubatuba, com sua história, cultura e natureza vibrante. Que este livro seja uma humilde homenagem a este território tão rico e inspirador, que nos ensina diariamente sobre resistência, pertencimento e preservação.

Aos povos originários, quilombolas e caiçaras, guardiões de saberes ancestrais que moldam a identidade de Ubatuba. Que suas vozes sejam sempre ouvidas e respeitadas.

A todos que, de alguma forma, contribuíram diretamente ou indiretamente para a realização deste livro — seja com palavras de incentivo, sugestões, críticas construtivas ou compartilhamento de experiências.

E, por fim, a você, leitor(a), que aceitou este convite para mergulhar nas memórias e marés de Ubatuba. Que esta obra desperte em cada um o desejo de conhecer, preservar e celebrar tudo o que faz desta cidade um lugar único.

Com gratidão,

***Rafael Flori de Castro***

# Apresentação

Ubatuba não é apenas um ponto no mapa; é um território de memórias, resiliência e pertencimento. Entre suas praias exuberantes e montanhas cobertas pela Mata Atlântica, pulsa uma história que se desdobra em camadas — algumas visíveis, outras silenciosas, mas todas fundamentais para compreender a essência desse lugar.

*Ubatuba: Além do Tempo – Memórias e Marés* é um convite para ir além do óbvio, além das paisagens deslumbrantes e das narrativas convencionais. Por meio de novas perspectivas e olhares, procuro conduzi-los por uma jornada onde passado, presente e futuro se entrelaçam, revelando que a identidade de uma cidade não se resume à sua geografia, mas àqueles que a habitam, a constroem e a reinventam ao longo do tempo.

A Ubatuba que encontramos nestas páginas é um território vivo, pulsante, formado pelo conhecimento ancestral dos povos indígenas, pela tradição e resistência dos caiçaras e pelo legado dos afrodescendentes que deixaram suas marcas na cultura local. Mas também é uma cidade que enfrenta desafios contemporâneos — a tensão entre crescimento e preservação, a luta pela valorização da identidade local e a urgência de um turismo que respeite a história e a biodiversidade que fazem deste lugar um santuário natural e cultural.

Esta obra não se limita a um resgate histórico; ela propõe reflexões sobre pertencimento e preservação, destacando a importância de olhar para Ubatuba não apenas como um destino, mas como um símbolo de um Brasil que precisa reconhecer e honrar suas raízes. A cada capítulo, somos instigados a questionar nossa relação com o território, a valorizar os saberes que resistem ao tempo e a assumir o compromisso de cuidar do que herdamos.

Que ao virar estas páginas, você se permita mergulhar nas memórias, refletir sobre o presente e projetar um futuro no qual educação, cultura, história e natureza caminhem juntas. Porque entender Ubatuba em sua essência é mais do que conhecer: é transformar-se.

**Boa leitura!**

# Sumário

Capítulo 1

# Ubatuba: identidade, história e cultura viva

Ubatuba é mais do que um destino paradisíaco; é um território de memórias, resistência e transformações constantes. Este capítulo mergulha na identidade ubatubense, explorando as chegadas e partidas que moldaram sua história, os desafios e conquistas da educação, a resiliência de sua cultura e a riqueza de suas tradições. Entre praias, símbolos e movimentos culturais, Ubatuba se revela como um espaço dinâmico, onde passado e futuro se entrelaçam. Aqui, questionamos, refletimos e celebramos a essência dessa cidade singular, resgatando suas raízes e projetando seus desafios e possibilidades para o futuro.

## Ubatube-se!

Há muitos anos, quando ouvi pela primeira vez a música *Quem Sabe Isso Quer Dizer Amor*, de Milton Nascimento, fui profundamente tocado pela sua poesia. A leveza com que ela fala de amor, de tempo, de memória e de sonho despertou em mim algo que eu não sabia que estava ali: o desejo de revisitar o passado, de enxergar a vida como uma estrada onde os sonhos podem, de fato, acontecer.

Essa música me levou a refletir sobre o significado da memória, da história e das nossas raízes. Assim como a canção nos convida a pensar além do bem e do mal, a olhar para as coisas que ninguém viu, senti que era hora de mergulhar na história de Ubatuba — essa cidade que me formou e realçou meu olhar para o mundo. Já tive o privilégio de viajar muito, mas o verdadeiro privilégio não é para onde você vai, e sim para onde você volta, onde estão suas origens e ancestralidade.

Ubatuba, com suas praias, sua cultura, suas histórias contadas à beira-mar e seus ecos de tempos antigos, sempre foi para mim um lugar onde o passado e o presente se entrelaçam em um ritmo próprio.

Escrever este livro é, de certa forma, minha maneira de transformar "um ribeirão em braço de mar", de buscar nas pequenas lembranças e nos grandes marcos históricos de Ubatuba a fonte do ser que pulsa dentro de cada um de nós. É um resgate de nossas raízes, de nossa cultura, mas também um olhar afetuoso para o futuro, uma forma de reconhecer o que somos e o que podemos nos tornar.

Assim como no trecho dessa poesia em forma de música: "Falar da cor dos temporais, do céu azul, das flores de abril, pensar além do bem e do mal, lembrar de coisas que ninguém viu", sinto-me vivo e convidado a admirar a simplicidade e a grandeza da vida. Esse olhar me impulsiona a ser, cada vez mais, um praticante do amor e da acolhida.

Onde "o mundo lá, sempre a rodar, e em cima dele tudo vale", Ubatuba também carrega uma roda viva de histórias e memórias. Este livro é um convite para revisitarmos essas narrativas, para enxergarmos a cidade como um reflexo de amor, de sonhos realizados e de esperanças guardadas.

Que cada página seja uma estrada para fazer o sonho acontecer. Que este livro nos lembre que, assim como no amor, a história e a cultura de um lugar são construídas a partir de fragmentos — pequenos, mas preciosos. Ubatuba, assim como essa canção, me inspira a olhar para o que está à nossa volta com ternura e reverência.

Que a leitura deste livro seja prazerosa e traga boas reflexões, emoções e memórias sobre este lugar sagrado que chamamos de Ubatuba.

Quem sabe, isso também quer dizer amor...

## Chegadas e partidas

Um píer é um lugar de transição, onde a terra encontra o mar e as histórias de chegadas e partidas se entrelaçam. Para os povos originários, como os Tupinambás, o mar sempre foi uma via vital, uma rota de sustento e conexão com outras comunidades. Eles eram excelentes canoeiros e mantinham relações pacíficas com os povos do planalto, até que a chegada dos europeus trouxe violência e exploração.

Embora o discurso histórico dominante sugira que a história de Ubatuba tenha começado apenas em 1563, com a chamada Paz de Iperoig, essa visão reflete uma perspectiva eurocêntrica que ignora séculos de vivência e organização indígena anteriores à colonização.

A Aldeia de Iperoig não foi apenas o palco de um tratado imposto, mas um território rico em cultura e saberes, sufocados pela narrativa colonial que prioriza eventos como a mediação do Padre Anchieta. Adotar uma perspectiva decolonial é reconhecer que a verdadeira história de Ubatuba começa muito antes da chegada dos colonizadores, nos saberes e modos de vida dos povos indígenas que há muito habitavam e preservavam estas terras.

Neste território, a Mata Atlântica resiste como uma testemunha viva, abrigando uma biodiversidade única e nos lembrando da profunda relação entre cultura e meio ambiente. Assim como o oceano que avança e recua, a história de Ubatuba é feita de ciclos — continuidades e rupturas que moldaram o presente e preparam o futuro. Este livro percorre essas marés, resgatando memórias ancestrais e revelando as forças que nos moldam enquanto comunidade.

Por fim, este trabalho não pretende esgotar toda a história de Ubatuba, nem abarcar todos os seus temas. A intenção é trazer novos olhares e perspectivas para a construção de uma sociedade mais consciente e conectada com sua ancestralidade e potencialidade. Cada página é um convite para revisitarmos nosso passado e, a partir dele, reinventarmos nosso futuro.

Nas palavras de Marta Relvas: "As nossas emoções são uma fonte valiosa de informações e nos ajudam a tomar decisões. Estas são resultado não só da razão, mas também da junção de ambas, associadas a outras competências emocionais que podem nos levar ao sucesso na aquisição do aprendizado nas relações humanas".

E, como sabiamente disse Dª Ophélia Alves de Figueira de Camargo em seu livro *Ubatuba ou 'Ubachuva', Uma questão de Geografia*: "Não importa se *uba* quer dizer flechas ou canoas, o que importa é *tuba*, muitas. Sim, muito bonito, muito colorido, muito poético, muito, muito... O que importa é que quem aqui chega ou aqui vive se submeta à grandiosidade dessa natureza invulgar que inspirou poetas e nos inspira até hoje. Que possamos sentir a beleza da alma do poeta quando disse Ubatuba".

## A educação que transforma: a jornada de um eterno aprendiz

Um agradecimento especial a todos os educadores, gestores e profissionais da **Escola Municipal Presidente Tancredo de Almeida Neves**, que diariamente fazem dessa instituição um verdadeiro espaço de transformação. Há 22 anos, essa escola técnica me formou em Turismo e abriu caminhos que transformaram minha vida. A partir dela, tive a oportunidade de conhecer o Brasil e viajar por diversos países, experiências que hoje compartilho com muito amor e dedicação, contribuindo como educador no Curso Pós-Médio em Guia de Turismo.

Como destacou Paulo Freire, a escola é "o lugar onde se faz amigos" e onde criamos laços que ultrapassam os limites dos prédios e quadros. A Escola Tancredo é o reflexo disso: mais do que um espaço de ensino, é um berço de sonhos, onde cada profissional colabora para formar cidadãos críticos e protagonistas de suas histórias.

Fundada em 6 de maio de 1969, a Escola Tancredo nasceu do sonho de jovens visionários que queriam trazer a educação técnica para Ubatuba. Com o apoio do então prefeito Ciccillo Matarazzo, a escola começou com apenas 30 alunos, mas hoje é referência em educação profissionalizante, atendendo cerca de 1.500 estudantes e oferecendo cursos integrados ao ensino médio, como Administração de Empresas, Contabilidade, Informática e o reconhecido Curso Pós-Médio em Guia de Turismo.

A Escola Tancredo tem como missão oferecer uma educação de excelência que inspire os estudantes a serem agentes de mudança. Promove valores como ética, respeito à diversidade e inovação, contribuindo para a formação de cidadãos capazes de transformar a sociedade e o mercado de trabalho.

## Guia de turismo: um curso que valoriza Ubatuba e sua cultura

O Curso Pós-Médio em Guia de Turismo é um exemplo do compromisso da Escola Tancredo com o desenvolvimento regional e o turismo sustentável. Desde 2003, a escola foi pioneira ao credenciar seu curso junto à EMBRATUR, habilitando guias em categorias como Guia Regional, Nacional e Especializações em Atrativos Naturais e Culturais.

O guia de turismo é mais do que um profissional; ele é o anfitrião dos visitantes. Além de orientar os turistas, organiza atividades, desenvolve itinerários e promove a valorização das culturas locais. No caso de Ubatuba, isso significa preservar e divulgar as tradições caiçaras, indígenas e quilombolas, bem como educar os visitantes sobre a importância da conservação ambiental.

O curso combina aulas teóricas e saídas técnicas, proporcionando aos alunos uma vivência prática indispensável. Assim, formam-se profissionais capacitados para aliar sustentabilidade e empreendedorismo social, fundamentais para o turismo responsável.

## A importância de preservar e multiplicar saberes

A educação que recebi na Escola Tancredo é a base do que sou hoje. Assim como ela transformou minha vida, acredito que a educação tem o poder de impactar positivamente toda uma comunidade. Seja através da valorização cultural, da sustentabilidade ou da formação técnica de excelência, a Escola Tancredo segue como exemplo de como a educação pode construir um futuro melhor para todos.

Gostaria de expressar minha gratidão a todos os meus alunos que, ao longo da jornada, me inspiraram e continuam a me inspirar no aprendizado e na busca pelo conhecimento. É com grande alegria que, por meio desta obra, compartilho meu olhar e meus pensamentos, promovendo a desconstrução e reconstrução de saberes que valorizem nossa amada terra de Ubatuba.

## Desemparede-se!

A cidade não é apenas um local de moradia; é um território essencial para o nosso desenvolvimento. Ubatuba, com sua rica diversidade natural e cultural, oferece um cenário privilegiado para fortalecer a conexão entre natureza, meio ambiente e aprendizado. Desemparedar nossas vidas e trazer a natureza para o centro das experiências humanas é uma necessidade urgente e transformadora.

O termo *desemparedamento*, cunhado pela professora Léa Tiriba, reflete uma preocupação contemporânea: a perda do contato com a natureza e a consequente redução da liberdade das crianças nas cidades. A urbanização crescente, o uso excessivo de telas e a falta de espaços públicos seguros levaram a uma infância — e, também, a uma vida adulta — mais confinada, limitada a ambientes fechados e artificialmente controlados.

Desemparedar significa romper com essas barreiras, permitindo que crianças e adultos se apropriem do mundo natural como parte integral de seu desenvolvimento. Essa conexão com o meio ambiente não apenas promove habilidades essenciais como criatividade, autoconfiança e resolução de problemas, mas também contribui para a formação de cidadãos conscientes e engajados na preservação ambiental.

O contato direto com elementos naturais como o ar puro, o céu, praias, cachoeiras, lama, árvores e rios traz inúmeros benefícios físicos, emocionais e cognitivos:

- **Físicos e emocionais:** Atividades ao ar livre ajudam a desenvolver a coordenação motora, melhorar a saúde cardiovascular e reduzir os níveis de estresse. Além disso, a interação com ambientes naturais diminui a ansiedade, promove o autocontrole e pode mitigar sintomas de transtornos como déficit de atenção.
- **Consciência ambiental:** Ao brincar e interagir com a natureza, crianças e adultos compreendem sua relação com o meio ambiente, criando uma conexão emocional que incentiva práticas sustentáveis e respeito ao ecossistema.
- **Desenvolvimento integral:** Atividades em espaços naturais estimulam o desenvolvimento físico, psicológico, social e intelectual, proporcionando vivências que dificilmente seriam possíveis em ambientes fechados.

Pesquisas em neurociência demonstram que o contato com a natureza é essencial para o bem-estar mental e emocional. Ele reduz sintomas de ansiedade e depressão, estimula a criatividade e aumenta os níveis de felicidade e satisfação. A exposição a ambientes naturais ativa áreas do cérebro relacionadas ao relaxamento e regeneração, auxiliando no equilíbrio emocional e na capacidade de aprendizado.

O conceito de Cidade Educadora reconhece o potencial pedagógico das cidades ao transformar ruas, praças, parques e museus em agentes educativos. Inspirado pela Carta das Cidades Educadoras de 1990, redigida em Barcelona, Espanha, esse modelo valoriza o aprendizado além dos muros escolares, promovendo a formação integral dos cidadãos.

Ubatuba, com sua diversidade natural e cultural, pode um dia se tornar um exemplo de cidade educadora. Ao investir na valorização dos saberes locais, integrar a comunidade em práticas pedagógicas e garantir o acesso equitativo a espaços educativos, o município tem o potencial de transformar a experiência de viver e aprender em um ato coletivo e sustentável.

## A comunidade reinventando a educação

Como membro da **Comunidade Reinventando a Educação**, compreendo que a transformação educacional passa por práticas inovadoras e colaborativas. Inspirados por pensadores como Edgar Morin, bell hooks, Paulo Freire, Célestin Freinet, entre outros, promovemos o aprendizado crítico, ético e artístico, conectado ao território e à realidade dos estudantes.

"Ensinar não é transferir conhecimento, mas criar as possibilidades para sua produção ou construção" (Freire, 1996, p. 47). Este pensamento orienta a criação de experiências que empoderam os estudantes, tornando-os protagonistas de sua aprendizagem e agentes de transformação social.

Desemparedar não é apenas uma prática pedagógica, mas uma filosofia de vida que nos conecta ao território, à natureza e à comunidade. Em Ubatuba, onde a riqueza ambiental é um patrimônio inestimável, essa abordagem é fundamental para construir uma sociedade mais consciente, equilibrada e harmoniosa com o meio ambiente.

Que possamos, juntos, aprender com a natureza, preservar nossos territórios e transformar nossas cidades em espaços de aprendizado, respeito e convivência sustentável. Afinal, cuidar da natureza é cuidar de nós mesmos.

## Das veias abertas à sociedade do cocriar

Durante as férias, tive a oportunidade de retornar ao Uruguai, uma terra rica em cultura e história, onde me reconectei com pensamentos e autores que sempre me provocaram reflexões sobre nosso passado, presente e futuro.

Essa experiência, vivida nas **Oficinas de Verão** da faculdade de educação *Universidad de la Empresa* em Montevidéu, foi profundamente enriquecedora. Compartilhar ideias com alunos do doutorado e debater sobre as ações que podemos implementar como educadores reforçou meu compromisso com a transformação social e educativa.

Uma fala marcante de uma professora convidada ressoou em mim: vivemos em uma "sociedade de aprendizagem e não do conhecimento, do cocriar". Essa perspectiva ecoa os ensinamentos de Paulo Freire, para quem o ser humano é um ser inacabado, em constante busca de sentido e humanização, como destacado em **Pedagogia da Autonomia**. Já o professor argentino Charlie Palomo trouxe uma provocação poderosa: "A revolução começa por nós, por nossa inquietação". Esse chamado à ação reforça minha crença no potencial transformador da educação.

Ao longo da minha jornada como educador, tenho buscado encerrar cada ano letivo com uma aula inspiradora. Um dos textos que sempre recorro é a crônica *Eu sei, mas não devia*, de Marina Colasanti, publicada no *Jornal do Brasil* em 1972. Essa obra, eternizada na voz de Antônio Abujamra no programa *Provocações*, nos desafia a romper com a acomodação e a rotina que nos afastam do essencial. O texto nos convida a despertar para a beleza ao nosso redor e a viver com mais intensidade e propósito.

> Eu sei que a gente se acostuma. Mas não devia.
> A gente se acostuma a morar em apartamentos de fundos e a não ter outra vista que não as janelas ao redor. E, porque não tem vista, logo se acostuma a não olhar para fora. E, porque não olha para fora, logo se acostuma a não abrir de todo as cortinas. E, porque não abre as cortinas, logo se acostuma a acender mais cedo a luz. E, à medida que se acostuma, esquece o sol, esquece o ar, esquece a amplidão.
> A gente se acostuma a acordar de manhã sobressaltado porque está na hora. A tomar o café correndo porque está atrasado. A ler o jornal no ônibus porque não pode perder o tempo da viagem. A comer sanduíche

porque não dá para almoçar. A sair do trabalho porque já é noite. A cochilar no ônibus porque está cansado. A deitar cedo e dormir pesado sem ter vivido o dia.
A gente se acostuma a esperar o dia inteiro e ouvir no telefone: hoje não posso ir. A sorrir para as pessoas sem receber um sorriso de volta. A ser ignorado quando precisava tanto ser visto.
A gente se acostuma a pagar por tudo o que deseja e o de que necessita. E a lutar para ganhar o dinheiro com que pagar. E a pagar mais do que as coisas valem. E a saber que cada vez pagará mais. E a procurar mais trabalho, para ganhar mais dinheiro, para ter com que pagar nas filas em que se cobra.
A gente se acostuma a andar na rua e ver cartazes. A abrir as revistas e ver anúncios. A ligar a televisão e assistir a comerciais. A ir ao cinema e engolir publicidade. A ser instigado, conduzido, desnorteado, lançado na infindável catarata dos produtos.
A gente se acostuma à poluição. Às salas fechadas de ar condicionado e cheiro de cigarro. À luz artificial de ligeiro tremor. Ao choque que os olhos levam na luz natural. Às bactérias da água potável.
A gente se acostuma a coisas demais, para não sofrer. Em doses pequenas, tentando não perceber, vai afastando uma dor aqui, um ressentimento ali, uma revolta acolá. Se a praia está contaminada, a gente molha só os pés e sua no resto do corpo. Se o cinema está cheio, a gente senta na primeira fila e torce um pouco o pescoço. Se o trabalho está duro, a gente se consola pensando no fim de semana. E se no fim de semana não há muito o que fazer a gente vai dormir cedo e ainda fica satisfeito porque tem sempre sono atrasado.
A gente se acostuma para não se ralar na aspereza, para preservar a pele. Se acostuma para evitar feridas, sangramentos, para poupar o peito. A gente se acostuma para poupar a vida. Que aos poucos se gasta, e que, gasta de tanto acostumar, se perde de si mesma. (Colasanti, 1972)

## A inspiração de Joaquín Torres García e o universalismo construtivo

Durante minha visita ao Museu Torres García em Montevidéu, fui impactado pela obra *América Invertida*, uma das criações mais emblemáticas de Joaquín Torres-García. Essa obra não é apenas um mapa reimaginado, mas um manifesto visual e intelectual que questiona a hegemonia cultural do norte sobre o sul e propõe uma nova identidade para a América Latina.

Em 1935, Torres García proclamou o Manifesto da Escola do Sul, declarando que "nosso Norte é o Sul". Ele rejeitava a ideia de que os países sul-americanos deveriam olhar para o hemisfério norte como referência ou modelo de progresso. Em suas palavras: "não deve haver norte para nós, exceto em oposição ao nosso sul". Essa declaração vai além de uma inversão geográfica; é um chamado à autonomia cultural e artística, desafiando as normas impostas pela colonização europeia e pela influência imperialista dos Estados Unidos.

A *América Invertida* apresenta um mapa no qual o sul está posicionado no topo, subvertendo a perspectiva convencional. Essa inversão desafia a centralidade e a superioridade atribuídas ao hemisfério norte, questionando a ideia de que tudo o que é valioso e digno de ser imitado vem de lá.

Torres García utilizou essa representação para inspirar uma reflexão mais profunda: que os sul-americanos reconheçam seu valor intrínseco e sua capacidade criativa. Para ele, a América Latina não precisa imitar; ela deve criar.

No livro *Universalismo Constructivo*, Torres García desenvolve uma proposta estética e filosófica que integra elementos das culturas originárias da América Latina. Sua abordagem combina expressionismo, surrealismo e abstracionismo, mas sempre ancorada nas raízes culturais locais.

Figura 1 - Mapa da América – J. Torres Garcia - Arquivo pessoal

O cruzamento de linhas verticais e horizontais em suas obras simboliza a tensão entre espírito e natureza, concreto e abstrato. Essa síntese reflete sua busca por uma arte que transcenda fronteiras e, ao mesmo tempo, esteja profundamente conectada ao contexto latino-americano.

A *América Invertida* é frequentemente interpretada como uma resposta contundente ao imperialismo cultural. A obra questiona normas cartográficas que refletem relações de poder e critica a mentalidade de subordinação que historicamente posicionou o hemisfério norte como modelo universal.

Torres-García subverte essa lógica ao colocar o sul como ponto de orientação e inspiração, reposicionando a América Latina como protagonista de sua história e cultura.

A mensagem de Torres-García permanece atual em um mundo onde as desigualdades globais persistem e a luta por reconhecimento cultural continua latente. Sua obra nos lembra que a construção de uma identidade autêntica exige coragem para romper com paradigmas estabelecidos e orgulho em valorizar nossas origens.

A *América Invertida* transcende a arte; é um convite à reflexão, resistência e valorização do que é genuinamente nosso. Ao contemplar essa peça, senti-me inspirado por sua força simbólica e pela visão de um artista que enxergava além das convenções e acreditava na potência transformadora da arte e da identidade cultural.

"Nosso Norte é o Sul" — que esse manifesto continue a inspirar gerações na busca por autonomia, autenticidade e conexão com nossas raízes.

## A mesa de Galeano no Café Brasileiro

Uma das experiências mais emocionantes foi visitar o Café Brasileiro, em Montevidéu, onde Eduardo Galeano, autor de *As Veias Abertas da América Latina*, passou mais de 20 anos escrevendo e refletindo. Sentar-me à sua mesa foi como dialogar com um dos grandes cronistas da história latino-americana.

Galeano, com sua escrita lírica e crítica, nos lembra das cicatrizes deixadas pela exploração colonial e neocolonial. Seu livro denuncia como o continente foi saqueado, primeiro pela Europa e, posteriormente, pelos Estados Unidos, evidenciando que o subdesenvolvimento da América Latina é uma consequência direta dessa exploração.

Figura 2 - Caricatura de Galeano no Café Brasileiro - Arquivo Pessoal

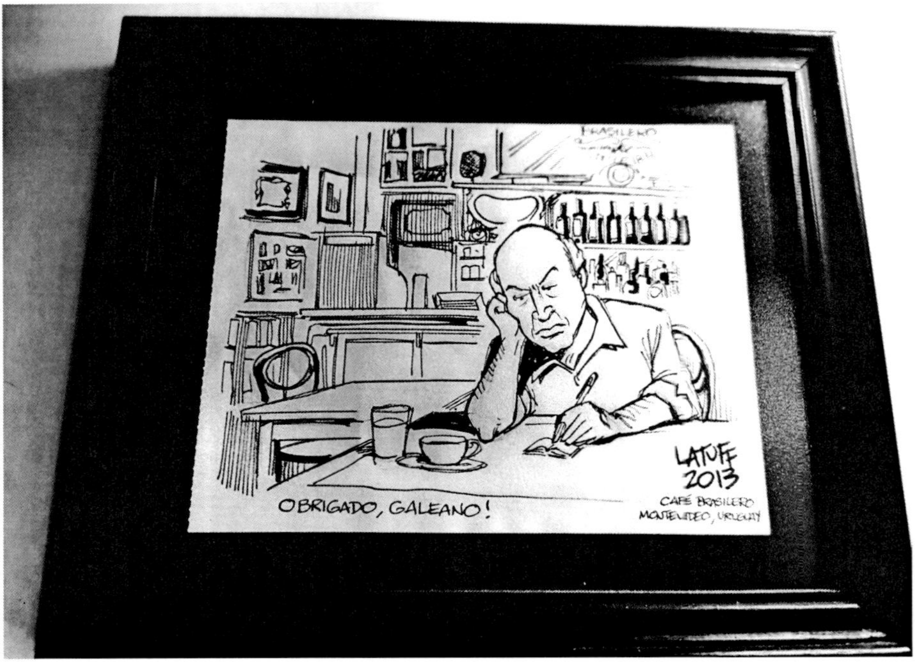


Mesmo cinco décadas após seu lançamento, *As Veias Abertas da América Latina* permanece atual. Em tempos de crises ambientais, desigualdade social e fome, a obra é um chamado à solidariedade, à resistência e à luta por um mundo mais justo. Galeano nos alerta: a história não precisa se repetir, mas, para isso, devemos aprender com ela. Em suas sábias palavras: "Devemos inventar o futuro, não aceitá-lo, não temos que nos resignar às fatalidades do destino, porque a história pode nascer de novo a cada dia".

Essa viagem ao Uruguai, marcada por aprendizados e inspirações, reforçou minha visão sobre os desafios e as possibilidades de nossa própria história local. Ubatuba, com sua natureza exuberante e rica cultura, enfrenta o desafio de equilibrar desenvolvimento com sustentabilidade. Assim como Galeano denuncia a exploração da América Latina, devemos nos perguntar: como podemos garantir que nossa cidade não seja vítima da ganância e da negligência?

O futuro de Ubatuba depende de ações coletivas, integrando políticas públicas, setor privado e sociedade civil. Como educadores e cidadãos, somos convocados a construir narrativas que inspirem o cuidado com o meio ambiente e a valorização de nossa história. Afinal, como Joaquín Torres García e Eduardo Galeano nos ensinam, nossa conexão com o passado e o cosmos é essencial para construirmos um futuro mais harmônico e humanista.

## Se Deus é brasileiro, Ubatuba é prova disso!

Ubatuba, onde o mar beija a praia, onde o verde é mais intenso e o céu azul faz do horizonte um quadro vivo. Somos abençoados por este paraíso que é prova da generosidade divina. Mas, nesta temporada de verão, quando nossas ruas e praias se enchem de visitantes, é essencial lembrar: esta terra tem alma, história e uma natureza sagrada que pede respeito.

Assim como a música da DTPK CREW repercute o orgulho e o amor por este território, queremos convidar todos a não apenas visitarem, mas a sentirem, compreenderem e cuidarem desta terra. O som do mar, o cantar do sabiá e a força das ondas não são apenas atrações turísticas; são o pulsar de uma cultura rica, de um povo que vive em harmonia com a natureza, mas que também enfrenta desafios para preservar este paraíso.

Quando estiver aqui, lembre-se: Ubatuba é mais do que um destino, é um lar. Um lar para os caiçaras, que zelam por suas tradições e guardam suas histórias. Um lar para a Mata Atlântica, que abriga espécies únicas de flora e fauna. Um lar para a cultura, que se reflete em cada canto e em cada sorriso acolhedor.

Por isso, pedimos: respeite este território sagrado. Não deixe rastros de destruição, mas sim de admiração. Não tumultue, mas conecte-se. Não descarte lixo, mas plante sementes de cuidado e consciência.

Aqui, cada praia, cada trilha e cada pôr do sol são convites para refletir sobre a grandeza da natureza e a responsabilidade de preservá-la. Venha na vibe, na paz de Jah, e leve consigo não só memórias, mas também a inspiração para proteger e honrar os espaços que tornam nossa existência mais bela.

**Ubatuba agradece a sua visita, mas lembra: o segredo para curtir este paraíso é simples — respeitar.**

## Sujeito de Sorte: viver e resistir em Ubatuba

*Presentemente eu posso me considerar um sujeito de sorte*
*Porque apesar de muito moço, me sinto são e salvo e forte*
*E tenho comigo pensado, Deus é brasileiro e anda do meu lado [...]*

Os versos de Belchior ressoam como um mantra para quem vive e resiste em Ubatuba. Entre a grandiosidade do mar e a imponência da Mata Atlântica, ser caiçara ou escolher essa cidade como lar é, de certa forma, um ato de fé e resistência. Há desafios, mas também há a sorte de estar em um dos lugares mais bonitos do mundo.

Ubatuba é um lugar onde a natureza se impõe com uma força avassaladora. Aqui, a chuva castiga e, ao mesmo tempo, nutre. O mar tanto acolhe como desafia. A serra impõe caminhos sinuosos, mas também oferece refúgio e beleza sem igual. Quem mora em Ubatuba aprende desde cedo que tudo é um equilíbrio entre o que se ganha e o que se perde.

Dizem que "se Deus é brasileiro, Ubatuba é prova disso!". Uma terra de contrastes, onde a exuberância natural se mistura à luta diária de sua gente. O caiçara que tira o sustento do mar, o comerciante que vive do turismo, o jovem que busca oportunidades sem precisar deixar sua terra natal — todos, à sua maneira, tentam resistir, sobreviver e, quando possível, prosperar.

Belchior canta "Tenho sangrado demais, tenho chorado pra cachorro", e quem vive aqui sabe bem o que isso significa. Os temporais de verão, os desafios econômicos de uma cidade altamente dependente do turismo, as dificuldades de acesso a serviços básicos. A realidade ubatubense não é um cartão-postal permanente; ela oscila entre a calmaria e a tormenta, entre a abundância e a escassez.

Mas, como a música diz, "Ano passado eu morri, mas esse ano eu não morro." Essa é a alma de Ubatuba. Seu povo resiste, se reinventa e segue em frente. E essa capacidade de persistência é o que faz deste lugar não apenas um paraíso natural, mas também um lar verdadeiro.

A sorte de morar em Ubatuba não está apenas na paisagem. Está no cheiro da maresia logo cedo, no azul infinito do mar, no verde profundo das montanhas, no ritmo desacelerado do cotidiano. Está na cultura caiçara, nos saberes ancestrais passados de geração em geração, na música tocando na praça, na feirinha de artesanato, na roda de amigos à beira-mar.

*"E tenho comigo pensado, Deus é brasileiro e anda do meu lado."*

E talvez seja por isso que, apesar dos desafios, seguimos acreditando.

Morar aqui é um privilégio, mas também é uma escolha. Quem fica em Ubatuba escolhe a tranquilidade em vez da pressa. Escolhe o som das ondas em vez do barulho dos carros. Escolhe viver com menos excessos, mas com mais sentido.

Belchior fala de um renascimento, de um recomeço, de seguir adiante apesar dos pesares. E essa é a essência de Ubatuba: um lugar que nos desafia, mas que também nos dá a chance de renascer a cada dia, de encontrar novos caminhos, de seguir vivendo e resistindo.

Porque, no fim das contas, somos sujeitos de sorte por viver aqui.

## Oriente-se!

Em minhas aulas e tours, sempre procuro instigar reflexões e o pensamento crítico, utilizando diversos recursos, entre eles a arte. "A arte existe para que a realidade não nos destrua", escreveu certa vez o filósofo alemão Friedrich Nietzsche (1844–1900). A arte, em suas mais variadas formas, tem o poder de nos conectar com questões profundas, nos levando a enxergar o mundo sob novas perspectivas.

Um exemplo marcante desse poder transformador da arte é a música "O Tempo Não Para", de Cazuza, lançada no álbum ao vivo de 1988, que leva o mesmo nome. A canção, escrita por Cazuza e Arnaldo Brandão, faz um retrato fiel de seu tempo, expondo as contradições da sociedade brasileira que, apesar de já livre da ditadura, continuava moralista e conservadora.

A letra de "O Tempo Não Para" é um grito de inconformismo, uma crítica aos falsos valores que ainda permeavam a sociedade na época e acredito que ainda permeiam por aí... O trecho "Eu vejo o futuro repetir o passado / Eu vejo um museu de grandes novidades" revela a percepção de um ciclo vicioso, onde mudanças superficiais mascaram problemas estruturais mais intensos. O Brasil da transição democrática, ao mesmo tempo em que buscava um novo futuro, permanecia preso a antigas contradições sociais e políticas.

Nas palavras do então Secretário de Educação do Estado de São Paulo, em 1988, Sr. Chopin Tavares de Lima:

> A projeção do futuro, com uma perspectiva de melhoria de qualidade de vida para todos, depende da participação de todos no processo político, econômico, social e cultural da sociedade na qual vivemos. No entanto, participar conscientemente desse processo pressupõe conhecer. Conhecer criticamente o passado que determinou o presente e conhecer criticamente o presente, para se projetar humanamente o futuro.

Cazuza, com sua arte, capturou exatamente esse espírito de reflexão crítica. Sua música convida o ouvinte a não se conformar com as injustiças do presente, mas a questionar, a lutar, a se envolver. A letra de "O Tempo Não Para" é uma provocação constante, destacando a urgência de agir em um mundo que parece estagnado.

Abaixo, segue um trecho da letra da música que continua a ressoar e a provocar reflexões até hoje:

O Tempo Não Para (Letra de Cazuza e Arnaldo Brandão)

*Eu vejo o futuro repetir o passado*
*Eu vejo um museu de grandes novidades*
*O tempo não para*
*Não para não, não para*

*Eu não tenho data pra comemorar*
*Às vezes os meus dias são de par em par*
*Procurando agulha num palheiro*

*Nas noites de frio é melhor nem nascer*
*Nas de calor, se escolhe, é matar ou morrer*
*E assim nos tornamos brasileiros*
*Te chamam de ladrão, de bicha, maconheiro*
*Transformam um país inteiro num puteiro*
*Pois assim se ganha mais dinheiro*

## Descolonizar, contracolonizar, esperançar e projetar um futuro ancestral

Em tempos de reflexão sobre identidade, território e memória, é essencial trazer à tona conceitos que desafiam e complementam nossas perspectivas históricas e sociais. Ubatuba, com sua rica diversidade cultural e natural, oferece um cenário ideal para práticas que transcendem as heranças coloniais. Neste capítulo, vemos as ideias de decolonialidade, contracolonialidade, "esperançar" e "futuro ancestral", inspirados por pensadores e ativistas que nos convidam a transformar a realidade a partir de novos paradigmas.

Embora muitos países tenham alcançado a independência política e econômica, as estruturas coloniais permanecem profundamente enraizadas. A ideia de decolonialidade surge como um movimento que busca ir além da emancipação formal, questionando o racismo e as hierarquias impostas durante o colonialismo. Este pensamento, construído por meio de movimentos sociais históricos, nos provoca a desconstruir o eurocentrismo e valorizar a multiplicidade cultural.

No caso do Brasil, a luta pela decolonialidade envolve enfrentar as narrativas que perpetuam desigualdades sociais e raciais, bem como promover o reconhecimento da pluralidade de vozes que moldam nossa identidade.

Antônio Bispo dos Santos, conhecido como Nêgo Bispo, traz uma perspectiva singular com o conceito de contracolonialidade. Para ele, enquanto a decolonialidade busca desfazer as estruturas coloniais para aqueles que foram colonizados, a contracolonialidade é uma forma de resistência ativa para aqueles que nunca foram completamente absorvidos pelo sistema colonial. Como quilombola, Bispo defende a contracolonialidade como uma estratégia de preservação dos modos de vida e saberes comunitários.

"A primeira coisa que os colonialistas fazem é nominar lugares, pessoas, gestos. E aí eu percebi que a gente precisava ter uma guerra das denominações. O contracolonialismo é simples: é você querer me colonizar e eu não aceitar que você me colonize, é eu me defender", afirma Nêgo Bispo.

A contracolonialidade não é apenas um conceito teórico; ela ganha forma concreta na prática, especialmente por meio da oralidade. Esse meio de transmissão de conhecimento, amplamente utilizado entre povos indígenas e quilombolas, desafia a primazia da escrita como a única forma legítima de saber. Nêgo Bispo destaca a visão afro-pindorâmica, que integra saberes africanos e indígenas, como uma abordagem poderosa para reimaginar a educação e as práticas políticas comunitárias.

Reconhecer a ancestralidade de lugares como Ubatuba nos permite enxergar que nossas raízes ultrapassam as fronteiras do Brasil e se conectam à África e a Pindorama, a "terra das palmeiras", como era chamada pelos povos originários. Essa conexão entre culturas e territórios reforça a necessidade de valorizar os saberes tradicionais e resistir à padronização cultural imposta pelo colonialismo.

O Brasil, antes de assumir seu nome atual, passou por uma série de denominações, cada uma marcando diferentes momentos de sua história. Antes da chegada dos invasores colonizadores, as terras eram chamadas de Pindorama pelos povos originários, em referência às palmeiras abundantes. Com a chegada dos europeus, surgiram outros nomes, como *Ilha de Vera Cruz* (1500), *Terra dos Papagaios* (1501) e, posteriormente, *Terra de Santa Cruz* (1503). O nome Brasil foi adotado em 1527, em alusão ao pau-brasil, madeira utilizada para tingir tecidos com uma cor que remetia à brasa. Esse processo de renomeação reflete as dinâmicas do colonialismo, que não apenas reconfigurou os territórios, mas também tentou redefinir identidades e narrativas. Ainda hoje, essa história exige ser revisitada e ressignificada, com o objetivo de reafirmar as vozes e os valores das culturas originárias que moldaram nosso país.

Ailton Krenak nos convida a reavaliar como enxergamos o futuro, rompendo com as narrativas que ou preveem um apocalipse inevitável ou um progresso linear e utópico. Em vez disso, ele propõe que o futuro seja ancestral, ancorado no respeito à natureza e aos saberes que nos precedem.

Essa perspectiva resgata a ideia de comunhão entre o ser humano e o meio ambiente. A resposta do Chefe Seattle ao presidente americano em 1854 reflete essa visão de interconexão e responsabilidade coletiva:

> Isto sabemos: a terra não pertence ao homem; o homem pertence à terra. Isto sabemos: todas as coisas estão ligadas como o sangue que une uma família. Há uma ligação em tudo. O que ocorrer com a terra recairá sobre os filhos da terra. O homem não tramou o tecido da vida; ele é simplesmente um de seus fios. Tudo o que fizer ao tecido, fará a si mesmo.

O futuro ancestral nos desafia a abandonar a ideia de posse da terra, adotada pela mentalidade colonial, e a compreender o território como sagrado, onde repousam os ancestrais e de onde emergem os ensinamentos para viver em equilíbrio.

O pedagogo Paulo Freire nos presenteou com a ideia de "esperançar", um verbo que convida à ação coletiva. Para Freire, a esperança não é passiva, mas sim um movimento de organização e construção de uma sociedade melhor.

“Minha esperança é necessária, mas não é suficiente. Ela, só, não ganha a luta, mas sem ela a luta fraqueja e titubeia”, escreveu Freire em *Pedagogia do Oprimido*.

Esperançar, nesse sentido, é uma prática comunitária que resgata e valoriza saberes ancestrais, enquanto constrói novas possibilidades para o presente e o futuro. É um chamado para que, em lugares como Ubatuba, a valorização dos povos originários e das comunidades tradicionais seja parte integral do nosso caminho.

Os conceitos de decolonialidade, contracolonialidade, esperançar e futuro ancestral nos oferecem ferramentas para reimaginar nossa relação com o território, com o meio ambiente e com as narrativas que contamos sobre nós mesmos. Em Ubatuba, esses princípios podem ser aplicados de forma a preservar a memória, fortalecer a cultura local e promover uma convivência mais harmônica e respeitosa.

Que possamos olhar para a natureza, para a ancestralidade e para a comunidade como guias na construção de um amanhã mais justo e conectado. Afinal, o futuro já está aqui, ancorado em nossas raízes ancestrais.

## Localize-se! Ubatuba em números – realidade e desafios

Ubatuba, localizada a 226 km da cidade de São Paulo e fazendo divisa com o Estado do Rio de Janeiro, é o maior município do litoral norte paulista, abrangendo uma área de mais de 700 km². A proximidade entre a Serra do Mar e o Oceano Atlântico resulta em uma planície costeira estreita, onde espigões avançam sobre a costa, formando pequenas baías e enseadas.

A Mata Atlântica, que cobre grande parte do território, é um dos ecossistemas mais preservados, porém, também ameaçado, do Brasil, contribuindo para a singularidade natural de Ubatuba.

O Núcleo Picinguaba do Parque Estadual da Serra do Mar, que cobre 80% do município (47.500 hectares), é um exemplo de preservação, incluindo desde a costa marinha até as escarpas da Serra do Mar. Além das paisagens naturais, o núcleo protege cinco praias e diversas comunidades tradicionais, como as vilas de Picinguaba, Cambury, Sertão da Fazenda e Sertão do Ubatumirim, onde ainda é possível vivenciar a cultura caiçara e quilombola.

Figura 3 - Mapa do município de Ubatuba - Fonte: IBGE https://geoftp.ibge.gov.br/cartas_e_mapas/mapas_municipais/colecao_de_mapas_municipais/2022/SP/ubatuba/A0_3555406_MM.pdf

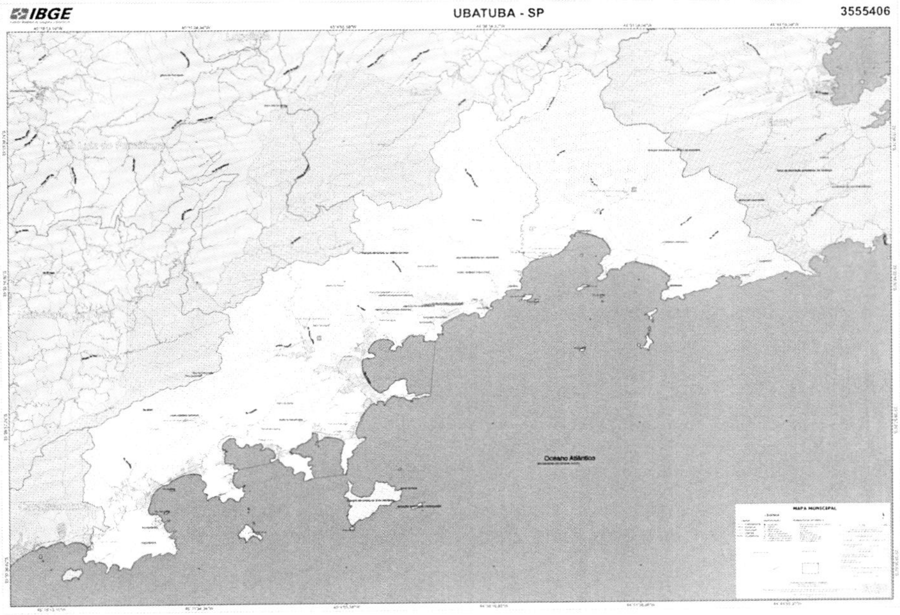


A colonização/invasão europeia no litoral norte, iniciada no final do século XVI, enfrentou forte resistência indígena e dificuldades geográficas. Durante os séculos XVII e XVIII, sesmarias foram distribuídas, favorecendo a instalação de engenhos de açúcar e aguardente, bem como culturas de anil e fumo. No entanto, com o declínio da economia colonial, as comunidades caiçaras emergiram, formadas pela miscigenação entre europeus e indígenas, ocupando tanto as planícies quanto as encostas da região.

Na década de 1970, a construção de rodovias impulsionou a urbanização, transformando as residências secundárias em motores de desenvolvimento. No entanto, a população local não foi plenamente absorvida pelos empregos gerados, resultando em um segmento marginalizado vivendo em áreas de risco, como as encostas e margens de rios.

Com uma área total de 748 km², Ubatuba possui 102 praias e mais de 20 ilhas, sendo um verdadeiro paraíso ecológico, reconhecido por suas condições ideais para esportes aquáticos e atividades ao ar livre. A cidade se destaca por sua rica biodiversidade, vasta rede hoteleira e oferta gastronômica, atraindo turistas de todo o Brasil. Ubatuba é, inclusive, um dos quatro municípios mais visitados do país, segundo dados da Prefeitura Municipal e do site Turismo em São Paulo.

Ubatuba é também habitada por comunidades tradicionais, incluindo quilombolas, indígenas e caiçaras, que preservam suas tradições e costumes. A cidade abriga três parques de preservação ambiental, sendo o maior deles o Parque Estadual da Serra do Mar. Destacam-se ainda o Parque Nacional da Serra da Bocaina e o Parque Subaquático do Parque Estadual da Ilha Anchieta, pioneiro no Brasil.

Embora Ubatuba seja um exemplo de conservação ambiental, com um dos maiores índices de Mata Atlântica preservada do país, ela enfrenta desafios socioeconômicos e ambientais complexos.

## População e Densidade Demográfica:

Em 2022, Ubatuba tinha 92.981 habitantes, com uma densidade demográfica de 131,31 hab/km². Entre os 645 municípios paulistas, Ubatuba ocupa a 84ª posição em número de habitantes e a 152ª em densidade demográfica. A distribuição esparsa da população é influenciada pelo relevo montanhoso e pelas áreas de preservação ambiental.

### Perfil Etário:

A população de Ubatuba é composta majoritariamente por adultos entre 20 e 59 anos, mas também possui uma expressiva base jovem (0 a 14 anos), o que evidencia a necessidade de investimentos em educação e políticas públicas voltadas para o desenvolvimento juvenil e para o envelhecimento ativo.

**Trabalho e Rendimento:**

Ubatuba enfrenta desafios significativos em termos de trabalho e renda. Em 2022, o salário médio mensal foi de 2,1 salários mínimos, colocando o município na 369ª posição estadual e 1.755ª nacional. Com uma taxa de emprego de 29,7%, Ubatuba precisa de políticas que incentivem a geração de empregos e melhorem a distribuição de renda. Em 2010, 34,2% da população vivia com menos de meio salário mínimo per capita, um indicador preocupante de desigualdade social.

**Educação:**

Embora a taxa de escolarização entre crianças de 6 a 14 anos fosse de 97,7% em 2010, a qualidade do ensino ainda requer melhorias. O Índice de Desenvolvimento da Educação Básica (IDEB) de 2023 foi de 6,0 para os anos iniciais e 4,8 para os anos finais do ensino fundamental, ambos abaixo das médias estadual e nacional.

**Economia e PIB:**

O PIB per capita de Ubatuba foi de R$ 29.152,88 em 2021, refletindo as limitações econômicas de uma economia fortemente dependente do turismo sazonal. A diversificação econômica e o aumento dos empregos formais são desafios a serem enfrentados.

**Meio Ambiente e Infraestrutura:**

Apesar de suas belezas naturais, Ubatuba apresenta carências em infraestrutura. Apenas 60,3% dos domicílios têm esgotamento sanitário adequado, enquanto a urbanização das vias públicas abrange apenas 5,9% das ruas, indicando um crescimento urbano desordenado e falta de planejamento a longo prazo.

## Para não finalizarmos...

Os dados revelam uma cidade rica em história, cultura e natureza, mas com desafios significativos em termos de infraestrutura, educação e desigualdade social.

A necessidade de um desenvolvimento sustentável é evidente, combinando a preservação ambiental com a geração de oportunidades econômicas e sociais para todos os seus habitantes.

## Uma tradição ancestral de resistência e cultura

A história de Ubatuba é mais antiga do que a chegada dos colonizadores europeus. Há cerca de 5.000 anos, os primeiros habitantes da região já viviam ao longo do litoral norte de São Paulo, abrangendo os atuais municípios de Ilhabela, São Sebastião, Caraguatatuba e Ubatuba. Eram grupos de pescadores, coletores e caçadores nômades, cujos vestígios permanecem nos sambaquis, grandes montes de conchas e outros resíduos que se tornaram sítios arqueológicos de grande importância.

Esses povos mantinham uma cultura marcada pela pesca, coleta e confecção de utensílios. Os sambaquis, como os do Tenório e da Ilha do Mar Virado, são testemunhos dessa antiga ocupação. Na Ilha do Mar Virado, por exemplo, foram descobertos mais de 80 esqueletos humanos e 5.800 artefatos, como ossos, cerâmicas e ferramentas, revelando detalhes sobre a vida, alimentação e rituais desses antigos habitantes.

A construção dos sambaquis ao longo de milhares de anos reflete um conhecimento profundo do ambiente, além de práticas sociais e simbólicas complexas. Antes da chegada dos portugueses, Ubatuba era habitada pelos Tupinambás, um povo originário com forte conexão com o território, conhecidos por sua habilidade na canoagem e bravura. Sua vida estava intimamente ligada ao mar e às florestas, que forneciam os recursos necessários para o sustento e a sobrevivência.

Com a invasão dos colonizadores no século XVI, a dinâmica da região mudou drasticamente. Portugueses e franceses, movidos pela exploração das riquezas naturais e pela disputa territorial, impuseram conflitos e violências aos povos indígenas. Diante dessas ameaças, os Tupinambás, liderados por Cunhambebe, uniram-se a outros grupos indígenas para resistir à invasão e à escravização.

Embora a historiografia tradicional tenha denominado essa união de 'Confederação dos Tamoios', os povos originários não se viam como parte de um único bloco político organizado, mas sim como aliados temporários contra um inimigo comum, em uma luta por autonomia e sobrevivência.

Naquele período, Ubatuba era conhecida como a Aldeia de Iperoig, cenário de batalhas significativas entre os indígenas e os portugueses. Em 1563, os jesuítas Manoel da Nóbrega e José de Anchieta foram chamados para negociar um tratado de paz. O Tratado de Paz de Iperoig, considerado o primeiro das Américas, foi assinado em 14 de setembro de 1563; porém, o acordo beneficiou mais os colonizadores, resultando na "pacificação" e desintegração das tribos indígenas.

Após o tratado, o território passou a ser ocupado por colonos enviados pela Coroa Portuguesa, e em 28 de outubro de 1637, a Aldeia de Iperoig foi elevada à categoria de vila, tornando-se Vila Nova da Exaltação à Santa Cruz do Salvador de Ubatuba.

No contexto colonial, é essencial mencionar a figura da Condessa de Vimieiro, Mariana de Souza Guerra, uma mulher pioneira na política colonial brasileira. Mesmo sem nunca ter visitado o Brasil, Mariana governou vastos territórios, incluindo a Capitania de Itanhaém, que abarcava áreas que futuramente fariam parte de Ubatuba. Sua atuação foi fundamental para a expansão territorial e o desenvolvimento de Minas Gerais e do Vale do Paraíba, destacando-se como uma rara exceção feminina na política colonial e ampliando nosso entendimento sobre o papel das mulheres na história do Brasil.

A partir do século XX, a chegada dos guaranis em Ubatuba resultou na formação de aldeias como as das Terras Indígenas Boa Vista Sertão do Prumirim, reforçando a diversidade cultural da região. Enquanto isso, a cultura caiçara, originada da fusão de influências indígenas, africanas e europeias, evoluiu com o tempo, adaptando-se às mudanças econômicas e ambientais. A canoa de um tronco só, por exemplo, se tornou um símbolo dessa adaptação, refletindo o conhecimento indígena combinado com técnicas ibéricas.

As comunidades quilombolas, como as de Caçandoca e Camburi, também desempenham um papel fundamental na diversidade cultural de Ubatuba. A luta dessas comunidades pela preservação de seus territórios e tradições é uma parte vital da história contemporânea da cidade.

Hoje, ao revisitar a história de Ubatuba, é essencial reconhecer a ancestralidade dos povos originários e suas contribuições para a identidade da cidade. A inserção de uma perspectiva decolonial permite dar voz às narrativas indígenas, frequentemente silenciadas pelas versões oficiais da história, e reconhecer a importância de suas tradições para a cultura local.

Em 2019, Ubatuba foi reconhecida como parte do Patrimônio Cultural e Natural Mundial pela UNESCO, juntamente com Paraty`e Ilha Grande, destacando-se por sua biodiversidade e relevância histórica. Esse reconhecimento reforça a necessidade de proteger o patrimônio natural e cultural do município para as futuras gerações.

O texto seguinte nos convida a refletir sobre os símbolos municipais de Ubatuba, como o brasão, a bandeira e outros emblemas oficiais. Eles representam não apenas o orgulho e a identidade da cidade, mas também as camadas de poder, resistência e luta que moldaram a história local. Compreender Ubatuba de maneira ampla e inclusiva é essencial para valorizar sua diversidade cultural e respeitar as narrativas de todos os seus habitantes.

## Pensamentos e reflexões sobre nossos símbolos oficiais

Os símbolos oficiais de uma cidade são mais do que meras representações visuais; eles carregam histórias, valores e identidades que formam a percepção de um lugar e de seu povo. Em Ubatuba, uma cidade rica em cultura e natureza, os símbolos oficiais — a bandeira, o brasão e até o hino — refletem não apenas nossa história, mas também nossas origens indígenas e a mistura cultural que nos define. Eles evocam as lutas, a resistência e as conquistas que moldaram o território que conhecemos hoje.

Nesta seção, provocamos você, leitor, a enxergar além das cores e formas desses emblemas. Vamos conhecer juntos o significado de cada detalhe e refletir sobre o que eles nos revelam sobre o passado e o presente de Ubatuba. Que histórias estão ocultas nesses símbolos? Quais vozes foram celebradas e quais permanecem silenciadas? Como podemos, a partir dessa reflexão, reimaginar e ressignificar nossa relação com o patrimônio histórico e cultural da cidade?

Este é um chamado para participar de um diálogo mais amplo sobre a identidade de Ubatuba e o que ela representa para todos nós. Vamos questionar, refletir e, quem sabe, descobrir novos significados que nos ajudem a fortalecer nosso vínculo com esta terra abençoada, repleta de histórias que merecem ser ouvidas e preservadas.

**Hino de Ubatuba.**

UBATUBA, SIM!
UBATUBA, Sim, Sim, Sim!
ela tem lindas praias de areia dourada!
Ubatuba, sim, sim, sim!
Viver no Perequê, no Itaguá, na Enseada!
Ubatuba, sim, sim, sim!
Horizontes de mar e de montes sem fim
seu céu estrelado
de azul anilado
suas matas, seus rios,
seu Povo abençoado!
Eu amo Ubatuba
assim como ela é
sozinha, isolada,
Só com sua Fé.
Conquanto ela suba
ao progresso que vem,
que fique guardada
com tudo quanto tem!
UBATUBA, sim, sim, sim!
ela tem lindas praias de areia dourada!

Ubatuba, sim, sim, sim!
Da PICINGUABA extrema até a MARANDUBA
Ubatuba, sim, sim, sim!
Horizontes de mar e de montes sem fim
E o céu estrelado
De azul anilado
Da "TERRA ENCANTADA"
que a nossa alma derruba!

O Hino Oficial do município se constitui na composição musical denominada *Ubatuba, Sim*, de autoria de letra e música do Professor Francisco Gomes, oficializada pelo Lei nº 16/63 de 02 de Dezembro de 1963.

Ubatuba, com sua natureza exuberante e cultura rica, desperta um senso de pertencimento em seus moradores e visitantes. A cidade, que se estende de Cambury até a escondida Praia das Galhetas, é cercada por praias de areia dourada e por horizontes de mar e montanhas sem fim, compondo uma paisagem singular e encantadora. Esses elementos naturais são, sem dúvida, símbolos que traduzem a essência e a identidade da cidade.

As praias, matas e rios de Ubatuba não são apenas parte de sua geografia; são elementos centrais que formam a vida e a cultura do povo. O "horizonte de mar e montes sem fim" representa o espírito de liberdade e a conexão com a natureza que define a cidade. O céu azul, pontilhado de estrelas que iluminam as noites tranquilas, reflete o sentimento de paz e esperança que a cidade oferece a todos que a habitam ou visitam.

O hino menciona a fé como um dos pilares que sustenta Ubatuba. Esse símbolo reflete a espiritualidade que, de muitas formas, conecta o povo à terra e aos seus antepassados. Com o progresso se aproximando, há um desejo sincero de que Ubatuba preserve seus tesouros naturais e culturais.

A dualidade entre o avanço e a preservação é um desafio constante, mas também uma oportunidade para um crescimento sustentável — um lembrete importante, especialmente em momentos decisivos, como nas eleições.

"Seu povo abençoado" reflete o sentimento de gratidão pelas pessoas que fazem de Ubatuba um lugar vibrante e acolhedor. A diversidade de seus habitantes, desde os caiçaras até os novos moradores e turistas, constrói uma cultura rica e contemporânea, formada por tradições, festas e modos de vida intimamente conectados ao mar e à terra.

Ubatuba é, de fato, uma "terra encantada". Suas belezas naturais, somadas ao carinho e à devoção de seus habitantes, fazem dela mais do que um simples destino turístico. Ubatuba é uma cidade com alma, onde a simplicidade e a grandiosidade coexistem de forma harmoniosa.

Os símbolos de Ubatuba, tanto naturais quanto culturais, são um constante lembrete de que o verdadeiro progresso está em preservar o que é mais precioso, ao mesmo tempo em que se abre espaço para o novo. Eles nos inspiram a proteger suas riquezas, mantendo viva a conexão entre passado, presente e futuro.

## O Brasão de Ubatuba

O brasão de Ubatuba, um símbolo central da identidade municipal, carrega consigo uma história rica que reflete tanto o passado indígena quanto os momentos decisivos de colonização e resistência que formaram a cidade.

Figura 4 - Brasão de Ubatuba – Fonte: PMU https://www.ubatuba.sp.gov.br/wp-

Criado com base em elementos históricos e culturais, o brasão é uma janela para entender como a cidade se percebe e como seus símbolos refletem uma luta contínua entre a memória da resistência indígena e as marcas deixadas pela colonização.

A primeira versão do brasão foi feita em 1957, sob a Lei nº 4/1957, pelo heraldista Salvador Thaumaturgo. Em 1967, a última modificação foi instituída pela Lei nº 120, de 25 de agosto de 1967, sob a revisão do heraldista Alcindo Antônio Peixoto de Faria. As mudanças reafirmaram a identidade e a história do município.

Figura 5 - Atual Brasão de Ubatuba – Fonte: FUNDART - https://fundart.com.br/wp-content/uploads/2021/01/brasao-Ubatuba-transparente.png

A cruz, elemento central do brasão, é uma peça honrosa que, desde sua criação, faz referência direta ao nome "Exaltação da Santa Cruz do Salvador de Ubatuba", dado pelo fundador Jordão Homem da Costa após a suposta pacificação dos indígenas tamoios, apoiada pela cruz dos missionários como José de Anchieta.

Este símbolo religioso, entretanto, também marca o início de uma nova fase para o território — a invasão colonial que trouxe a imposição do cristianismo e das normas europeias sobre as práticas e crenças indígenas. O pensamento decolonial nos convida a refletir sobre como esse símbolo, que hoje se apresenta com "esplendor de ouro", representa não apenas a espiritualidade cristã, mas também a violência e a subjugação dos povos originários.

Outro elemento que merece destaque são os dois caniços cruzados ao pé da cruz, que remetem ao nome indígena "Ubatuba", significando "sítio abundante de ubás" (caniços silvestres). Estes caniços, símbolos da paisagem natural e da conexão dos povos indígenas com seu ambiente, também refletem a vida caiçara tradicional, que ainda hoje persiste em Ubatuba. Ao lado dos caniços, vemos a canoa com cinco remadores — Cunhambebe, Aimberê, Pindabuçu, Coaquira e Araraí —, líderes das cinco tribos Tupinambá que formaram a Confederação dos Tamoios.

A representação desses remadores é, ao mesmo tempo, um tributo à bravura e resiliência indígena e uma lembrança da complexa relação entre a resistência indígena e a colonização.

O pensamento decolonial nos chama a examinar criticamente essas narrativas oficiais. Enquanto o brasão exalta a paz e a reconciliação, como no caso do "Primeiro Tratado de Paz das Américas" (a Paz de Iperoig), devemos questionar: paz para quem?

O tratado que o brasão celebra foi resultado de uma negociação que, na verdade, garantiu a continuidade da colonização portuguesa e a subordinação dos indígenas. Sob a superfície da "paz", há uma história de violência, apagamento cultural e imposição de valores estrangeiros.

Ao longo dos anos, o brasão sofreu modificações importantes, como a substituição do escudo francês pelo português e a retirada dos ramos de ubá. A cruz perdeu e depois readquiriu seu resplendor, enquanto as datas de 1637 (elevação da vila) e 1855 (elevação a comarca) foram removidas e substituídas pela frase latina "*Unitatem Servavit Patriae Et Fidei*" ("Conservou a Unidade da Pátria e da Fé"). Essa legenda, ao remeter à "unidade da pátria", reforça a ideia de que Ubatuba desempenhou um papel central na preservação da integridade territorial e religiosa do Brasil.

Contudo, a análise decolonial questiona se essa "unidade" foi construída à custa do silenciamento das vozes indígenas e da imposição de uma única forma de ser e viver.

A presença dos ramos de ubá, floridos e naturais, nas últimas modificações, traz novamente à tona o valor da natureza e da identidade indígena que persistem na memória coletiva. No entanto, é importante questionar o quão profundamente esses elementos são realmente valorizados, ou se apenas servem como adereços decorativos que mascaram uma história de apagamento e resistência.

A valorização de símbolos como a canoa dos indígenas e os remadores, portanto, deve ir além do reconhecimento simbólico. É preciso um verdadeiro resgate cultural e um esforço contínuo para garantir que a história de Ubatuba, tal como é contada, inclua todas as vozes — principalmente aquelas que foram marginalizadas.

## A bandeira de Ubatuba: símbolo de história e identidade

A bandeira de Ubatuba, criada em 1968 pelo Decreto nº 174, não é apenas um símbolo visual. Ela carrega consigo uma história e uma mensagem que nos conectam ao passado, ao presente e aos valores que formam a identidade de nosso município.

Figura 6 - Bandeira de Ubatuba – Fonte: PMU - https://www.ubatuba.sp.gov.br/wp-content/uploads/sites/2/2015/06/Bandeira_ubatuba-300x196.jpg

Inspirada na bandeira do Estado de São Paulo, a bandeira de Ubatuba reflete o orgulho de ser parte integrante de um dos estados mais importantes do país, ao mesmo tempo em que ressalta a singularidade da cidade.

Cada cor presente na bandeira tem um significado especial. O azul simboliza as águas que cercam a cidade, trazendo à tona a forte relação que os habitantes de Ubatuba têm com o mar. O oceano, fonte de sustento, lazer, surf e inspiração, sempre foi central para a vida local. Além disso, o azul evoca sabedoria, lealdade e clareza, qualidades que são valorizadas na convivência entre as pessoas da comunidade.

O branco, por sua vez, fala de pureza e alegria, refletindo a serenidade das paisagens naturais — das praias à Mata Atlântica que envolve a cidade. Ubatuba é um lugar onde a beleza natural é preservada, embora enfrentemos o desafio constante de protegê-la cada vez mais. As tradições culturais também se mantêm vivas, e a vitória simbolizada pelo branco na bandeira pode ser vista como uma conquista diária na preservação desse patrimônio ambiental e cultural.

O vermelho, representando grandeza, audácia e bravura, nos lembra das lutas e desafios que marcaram a história de Ubatuba, desde a resistência dos povos indígenas contra a invasão colonial até as batalhas contemporâneas pela preservação da natureza. É um símbolo de coragem e determinação em proteger o que é mais valioso.

A Cruz Flamejante, localizada no centro da bandeira, estabelece um elo direto com a fé e espiritualidade que permeiam a história da cidade, independentemente das crenças religiosas. Além de ser um símbolo cristão, a cruz remete ao primeiro nome de Ubatuba: "Exaltação da Santa Cruz". Ela representa justiça, força e constância, valores que orientam a comunidade na construção de um futuro que respeite suas tradições e projete um desenvolvimento sustentável.

Assim, a bandeira de Ubatuba é um reflexo das forças que formam o espírito da cidade. Ela une as tradições, a natureza e o progresso, lembrando-nos de que a história de Ubatuba é marcada pela resiliência e por um grande amor à terra.

O ato de tremular essa bandeira vai além de um gesto patriótico; é o reconhecimento de que pertencemos a algo maior — a uma comunidade comprometida com a preservação de seu patrimônio e o fortalecimento de seu futuro.

## Que pássaro é esse?
## Cores do Céu, Dança da Terra

A riqueza natural de Ubatuba encontra no tangará-dançador *(Chiroxiphia caudata)* uma representação singular. Com suas cores vibrantes — corpo azul celeste, asas pretas e uma coroa vermelha marcante — o tangará-dançador foi instituído como pássaro símbolo do município em 2004, pela Lei nº 2614, com celebrações anuais no dia 4 de outubro, data que também marca o Dia Mundial de Observação e Contagem de Pássaros.

Esta escolha não foi aleatória. A ave carrega uma conexão direta com a cultura e identidade local, com sua dança em cortejos circulares que remetem às manifestações folclóricas de Ubatuba, como a ciranda e a congada. Além disso, o azul celeste de sua plumagem e o vermelho vibrante de sua coroa remetem às cores da bandeira municipal, tornando o tangará-dançador um ícone da fauna e da cultura ubatubense.

O tangará-dançador habita o estrato médio da Mata Atlântica, sendo conhecido por seus elaborados rituais de acasalamento, nos quais os machos realizam uma dança coordenada para conquistar as fêmeas. Durante esse espetáculo, emitem um canto cerimonial, que começa com um suave "tiu-tiu", evolui para um "trá-trá" e termina com um trinado vibrante. Esse comportamento único atrai observadores de aves e encanta qualquer um que tenha o privilégio de testemunhá-lo.

Além de ser um símbolo, o tangará-dançador é um lembrete da necessidade de preservação da Mata Atlântica e das espécies que nela habitam.

## *Birdwatching*:
## O turismo de observação de aves em Ubatuba

Com mais de 80% de seu território preservado pela Mata Atlântica, Ubatuba é um dos destinos mais procurados do Brasil para a prática de observação de aves, conhecida como *bird-*

*watching*. O município abriga cerca de 565 espécies de aves, representando 30% das aves brasileiras e 5% de todas as espécies do mundo.

Essa diversidade é possível graças ao clima local e à rica flora da região, que proporcionam uma oferta constante de alimentos para as aves. Além disso, a interação entre diferentes ecossistemas, como manguezais, florestas e áreas abertas, cria um ambiente ideal para a coexistência de inúmeras espécies.

Entre os locais mais destacados para a prática de *birdwatching* estão:

- **Centro Cambucá de Observação de Aves:** Localizado no Parque Estadual da Serra do Mar – Núcleo Picinguaba, este centro é uma referência nacional, oferecendo trilhas que permitem a visualização de aves em diferentes habitats, incluindo espécies migratórias.
- **Sítio Folha Seca:** Administrado por Jonas D'Abronzo, o local se tornou um ponto de referência para observadores nacionais e internacionais, abrigando espécies emblemáticas como o tiê-sangue e o beija-flor-rajado.
- **Fazenda Angelim e Fazenda Capricórnio:** Com vastas áreas de Mata Atlântica, são ideais para observar aves raras e registrar suas cores vibrantes e cantos melodiosos.

O *birdwatching* vai além de um simples hobby. É uma atividade que promove a conexão com a natureza e incentiva a preservação ambiental. Para Carlos Rizzo, renomado ornitólogo de Ubatuba, a prática é uma ferramenta essencial para o ecoturismo e a educação ambiental. Ele destaca que a formação de guias locais é essencial para o sucesso do *birdwatching*, pois esses profissionais conhecem os ambientes ideais para avistamento, enriquecendo a experiência dos turistas.

A prática também movimenta a economia local, com a criação de infraestrutura, serviços especializados e até mesmo competições e festivais de observação de aves.

A observação de aves em Ubatuba reflete a importância de conservar a Mata Atlântica. Projetos como o Centro Cambucá e o Projeto Dacnis são exemplos de iniciativas que combinam turismo e conservação, promovendo a sustentabilidade e o respeito pela biodiversidade local.

O tangará-dançador, com sua dança hipnotizante e seu canto melodioso, é um símbolo vivo de como a natureza pode inspirar e mobilizar esforços para sua preservação. Que este capítulo seja um convite a todos para descobrir e valorizar o patrimônio natural de Ubatuba, onde cada canto de pássaro é uma celebração da vida e da beleza.

## Surfe-se!
## A história da capital do surfe

Ubatuba ostenta orgulhosamente o título de Capital do Surfe, consolidado por leis municipais e estaduais. Em 1995, a Lei Municipal nº 1454 instituiu a frase *"Ubatuba – Capital do Surf"*, destacando a importância do esporte para a identidade e cultura local. Em 2005, a expressão foi adaptada oficialmente para *"Surfe"* pela Lei nº 2732. Dois anos depois, o título foi reconhecido em âmbito estadual, com a Lei nº 492/2007, sancionada pelo governador José Serra, declarando Ubatuba como a "Capital do Surfe do Estado de São Paulo".

Essas iniciativas legislativas são mais que simbólicas: elas celebram décadas de uma rica história de surfe na cidade. Desde os anos 1960, Ubatuba se consolidou como um dos principais destinos para a prática do esporte no Brasil, atraindo atletas de renome nacional e internacional. A cidade transformou o surfe em um dos pilares de sua identidade cultural e turística, com praias de ondas desafiadoras e uma comunidade apaixonada.

O surfe em Ubatuba começou de forma tímida nos anos 1960, com as primeiras pranchas trazidas por turistas estrangeiros e cariocas. A Praia do Tenório foi o berço do esporte na cidade, seguida por Itamambuca e Félix, que se tornaram referências para surfistas. Nos anos 1970, o surfe ganhou força com a realização de campeonatos, como o histórico Festival Brasileiro de Surfe, em 1978, na Praia das Toninhas. Já nos anos 1980 e 1990, Ubatuba consolidou-se como um dos principais polos do esporte no Brasil, sediando eventos internacionais, como o *Sundek Classic*, que trouxe uma etapa mundial para Itamambuca, praia conhecida por suas ondas consistentes e desafiadoras. Além disso, competições também ocorriam em outras praias icônicas, como a Praia Grande e o Perequê-Açu, reforçando a cidade como um verdadeiro paraíso do surfe.

Ao longo das décadas, o surfe deixou de ser um esporte alternativo e se tornou um movimento consolidado. Ubatuba viu o surgimento de *shapers* locais, escolas de surfe e eventos de grande porte, como o WQS e o Super Surfe, que projetaram a cidade no cenário internacional. Atletas como Ricardo Toledo, Tadeu Pereira, Wiggolly Dantas e Filipe Toledo não só colocaram Ubatuba no mapa, mas transformaram a cidade em um celeiro de talentos do surfe brasileiro.

Além das praias, Ubatuba oferece tesouros únicos para os amantes do surfe, como a *Laje do Patieiro*. Localizada a 200 metros da costa, a laje é destino de *big riders* em busca de ondas que podem alcançar até 4,5 metros durante os *swells*. Quando o mar está calmo, o local é um paraíso de tranquilidade, mas, com as condições certas, transforma-se em um dos maiores desafios do surfe no Brasil. Essa laje ilustra a diversidade das condições de surfe em Ubatuba, atraindo tanto iniciantes quanto veteranos em busca de adrenalina.

Com mais de 100 praias, Ubatuba oferece opções para surfistas de todos os níveis, desde iniciantes na Praia do Lázaro até experts enfrentando as poderosas ondas de Itamambuca. O título de Capital do Surfe é um motor para o turismo local, atraindo visitantes durante todo o ano. Além disso, a cidade promove ações de preservação ambiental e iniciativas educacionais, como a inclusão de aulas de surfe na educação física da rede pública desde 1997.

## Origem Surf:
## A voz do surfe em Ubatuba

Ubatuba não é apenas um berço do surfe brasileiro, mas também um polo de produção de conteúdo especializado sobre o esporte. Um dos grandes exemplos disso é o Origem Surf, um portal de referência sobre o surfe em Ubatuba, no Brasil e no mundo.

Fundado em 2016 pela jornalista e surfista Janaína Pedroso, o Origem Surf compartilha conteúdos relevantes sobre o universo do surfe, abordando desde notícias e reportagens até entrevistas com atletas, análises de competições e informações sobre as melhores praias e ondas. Além disso, o portal explora temas como a cultura do surfe, sustentabilidade, equipamentos, saúde e turismo ligado ao esporte.

Com uma equipe composta por jornalistas, fotógrafos e especialistas no esporte, o Origem Surf não apenas informa, mas também promove a cultura do surfe, trazendo conteúdos ricos e atualizados. Suas reportagens são acompanhadas por fotos e vídeos de alta qualidade, tornando o portal uma plataforma dinâmica e essencial para surfistas de todos os níveis.

A presença do Origem Surf reforça ainda mais a importância de Ubatuba no cenário do surfe nacional e internacional, consolidando a cidade como um verdadeiro epicentro do esporte e da cultura ligada ao mar.

## A Cultura Oceânica:
## reconexão e preservação

Ubatuba reflete os valores centrais da *Cultura Oceânica*, movimento internacional promovido pela Unesco, que busca reconectar a humanidade ao oceano com base em conhecimento, diversidade ecossistêmica e cultural. A cidade incorpora os sete princípios essenciais do movimento, que destacam a interdependência entre os oceanos e a vida humana. A Terra tem um oceano global e muito diverso: Ubatuba é banhada pelo Oceano Atlântico, parte do sistema oceânico global, que conecta comunidades costeiras em todo o planeta.

O oceano e a vida marinha têm uma forte ação na dinâmica da Terra: suas correntes, como a Corrente do Brasil, influenciam as condições climáticas e ecológicas da região.

O oceano exerce uma influência importante no clima: a estabilidade climática de Ubatuba é moldada pela interação constante entre o oceano e a atmosfera.

O oceano permite que a Terra seja habitável: a produção de oxigênio por organismos marinhos como o fitoplâncton é essencial para a vida em terra firme.

O oceano suporta uma imensa diversidade de vida e ecossistemas: Ubatuba é um exemplo claro dessa riqueza, com recifes, manguezais e uma grande diversidade de espécies marinhas.

O oceano e a humanidade estão fortemente interligados dentro de um sistema socioecológico: o turismo, a pesca e o surfe são atividades que conectam as pessoas ao oceano, sustentando a economia local.

Há muito por descobrir e explorar do oceano: Ubatuba é um ponto de partida para a exploração científica e o aprendizado sobre a dinâmica marinha.

Em Ubatuba, o surfe é mais que um esporte; é uma expressão da relação simbiótica entre o homem e o mar. Surfistas desempenham papel essencial na conservação oceânica, alertando para problemas como poluição e mudanças climáticas. Eventos como o WQS não só celebram o esporte, mas também oferecem uma plataforma para promover a sustentabilidade.

Que essa história inspire ações concretas para proteger o oceano e reforçar a conexão entre a humanidade e o mar. Afinal, como o surfe nos ensina, cada onda é uma oportunidade de aprendizado e respeito pela força da natureza.

## Um Monumento que nunca existiu...

A cidade de Ubatuba, conhecida como a capital do surfe no Brasil, carrega consigo uma rica história de conexão com o mar e os esportes aquáticos. No entanto, um capítulo curioso em sua história é a idealização de um monumento que nunca saiu do papel: a estátua em homenagem ao surfista.

Em 31 de março de 2004, foi promulgada a Lei nº 2497, que instituiu a criação de uma comissão para desenvolver estudos e projetos destinados à construção e instalação de uma estátua representando e valorizando o surfista. O local escolhido para abrigar esse símbolo seria o trevo da Praia Grande, um dos cartões-postais de Ubatuba e ponto estratégico para a recepção de visitantes.

A iniciativa, liderada pelo vereador Charles Medeiros, refletia o desejo de eternizar a importância do surfe para a cidade. A proposta previa que a comissão fosse composta por representantes da FUNDART (Fundação de Arte e Cultura de Ubatuba), SETUR (Secretaria de Turismo), SEL (Secretaria de Esporte e Lazer), além da AUS (Associação de Surf de Ubatuba). O trabalho conjunto visava assegurar que o monumento fosse emblemático e captasse a essência do surfe como parte da identidade cultural e turística de Ubatuba.

Apesar do prazo de 60 dias estabelecido pela lei para os estudos e elaboração dos projetos, a execução do monumento nunca foi concretizada. O motivo? A falta de continuidade nos processos administrativos e a ausência de financiamento suficiente para transformar a ideia em realidade. Assim, o projeto foi esquecido com o passar dos anos, deixando um vazio onde deveria estar um símbolo da cultura caiçara e da paixão pelo mar.

Esse episódio levanta reflexões sobre a importância da memória e do planejamento na concretização de iniciativas culturais. A ausência do monumento ao surfista não diminui a importância do surfe para Ubatuba, mas deixa uma lacuna simbólica que poderia ter fortalecido ainda mais o vínculo da cidade com sua comunidade e visitantes.

Ainda que o monumento nunca tenha sido erguido, a ideia permanece viva na história de Ubatuba, como um lembrete das intenções não realizadas e dos potenciais culturais que a cidade ainda pode explorar. Afinal, quem sabe um dia a estátua do surfista finalmente se materialize, imortalizando o espírito do surfe na entrada da cidade?

## Primavere-se!
## A flor símbolo de Ubatuba

A primavera (*Bougainvillea glabra*), uma planta nativa do Brasil, foi oficialmente designada como flor símbolo do município de Ubatuba em 16 de setembro de 1968, pelo então prefeito Francisco Matarazzo Sobrinho, por meio do Decreto nº 159. Essa escolha reflete não apenas a beleza e a versatilidade da planta, mas também a identidade e o espírito da cidade, marcados pela rica biodiversidade da Mata Atlântica. Com suas vibrantes brácteas coloridas e adaptabilidade única, a primavera é muito mais do que uma planta ornamental: ela é um símbolo da harmonia entre a natureza e a cultura de Ubatuba.

Embora seja uma planta genuinamente brasileira, a primavera recebeu seu nome científico em homenagem ao navegador francês Louis Antoine de Bougainville, que explorou o Brasil no século XVIII. Durante essa viagem, a botânica Jeanne Baret — disfarçada de homem para poder embarcar — descobriu a planta no Rio de Janeiro. Encantado pela beleza e pelo vigor da primavera, Bougainville levou mudas para a Europa, onde a planta se tornou uma das espécies ornamentais mais apreciadas.

Jeanne Baret (1740–1807) foi a primeira mulher a completar uma viagem de circunavegação, um feito extraordinário em uma época em que mulheres eram proibidas de embarcar em navios de exploração científica. Disfarçada de homem, com o nome Jean Baret, ela embarcou no navio Étoile em 1766 como assistente do botânico Philibert Commerçon, seu companheiro e mentor.

Baret teve um papel fundamental na coleta e catalogação de espécies vegetais ao longo da viagem, incluindo a descoberta da primavera no Rio de Janeiro, em 1768. Foi durante uma dessas expedições em terra que ela identificou e colheu essa planta de brácteas vibrantes, que mais tarde seria batizada em homenagem ao comandante da expedição, Bougainville. No entanto, sua identidade foi eventualmente revelada, possivelmente devido à suspeita da tripulação ou, como alguns relatos sugerem, pela reação dos habitantes locais ao desembarcar no Taiti.

A primavera é uma planta de múltiplas facetas, podendo ser cultivada como trepadeira, arbusto ou mesmo como uma árvore ornamental. Suas cores vibrantes — rosa, lilás, laranja, amarelo e vermelho — não vêm das flores, mas das brácteas, estruturas que protegem as pequenas e delicadas flores brancas em seu interior. Adaptável e resistente, a planta floresce quase o ano inteiro, especialmente sob sol pleno, tornando-se ideal para o clima tropical de Ubatuba.

Na cidade, a primavera é amplamente cultivada em jardins públicos, calçadas e fachadas, conferindo um charme especial às ruas e praias. Sua capacidade de prosperar com poucos cuidados foi um dos fatores que motivaram sua escolha como flor símbolo de Ubatuba, destacando sua conexão com o ambiente natural e com a vida cotidiana da comunidade.

A primavera não apenas embeleza os espaços públicos de Ubatuba, mas também desempenha um papel significativo na promoção do turismo e na consolidação da identidade cultural local. Como símbolo oficial, ela representa o equilíbrio entre urbanização e preservação ambiental, convidando turistas e moradores a apreciarem a rica biodiversidade da cidade.

Adicionalmente, a popularidade da primavera na Europa e no mundo é um lembrete da importância das plantas brasileiras no mercado internacional de ornamentais. A maior primavera do mundo, localizada em Lambari (MG), com cerca de 18 metros de altura, é um exemplo impressionante do potencial ornamental dessa planta.

Que a primavera continue a inspirar a comunidade de Ubatuba a cultivar não apenas jardins, mas também a consciência ambiental e o orgulho pela riqueza natural da região. Afinal, assim como a primavera colore Ubatuba, cada gesto de cuidado com o meio ambiente contribui para um futuro mais vibrante e sustentável.

# Capítulo 2

# Ubatuba: memória, cultura e identidade em movimento

Neste capítulo, percorremos as ruas, praças e paisagens de Ubatuba para compreender como sua identidade foi se formando ao longo dos séculos. Da relação dos caiçaras com a terra e o mar à influência de viajantes como Jean-Baptiste Debret e Hans Staden, exploramos as marcas históricas e culturais deixadas na cidade.

A música, a arte e a resistência também ocupam espaço nesta narrativa, revelando como os povos indígenas, a população caiçara e afrodescendentes se mantêm firmes na preservação de suas tradições e direitos. Refletimos sobre o significado de ser ubatubense e como a cidade dialoga com suas raízes ancestrais e seu presente dinâmico.

Entre memórias de injustiças, como os zoológicos humanos da Europa, e manifestações de força, como as mensagens em canções de Legião Urbana, Clube da Esquina, Caetano Veloso e Rita Lee, este capítulo nos convida a reconhecer e valorizar as vozes que se fazem ouvir na construção dessa identidade tão plural.

## Ubatuba, aqui começa o Verão!

## O Trópico de Capricórnio

Ubatuba é um município privilegiado por suas características geográficas únicas e sua conexão direta com o Trópico de Capricórnio. Essa linha imaginária que atravessa o Hemisfério Sul está localizada a 23°27' S e marca o ponto mais ao sul onde é possível observar o Sol diretamente no zênite durante o solstício de verão, no dia 21 de dezembro.

Figura 7 - Monumento ao Trópico de Capricórnio Fonte: Arquivo pessoal

Em Ubatuba, essa data é celebrada oficialmente como o "Dia do Trópico de Capricórnio — Aqui Começa o Verão", instituído pela Lei Municipal nº 2.265 de 2002.

Segundo a Lei, a celebração ocorre na Praça Capricórnio, com atividades organizadas pela Secretaria de Turismo e pela Companhia Municipal de Turismo de Ubatuba (COMTUR). O evento não apenas marca a chegada do verão, mas também reforça a relevância geográfica e cultural da cidade. É um momento em que a ciência, a natureza e a cultura se encontram para celebrar a posição única de Ubatuba no mapa.

As linhas imaginárias, como o Trópico de Capricórnio, têm funções importantes para a localização, orientação e compreensão dos fenômenos terrestres. Elas ajudam a delimitar zonas climáticas, como a zona tropical e temperada, e marcam os momentos de transição das estações do ano, como os solstícios e equinócios. Além disso, essas linhas são essenciais para o estudo e a navegação, integrando o sistema de coordenadas geográficas que facilita a localização precisa de qualquer ponto na Terra.

O Trópico de Capricórnio atravessa onze países, incluindo o Brasil, onde corta os estados de Mato Grosso do Sul, Paraná e São Paulo. No caso de Ubatuba, sua localização exata é de 23°26'21,45'' S e 45°04'16" W, a apenas 3 metros acima do nível do mar.

**Curiosidades sobre o Trópico de Capricórnio:**

- **Marcos Turísticos:** Em vários países, como Namíbia, Austrália e Brasil, há placas e monumentos que indicam o ponto exato onde o Trópico de Capricórnio corta a região. Esses locais tornam-se importantes atrativos turísticos e pontos de reflexão sobre a astronomia e a geografia.
- **Sol no Zênite:** Durante o solstício de verão, o Sol está exatamente acima do Trópico de Capricórnio ao meio-dia. Esse fenômeno é único para quem se encontra nessa faixa geográfica.
- **Mudança de Nome:** O Trópico de Capricórnio recebeu esse nome porque, há cerca de 2.000 anos, o Sol passava pela constelação de Capricórnio durante o solstício de verão do Hemisfério Sul. No entanto, devido à precessão dos equinócios, hoje o Sol se encontra na constelação de Sagitário durante essa data.

A latitude de Ubatuba, 23°26' S, coloca a cidade dentro da zona tropical, caracterizada por um clima quente e úmido ao longo do ano. Esse posicionamento contribui para a biodiversidade exuberante da região, abrigando remanescentes significativos da Mata Atlântica, uma das florestas mais ricas em espécies do mundo. Além disso, a proximidade com o Trópico de Capricórnio adiciona um elemento simbólico à cidade, que se torna um ponto de convergência entre ciência, turismo e natureza.

A combinação das belezas naturais de Ubatuba com sua posição geográfica privilegiada oferece uma rica oportunidade para a valorização do turismo sustentável, da educação ambiental e do patrimônio cultural. A celebração do "Dia do Trópico de Capricórnio" é mais do que um evento sazonal; é um momento de reconhecimento do papel que Ubatuba desempenha no contexto geográfico global e na promoção de uma convivência harmônica entre natureza e cultura.

Ubatuba, com sua latitude marcada pelo Trópico de Capricórnio, não é apenas um destino turístico, mas também um local que inspira a reflexão sobre nosso lugar no mundo, nossas responsabilidades ambientais e o impacto da geografia na construção de identidades culturais e sociais.

## Que praça é essa?<br>Rancho de pesca ou pista de skate?

Ao longo dos anos, muitos espaços públicos de Ubatuba tiveram suas nomenclaturas alteradas, refletindo as transformações culturais, sociais e políticas do município. Essas mudanças, além de homenagear cidadãos e eventos marcantes, revelam as histórias e valores que moldam a identidade da cidade.

Localizada em frente ao Aeroporto Gastão Madeiro, na orla central de Ubatuba, a área passou por diversas renomeações. Em 2 de fevereiro de 2000, a Lei Municipal nº 1912 batizou o local como *Praça do Motociclista*, celebrando o crescente interesse pela cultura motociclística na região.

Anos depois, em 4 de julho de 2005, a Lei nº 2686 alterou o nome para *Praça Trópico de Capricórnio*, destacando a importância geográfica do município, atravessado por essa linha imaginária e orgulhoso de sua singularidade.

## Pista de Skate João Serpa (Fifo) e Alfredo Vieira

Próximo à praça, a pista de skate na Rua Guarani também reflete a dinâmica de homenagens em Ubatuba. Em 11 de junho de 2002, a Lei nº 2199, proposta pelo vereador Eduardo César, oficializou o nome *Pista de Skate João Serpa (Fifo) e Alfredo Vieira*, em tributo a dois pescadores que ali mantinham seu rancho.

A escolha do nome para o espaço esportivo teve uma motivação especial, como destaca a crônica de Júlio César Mendes, publicada no jornal *A Cidade*. Fifo e Alfredo eram figuras conhecidas e queridas, e seus ranchos de pesca foram locais de convivência, trabalho e histórias. Segundo a narrativa de Mendes, enquanto planejavam suas pescarias e discutiam o futuro, os dois já pressentiam que o progresso modificaria o local que tanto amavam. Hoje, o nome da pista é um reconhecimento à sua memória, apesar de a maioria das pessoas não saber dessa homenagem...

As mudanças nos nomes de praças e espaços públicos vão além de atos administrativos. Elas representam um esforço para preservar a memória de Ubatuba, destacar figuras importantes e celebrar eventos que moldaram a cidade. Cada nome carrega uma narrativa que conecta os moradores às suas raízes, valorizando o passado e reforçando o orgulho local.

Embora algumas mudanças de nomenclatura possam gerar controvérsias, elas também evidenciam as disputas por significados e memórias. Preservar as histórias por trás dessas alterações é essencial para fortalecer a identidade cultural de Ubatuba e garantir que o legado de seus personagens continue vivo. Documentar e difundir essas histórias é um compromisso coletivo que reforça os laços entre a comunidade e seu território.

Como bem expressaram Fifo e Alfredo Vieira em suas conversas sob as árvores, o progresso é inevitável, mas a memória é eterna. Que os espaços que ocupamos hoje continuem a contar as histórias daqueles que vieram antes de nós.

## Música, Arte e História: um olhar sobre nossa identidade

Ao longo desta leitura, embalada por músicas que dialogam com a nossa história, procuramos trazer reflexões sobre como a arte, em suas diversas formas, se torna um portal para compreender nossas raízes. A música, em especial, conecta sentimentos e narrativas, permitindo que olhemos para o passado com um olhar crítico, mas também sensível. Com *Um Índio*, de Caetano Veloso, somos conduzidos a um mergulho poético nas marcas deixadas pelo encontro de culturas que formaram o Brasil

O nacionalismo está diretamente ligado aos conceitos de Estado e nação. Segundo o dicionário Priberam, nação pode ser definida como "conjunto de indivíduos habituados aos mesmos usos, costumes e língua" e como "Estado que se governa por leis próprias". Nesse sentido, a nação é o corpo que possui autonomia e governo próprio, além de ser entendida como um espaço onde convivem indivíduos com os mesmos costumes e língua.

Esse último sentido de nação se liga às questões étnicas, culturais e linguísticas, o que pode ser entendido como um reflexo do nacionalismo que fez essa aproximação. Entretanto, nem sempre foi assim. O historiador Eric Hobsbawm demonstrou que, até o final do século XIX, a palavra nação era usada apenas para referir-se ao agregado de habitantes de um local, sem qualquer relação direta com a cultura ou etnia.

O Estado, por sua vez, é a estrutura que administra uma nação, delimitando a proteção das fronteiras, o estabelecimento das leis e a organização política. Ao observar o Brasil, entendemos como esses conceitos foram moldados de forma singular, com base na convivência e nos choques entre os povos indígenas, africanos e europeus.

## Entre esquinas, ondas e marés

A inspiração trazida pela música *Clube da Esquina II*, com sua poesia sobre caminhos, sonhos e fluxos contínuos, reflete o espírito de Ubatuba, uma cidade que vive a constante movimentação de pessoas. Assim como as esquinas que cruzam e unem histórias, Ubatuba recebe, ao longo do ano, milhares de visitantes que, ao encontrarem suas praias, natureza e cultura, levam consigo um pedaço do encanto do litoral norte.

Ubatuba é palco de uma intensa dinâmica turística, especialmente durante a alta temporada de verão. Segundo dados da EcoUbatuba, entre 26 de dezembro de 2023 e 1° de janeiro de 2024, a cidade recebeu mais de 840 mil turistas, uma média impressionante de 3,5 passageiros por veículo, com todas as vagas da rede hoteleira ocupadas. Durante esses dias, as principais rodovias que dão acesso à cidade, como a BR-101 (Rodovia Rio-Santos) e a SP-125 (Rodovia Oswaldo Cruz), registraram uma movimentação excepcional, demonstrando a força do turismo na região.

Além disso, o Centro de Inteligência da Economia do Turismo (CIET) aponta que mais de cinco milhões de turistas visitam o Litoral Norte anualmente. Esses números evidenciam a importância de Ubatuba como destino turístico de renome nacional e internacional.

Em novembro de 2023, o Governo do Estado de São Paulo lançou uma campanha para fomentar o turismo no Litoral Norte, destacando Ubatuba como um dos principais destinos. O material audiovisual enfatiza a diversidade de experiências oferecidas pela região, como o surfe — que rendeu à cidade o título de "Capital Nacional do Surfe" —, ecoturismo, gastronomia e história.

O novo conceito, *Litoral Norte: É natural, é SP*, visa reposicionar a região no mercado turístico e estimular a retomada econômica após os desafios enfrentados com as fortes chuvas do início do ano.

Assim como na letra de *Clube da Esquina II*, onde o rio "entorna pelas ladeiras e entope o meio-fio", Ubatuba lida com os desafios trazidos pelo alto fluxo turístico, como o impacto na infraestrutura, no meio ambiente e na qualidade de vida local. Esses desafios também oferecem a oportunidade de repensar o turismo na cidade, buscando um equilíbrio sustentável que valorize as belezas naturais e culturais sem comprometer sua essência.

E, assim como na música, lá se vai mais um dia. Os sonhos não envelhecem e precisamos de ações concretas de todos — seja do setor público, dos turistas ou de nós, moradores desse lugar único. Ubatuba inspira sonhos que nunca envelhecem e cabe a cada um de nós zelar para que suas curvas, suas histórias e sua essência continuem encantando o mundo e sendo um refúgio de beleza e paz.

## Para onde vou?
## Ruas de Ubatuba!

Com uma vasta extensão territorial, Ubatuba abriga inúmeros bairros e ruas que variam de regiões urbanas movimentadas a áreas rurais isoladas e comunidades tradicionais. Essa pluralidade está refletida na organização do sistema de CEPs, que se adaptou para atender às demandas dessa complexidade geográfica.

Desde 2021, Ubatuba passou a contar com CEPs específicos para cada logradouro. Agora, avenidas, ruas, travessas, praças e até mesmo quadras possuem códigos postais individuais. Essa mudança substituiu o antigo CEP geral 11680-000, que era utilizado para toda a cidade.

Essa reformulação trouxe inúmeros benefícios, como maior precisão na localização de endereços, facilitando entregas, serviços públicos e a gestão urbana. Além disso, a individualização dos CEPs reforça a identidade de cada bairro, valorizando as particularidades das comunidades que compõem Ubatuba.

Os CEPs, muitas vezes vistos como detalhes burocráticos, revelam-se aqui como uma representação da rica tapeçaria social, cultural e geográfica de Ubatuba. Uma organização que, além de funcional, direciona a diversidade e a singularidade da cidade.

Lista completa dos bairros de Ubatuba de acordo com o novo sistema de CEPs:

- Aracaú;
- Araribá;
- Área Rural de Picinguaba (A R Picinguaba);
- Área Rural de Ubatuba (A R Ubatuba);
- Barra da Lagoa (B Lagoa);
- Barra Seca (B Seca);
- Bela Vista (B Vista);
- Caçandoca;
- Centro;
- Centro (Picinguaba);
- Corcovado;
- Domingas Dias (D Dias);
- Enseada;
- Estufa I;
- Estufa II;
- Félix;
- Figueira;
- Folha Seca (F Seca);
- Fortaleza;
- Horto Florestal (H Florestal);
- Ipiranguinha;
- Itaguá;
- Itamambuca;
- Jardim Ubatuba (Jd Ubatuba);
- Lagoinha;

- Lázaro;
- Marafunda;
- Maranduba;
- Mato Dentro (M Dentro);
- Monte Valério (Mte Valério);
- Pedreira;
- Perequê Açu (P Açu);
- Ponta Grossa (Pta Grossa);
- Praia do Perequê Mirim (Pr P Mirim);
- Praia do Puruba (Pr Puruba);
- Praia Dura (Pr Dura);
- Praia Grande (Pr Grande);
- Praia Vermelha (Pr Vermelha);
- Promirim;
- Ressaca;
- Rio da Prata (R Prata);
- Rio Escuro (R Escuro);
- Saco da Ribeira (S Ribeira);
- Santa Rita (Sta Rita);
- Sapé;
- Sertão da Quina (S Quina);
- Sertão do Meio (S Meio);
- Sertão do Perequê Mirim (S P Mirim);
- Sesmaria;
- Silop;
- Sumaré;
- Tabatinga;

- Taquaral;
- Tenório;
- Toninhas;
- Ubatumirim;
- Umuarama;

A diversidade dos bairros de Ubatuba reflete a rica história, cultura e geografia do município. Desde regiões costeiras e turísticas, como Praia Grande e Itaguá, até áreas mais rurais e tranquilas, como Sertão da Quina e Ubatumirim, cada bairro carrega uma identidade própria. Alguns bairros, como o Centro, Itaguá, Perequê-açu e Estufa I, concentram comércio e serviços, enquanto outros, como Promirim e Praia do Puruba, são conhecidos por suas belezas naturais e tranquilidade.

A presença de nomes ligados à natureza, como Folha Seca e Lagoinha, reforça a conexão da cidade com a Mata Atlântica e o litoral, enquanto a história de comunidades como Caçandoca destaca a importância da resistência cultural quilombola. Ubatuba é um verdadeiro mosaico de diversidade e riqueza cultural.

Ubatuba não é apenas um destino paradisíaco; é um lugar onde as ruas carregam histórias, homenageiam a natureza, celebram culturas e nos fazem refletir sobre valores essenciais. Cada esquina conta algo especial, e alguns cruzamentos e nomes de ruas merecem destaque por sua beleza e simbolismo.

## Algumas curiosidades das ruas de Ubatuba...

Na Praia do Perequê-Açu, encontramos o poético cruzamento das ruas do Sol, da Lua e das Estrelas, que nos convida a olhar para o céu e lembrar que todos estamos conectados.

Além disso, o bairro presta homenagens às maravilhosas praias de Ubatuba, como Praia Grande, Maranduba, Enseada, Puruba, Almada e Prumirim, entre muitas outras. Com tamanha riqueza, seria possível nomear mais de 100 ruas em tributo a essas belezas naturais.

No coração de Ubatuba, a Praça 13 de Maio celebra a abolição da escravidão no Brasil, marcando um momento histórico que ainda reverbera desafios. Próxima a ela, a Rua da Liberdade ecoa a luta por igualdade e justiça.

Além disso, muitas ruas do Centro homenageiam personalidades históricas que contribuíram para o desenvolvimento da cidade e do país, narrativas que certamente serão exploradas em outros trechos deste livro.

No bairro Estufa I, o encontro das ruas Harmonia, Alegria e Esperança transmite uma mensagem inspiradora: a possibilidade de convivermos em paz, com felicidade e otimismo.

Na Estufa II, as ruas celebram a paixão nacional pelo futebol. Com a Praça Maracanã como centro, é possível caminhar por vias que homenageiam grandes times do Brasil, refletindo o amor pelo esporte que une o país.

No Parque Vivamar, os mares são a principal inspiração para os nomes das ruas. Mas, além de exaltar a beleza natural, essas homenagens nos convidam a refletir sobre a importância de proteger rios, mares e oceanos, tão essenciais para a vida.

No Jardim Sambaia, as ruas recebem nomes de flores e plantas, com exemplos como a Rua das Açucenas, que exalta a simplicidade e a beleza da natureza.

O Parque dos Ministérios traz à memória aquilo que todos deveriam ter garantido: Justiça, Saúde, Educação e Saneamento. A Rua do Saneamento, em particular, destaca um tema crítico para Ubatuba, que ainda enfrenta desafios nessa área.

Nas imediações do Aquário e da Praça da Baleia, as ruas celebram os povos indígenas, como Guaranis e Tupinambás. Essas homenagens são um lembrete da dívida histórica e da rica herança cultural que forma a identidade do Brasil.

A Praia Grande presta tributo às aves que encantam o litoral, com ruas como Fragata, Alcatraz e Gaivota. Há também referências históricas controversas, como Borba Gato e João Ramalho, que nos convidam a refletir sobre a complexidade da história. Outro destaque é a Avenida Atlântica, uma homenagem ao famoso calçadão de Copacabana, no Rio de Janeiro. Criado por Roberto Burle Marx, o mosaico de pedras portuguesas em preto, branco e vermelho simboliza as etnias que formaram o Brasil.

Na Ressaca, os peixes ganham protagonismo. Ruas como Corvina, Garoupa, Mero e Peixe Galo exaltam a rica biodiversidade marinha de Ubatuba.

No Morro da Santa Rita, as ruas levam os nomes dos signos do zodíaco. Áries, Capricórnio e Sagitário são exemplos que conectam moradores ao universo astrológico o ano inteiro.

O bairro Lázaro celebra a diversidade das frutas brasileiras. Ruas como Jaboticabeira, Limoeiro, Bananeira e Grumixama lembram a abundância e a riqueza da flora local.

Na Domingas Dias, as ruas são uma homenagem às pedras preciosas. Safira, Ametista e Diamante são exemplos de como Ubatuba reflete sua preciosidade em cada detalhe.

Os estados do Brasil também são lembrados em várias ruas da cidade. Minas Gerais, por exemplo, é homenageada em quatro vias, refletindo a pluralidade cultural que une o país.

Que as ruas de Ubatuba sejam muito mais do que caminhos. Que elas continuem sendo narrativas vivas que inspiram cuidado, reverência e celebração por tudo o que torna esta cidade única.

## As Flamejantes de Madagascar

Espalhadas por Ubatuba, os *flamboyants* se destacam por suas flores vibrantes e sua copa majestosa. Originária da Ilha de Madagascar, essa árvore, cujo nome significa "flamejante" em francês, foi introduzida no Brasil no século XIX, encantando-se primeiro com Dom João VI, que as trouxe para o Rio de Janeiro. Desde então, a *Delonix regia*, como é cientificamente chamada, tornou-se parte essencial do cenário brasileiro, especialmente nas regiões tropicais, adaptando-se perfeitamente ao clima e ao solo do Sudeste.

O flamboyant é uma árvore de porte grande, com uma altura que pode alcançar até 12 metros e uma copa ampla em formato de guarda-chuva, muitas vezes mais larga do que sua própria altura. Suas flores, geralmente vermelhas intensas, também podem aparecer em tons alaranjados ou amarelos, formando cachos exuberantes entre os meses de outubro e dezembro. Seus frutos, em forma de vagens marrons, podem ultrapassar 50 cm, permanecendo na árvore por meses.

Além da beleza, o *flamboyant* é conhecido pelas suas raízes agressivas, que podem causar danos a calçadas e construções próximas. Por isso, é recomendado para grandes espaços como parques, praças e avenidas amplas. Em Ubatuba, é na Avenida Iperoig que a árvore mostra todo o seu esplendor, compondo um cenário único e marcante.

Embora exótica, essa espécie já se tornou parte da identidade paisagística de Ubatuba, compondo um contraste harmonioso com as belezas naturais da cidade. Sua presença não apenas embeleza as ruas, mas também oferece sombra e um convite ao descanso para moradores e visitantes.

No entanto, alguns anos atrás, alguns flamboyants saudáveis foram suprimidos pela prefeitura durante o processo de reurbanização da Avenida Iperoig. A justificativa foi a necessidade de modernizar e reorganizar a infraestrutura local, mas o fato gerou questionamentos.

Será que todas essas árvores precisavam realmente ser retiradas? Essa decisão reacendeu o debate sobre o equilíbrio entre desenvolvimento urbano e preservação ambiental, trazendo à tona a importância de considerarmos o valor histórico e paisagístico de árvores como essas.

Além de sua função paisagística, o *flamboyant* nos convida a refletir sobre a importância de preservarmos as árvores e os espaços verdes em meio ao crescimento urbano. Em Ubatuba, os *flamboyants* são testemunhas do encontro entre a natureza e a cidade, lembrando-nos de que a beleza pode ser um elo entre o passado e o presente, um símbolo de resistência e adaptação.

Como árvores que encantam pelo vigor de suas flores flamejantes, os *flamboyants* também nos inspiram a cuidar melhor do ambiente que compartilhamos, valorizando cada elemento que compõe a rica biodiversidade local e global. Que os *flamboyants* e, principalmente, as árvores nativas continuem a florir, transformando a paisagem de Ubatuba e enchendo nossos olhos com sua beleza incomparável.

## Viagem Pitoresca: Jean-Baptiste Debret em Ubatuba

Jean-Baptiste Debret, membro da renomada Missão Artística Francesa, desempenhou um papel essencial na documentação da vida cotidiana do Brasil no início do século XIX. Suas aquarelas e desenhos capturaram com precisão aspectos culturais, sociais e paisagísticos do país, incluindo a região de Ubatuba, tornando-se uma valiosa fonte de estudo histórico e artístico.

Convidado por D. João VI, Debret chegou ao Brasil em 1816 com outros artistas de prestígio, como Nicolas-Antoine Taunay e Auguste Taunay. O objetivo da missão era estabelecer uma Escola de Artes e Ofícios no Rio de Janeiro, mas os registros artísticos de Debret transcenderam esse propósito inicial, oferecendo um panorama detalhado das vilas e povoados que ele visitou.

Entre as muitas localidades retratadas por Debret, Ubatuba recebeu especial atenção em 1827. Uma de suas obras destaca o vilarejo com seu amplo casario, ranchos de canoas e as igrejas que compunham o cenário local. Realizada a partir do ângulo do Morro da Prainha, a pintura revela o Pico do Corcovado ao fundo e a "Igrejinha" na paisagem, oferecendo um vislumbre das características geográficas e arquitetônicas da época. A capacidade de Debret de evocar detalhes em pequenos espaços transforma suas obras em verdadeiras miniaturas de memórias históricas.

Do alto do atual Mirante de São Pedro, Debret contemplou a paisagem de Ubatuba e a imortalizou em uma belíssima gravura. Sua obra destaca elementos naturais e culturais que ilustram a essência do vilarejo no século XIX.

Figura 8 - Vista de Ubatuba retratada por Debret em 1827 – Fonte: Ilhabela Arqueológica - https://ilhabelaarqueologica.blogspot.com/2010/12/identificadas-imagens-do-litoral-norte.html

**Matas e Montanhas:** A exuberância das montanhas e da vegetação ao fundo, típicas da Serra do Mar, cria uma moldura natural para o vilarejo. A conexão harmoniosa entre natureza e urbanização é um dos pontos mais marcantes da pintura.

**Pico do Corcovado:** No horizonte, destaca-se o Pico do Corcovado, um marco natural imponente que simboliza a identidade da região.

**Casario Colonial:** As construções simples, com telhados de barro e paredes modestas, representam a arquitetura colonial da época, caracterizando o ambiente do pequeno vilarejo.

**Igrejas:** Duas igrejas se destacam na gravura, com atenção especial à Igreja Matriz, um dos edifícios centrais do vilarejo. Essas construções evidenciam a forte presença da religião na organização social e cultural da comunidade.

**Ranchos de Canoas:** Pequenas estruturas localizadas à beira do mar serviam para abrigar canoas e mercadorias, ilustrando a relevância do transporte marítimo para a economia e a sobrevivência da população local.

**Praças e Ruas:** A disposição dos edifícios sugere a existência de uma praça central e ruas organizadas de maneira rudimentar, refletindo a influência do urbanismo europeu adaptado às condições locais.

**Comunidade em Formação:** A gravura de Debret retrata Ubatuba como um vilarejo em pleno desenvolvimento, onde atividades econômicas e religiosas coexistiam, formando a base da vida social.

**Traços da Influência Europeia:** Os detalhes arquitetônicos das igrejas e o traçado urbano revelam a forte influência das práticas coloniais portuguesas, adaptadas às necessidades e características da região.

Debret não apenas registrou uma paisagem, mas também eternizou um momento único da história de Ubatuba, combinando elementos naturais, culturais e sociais em uma composição de grande valor histórico e artístico.

Embora Debret tenha sido amplamente reconhecido por sua habilidade artística, suas obras também trouxeram à tona as brutalidades da sociedade brasileira, particularmente em relação à escravidão. Seus quadros frequentemente retratavam cenas de opressão e violência que, embora documentais, causaram desconforto às autoridades brasileiras e ao público europeu. Por essa razão, parte de sua obra, como a coleção sobre escravidão, foi inicialmente rejeitada por instituições como o Instituto Histórico e Geográfico Brasileiro.

A obra de Debret passou por um renascimento cultural nas décadas de 1920 e 1930, quando o antropólogo Sérgio Milliet traduziu "Viagem Pitoresca e Histórica ao Brasil" para o português. Desde então, a arte de Debret tem sido reconhecida como uma fonte inestimável para a compreensão do Brasil imperial. Contudo, é essencial que suas imagens sejam lidas com a devida contextualização histórica e social, evitando interpretações que possam romantizar ou apoiar os atos retratados.

O olhar detalhista de Debret sobre vilas como Ubatuba, Paraty e Ilha Grande reflete seu compromisso em capturar a essência desses lugares. Suas obras mostram não apenas a arquitetura e os espaços urbanos, mas também os meios de transporte, as interações sociais e as paisagens naturais que compunham o cotidiano dessas localidades.

A obra de Debret, especialmente seus registros sobre Ubatuba, continua a ser um ponto de partida para a reflexão sobre as transformações culturais e sociais do Brasil. Suas aquarelas nos convidam a olhar para o passado com um misto de admiração e crítica, destacando a importância de preservar e interpretar nossa história de maneira responsável e informada.

Em Ubatuba, suas representações oferecem uma janela para um tempo em que a simplicidade e a complexidade coexistiam, moldando a identidade cultural da região.

## Que Caiçara é esse?

O termo caiçara tem origem no vocábulo Tupi-Guarani "caá--içara" (Sampaio, 1987). Originalmente, referia-se às estacas colocadas ao redor das tabas indígenas e aos currais de pesca feitos com galhos na água. Atualmente, o termo designa as comunidades tradicionais de pescadores do litoral de São Paulo, Paraná e sul do Rio de Janeiro, que vivem entre o mar e a floresta, em uma relação harmoniosa com o meio ambiente.

Os caiçaras são uma das culturas mais preservadas — embora constantemente ameaçadas — na região mais povoada do Brasil, entre o litoral do Paraná, São Paulo e Rio de Janeiro. Por décadas, viveram em relativo isolamento, desenvolvendo um modo de vida profundamente conectado aos recursos naturais. Hoje, são estudados por diversos centros de pesquisa no Sudeste. Seus territórios geralmente ficam em áreas de difícil acesso — como praias, costões rochosos, restingas e mangues, muitas vezes protegidos por Unidades de Conservação — o que contribui para a manutenção de suas tradições, apesar da crescente especulação imobiliária e da pressão do turismo.

Os caiçaras são o resultado da fusão de culturas indígenas, europeias e africanas ao longo da costa brasileira. Esta convivência entre mar e terra, floresta e praia gerou uma identidade singular, baseada no equilíbrio com a natureza e na preservação dos valores comunitários.

## Ubatubano(a) ou Ubatubense?

Há sempre um questionamento sobre o gentílico de quem nasce em Ubatuba: ubatubano(a) ou ubatubense? O IBGE adota "ubatubano(a)" como o termo oficial, mas a Lei Orgânica do Município de Ubatuba utiliza "ubatubense" em ocasiões formais, como ao conceder o título de "Cidadão Ubatubense" a pessoas que prestaram serviços relevantes ao município.

Esse conflito revela que a língua é viva e fluida, sujeita a mudanças e adaptações. Ambas as formas coexistem na cidade: ubatubano(a) é mais usada em registros oficiais e estudos, enquanto ubatubense traz uma conotação mais afetiva e simbólica, sendo comum em cerimônias e homenagens.

Assim como as marés formam as praias e enseadas de Ubatuba, a língua e a cultura também se transformam de acordo com as necessidades e sentimentos da comunidade. Afinal, ser de Ubatuba — seja ubatubano(a) ou ubatubense – é pertencer a um território marcado pela ancestralidade caiçara, pela convivência com a Mata Atlântica e pela constante transformação social e ambiental.

## Coaquire-se!

Nosso ponto de partida é o local que deveria receber mais reconhecimento e prestígio em nossa cidade de Ubatuba, outrora conhecida como "Aldeia de Iperoig". Foi aqui que Coaquira, o grande cacique de Ubatuba, liderou com sabedoria e coragem. Ele foi um dos líderes mais respeitados da Confederação dos Tamoios, uma união de aldeias indígenas que resistiu bravamente à invasão e colonização portuguesa no século XVI. O nome "Coaquira" tem origem no tupi-guarani, combinando as palavras *cuá* (homem forte) e *quira* (gordo, comedor), refletindo sua figura imponente e sua relevância como chefe da Aldeia de Iperoig.

Coaquira desempenhou um papel central nas negociações que resultaram no primeiro tratado de paz das Américas, a famosa Paz de Iperoig, firmada em 1563. Durante os encontros com os jesuítas Manoel da Nóbrega e José de Anchieta, ele não apenas acolheu os missionários em sua aldeia, mas também participou ativamente da construção de um altar na Praia do Cruzeiro, onde foi celebrada a primeira missa da região.

Este gesto de abertura ao diálogo marcou a história de Ubatuba, mesmo que as consequências da pacificação tenham sido devastadoras para os povos indígenas. Embora a Paz de Iperoig tenha suspendido temporariamente os confrontos diretos, ela abriu caminho para a submissão forçada, a escravização e a desestruturação cultural dos indígenas.

A presença de Coaquira na história de Ubatuba simboliza força, resistência e o esforço contínuo dos tamoios diante da opressão colonial. Sua liderança é um exemplo de luta pela dignidade e preservação das tradições de seu povo. Denominar a Estrada Coaquira foi um passo importante para reconhecer sua importância, mas essa homenagem é insuficiente. A estrada que leva seu nome contrasta com o estado de abandono do local que seria sua antiga morada, hoje ocupado por uma casa noturna desativada. Este descaso é um lembrete triste de como a história e o legado indígena de Ubatuba ainda são negligenciados.

Essa situação destaca a urgência de reavaliarmos como preservamos e honramos nossas raízes indígenas. Não basta atribuir nomes a logradouros; é necessário investir na revitalização de espaços históricos e integrar de maneira significativa a herança indígena à identidade contemporânea do município. O legado de

Coaquira deve ir além de uma homenagem simbólica: ele exige respeito, reconhecimento e ações concretas que transmitam às novas gerações sua relevância para a história de Ubatuba.

Que a memória de Coaquira inspire não apenas reflexão, mas também transformação. Ele merece mais do que nosso reconhecimento; merece ser parte viva e pulsante da história que ainda estamos escrevendo.

## Antropofagie-se!

A antropofagia era uma prática ritualística entre os tupinambás e outras culturas indígenas brasileiras do século XVI, ligada ao simbolismo e à guerra, não à fome. Durante cerimônias, os guerreiros capturados eram sacrificados e consumidos em rituais coletivos, com o objetivo de absorver a força e as virtudes do inimigo. Considerada uma forma de exocanibalismo, essa prática visava espantar a violência da comunidade, reforçando laços internos por meio do sacrifício de figuras externas.

O alemão Hans Staden, em seu relato *Duas Viagens para o Brasil* (1557), descreveu com detalhes as cerimônias dos tupinambás, o que contribuiu para a visão europeia do "Novo Mundo" como exótico e selvagem. Michel de Montaigne, em seu ensaio *Dos Canibais*, também abordou a antropofagia dos indígenas brasileiros, oferecendo uma crítica às normas morais europeias ao contrastar a complexidade cultural dos tupinambás com a sociedade ocidental.

A antropofagia, embora vista como sinal de barbárie pelos colonizadores, era profundamente enraizada nas crenças cosmológicas indígenas. Para os tupinambás, o ato de consumir o inimigo era parte de um ciclo de vingança e respeito pelo valor do guerreiro derrotado. Em contrapartida, missionários jesuítas, como Manoel da Nóbrega e José de Anchieta, tentaram extirpar a prática, que consideravam contrária às leis divinas e naturais, reforçando a catequese e a submissão dos indígenas aos valores europeus.

Figura 9 - Ritual antropofágico – Fonte: Por Theodor de Bry - File:Sao Paulo, Brazil 1312423 73.jpg, Photography by Wilfredor, Domínio público, https://commons.wikimedia.org/w/index.php?curid=44893797

No entanto, a antropofagia indígena foi ressignificada no Modernismo Brasileiro. Durante a Semana de Arte Moderna de 1922, Oswald de Andrade publicou o *Manifesto Antropófago* (1928), que transformou a prática indígena em uma metáfora cultural e estética. Para Oswald, a antropofagia representava a capacidade de absorver influências estrangeiras de forma criativa, reinterpretando-as e moldando uma identidade brasileira única. A pintura "Abaporu" de Tarsila do Amaral, cujo nome vem do tupi-guarani e significa "homem que come gente", tornou-se um ícone desse movimento, simbolizando a apropriação e recriação cultural.

A antropofagia modernista, ao revalorizar essa tradição nativa, destacou a dimensão ritualística e dialógica da prática, propondo uma reflexão crítica sobre o papel do Brasil no cenário cultural global. Diferente da conotação negativa associada pelo colonizador, a antropofagia passou a ser vista como uma estratégia de resistência e inovação, ressaltando a capacidade do Brasil de absorver e transformar as culturas estrangeiras, criando algo novo e autêntico.

Assim, ao longo dos séculos, a antropofagia passou de uma prática combatida e incompreendida para um símbolo de resistência e de reinvenção cultural. Ela destaca não apenas a complexidade das culturas indígenas, mas também a capacidade do Brasil de integrar diferentes influências, criando uma identidade híbrida e potente, marcada pela ideia de “deglutir” o que vem de fora, transformando-o em algo genuinamente brasileiro.

Figura 10 - Abaporu – Fonte: MALBA - https://malba.s3.sa-east-1.amazonaws.com/wp-content/uploads/2023/03/manifesto_antropofago_facsimile-750x552.jpg

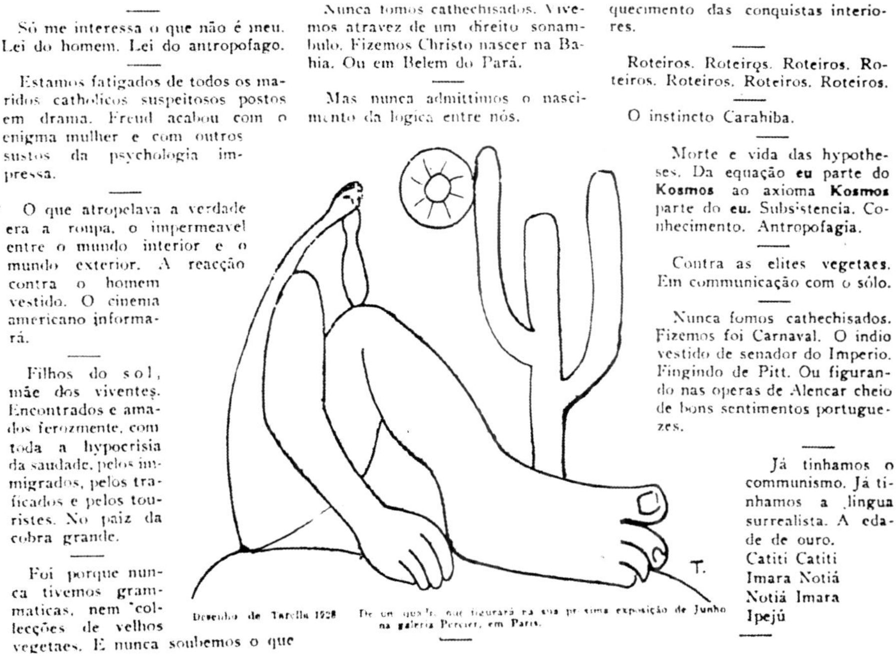

Só me interessa o que não é meu. Lei do homem. Lei do antropofago.

Estamos fatigados de todos os maridos catholicos suspeitosos postos em drama. Freud acabou com o enigma mulher e com outros sustos da psychologia impressa.

O que atropelava a verdade era a roupa, o impermeavel entre o mundo interior e o mundo exterior. A reacção contra o homem vestido. O cinema americano informará.

Filhos do sol, mãe dos viventes. Encontrados e amados ferozmente, com toda a hypocrisia da saudade, pelos immigrados, pelos traficados e pelos touristes. No paiz da cobra grande.

Foi porque nunca tivemos grammaticas, nem collecções de velhos vegetaes. E nunca soubemos o que

Nunca fomos cathechisados. Vivemos atravez de um direito sonambulo. Fizemos Christo nascer na Bahia. Ou em Belem do Pará.

Mas nunca admittimos o nascimento da logica entre nós.

Desenho de Tarsila 1928

De um quadro que figurará na sua proxima exposição de Junho na galeria Percier, em Paris.

quecimento das conquistas interiores.

Roteiros. Roteiros. Roteiros. Roteiros. Roteiros. Roteiros. Roteiros.

O instincto Carahiba.

Morte e vida das hypotheses. Da equação **eu** parte do **Kosmos** ao axioma **Kosmos** parte do **eu.** Subsistencia. Conhecimento. Antropofagia.

Contra as elites vegetaes. Em communicação com o sólo.

Nunca fomos cathechisados. Fizemos foi Carnaval. O indio vestido de senador do Imperio. Fingindo de Pitt. Ou figurando nas operas de Alencar cheio de bons sentimentos portuguezes.

Já tinhamos o communismo. Já tinhamos a lingua surrealista. A edade de ouro.
Catiti Catiti
Imara Notiá
Notiá Imara
Ipejú

Antropofagia reflete um aspecto profundo da cultura indígena brasileira e, mais tarde, da identidade cultural modernista do país. Transformada de prática ritualística em metáfora de resistência, ela representa a capacidade de absorver influências externas e recriá-las de forma única e autêntica. É uma expressão de um conhecimento ancestral que transcende o tempo, unindo tradições indígenas a uma arte moderna ousada e inovadora.

Viu só? Nosso conhecimento ancestral deve ser valorizado e reconhecido cada vez mais, revelando suas profundezas e potência cultural.

## Que alemão é esse?
## Hans Staden em Ubatuba

Hans Staden, viajante e mercenário alemão nascido em Homberg, Alemanha, em 1525, é uma figura central na história do Brasil colonial. Suas experiências no século XVI resultaram em um dos relatos mais marcantes sobre a cultura indígena brasileira, especialmente dos tupinambás. Seu livro, publicado originalmente em 1557, intitulado *Duas Viagens ao Brasil*, descreve de forma detalhada suas vivências, incluindo o período em que foi prisioneiro dos tupinambás, famosos por suas práticas de antropofagia.

Hoje, Ubatuba celebra sua história e influência com o "Roteiro Turístico Histórico-Cultural Caminho Hans Staden", instituído pela Lei nº 4443 de 19 de novembro de 2021.

## Biografia de Hans Staden

Hans Staden realizou duas viagens à América, entre 1548 e 1555. Na primeira, viajou a bordo de um navio português, participando de confrontos com indígenas e franceses. Na segunda viagem, após naufrágios e adversidades, estabeleceu-se em São Vicente como artilheiro em um forte português. Durante esse período, foi capturado pelos tupinambás, que o mantiveram prisioneiro por nove meses, ameaçando-o com rituais antropofágicos. Ele conseguiu sobreviver graças à sua astúcia, utilizando a religião cristã para impressionar os indígenas, até ser libertado por uma intervenção francesa.

Figura 11 - – Hans Staden por Portinari – Fonte: https://acervo-portinari.s3.sa-east-1.amazonaws.com/bf53cb5ee17d50e0f11245a1e85c75de.jpeg

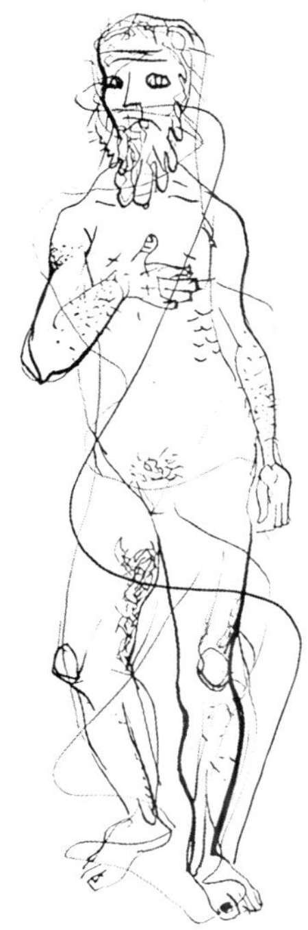

O relato de Hans Staden é rico em descrições sobre a cultura tupinambá, oferecendo um olhar detalhado sobre os costumes, rituais e a visão europeia da época. Embora permeado por etnocentrismo, o texto tornou-se uma referência histórica e antropológica, influenciando o imaginário europeu sobre o Brasil como a terra dos "canibais".

## Portinari e Hans Staden: Entre Arte, Memória e Colonização

A narrativa de Hans Staden sobre seu cativeiro entre os tupinambás, publicada em 1557, marcou profundamente a forma como a história colonial foi representada ao longo dos séculos. Desde as primeiras adaptações realizadas por Monteiro Lobato nos anos

1920, a obra seguiu um percurso de recriações e releituras, sendo traduzida, reinterpretada e levada para diferentes linguagens, como a música e o cinema. No entanto, um episódio curioso interrompe essa trajetória: a tentativa do renomado artista brasileiro Cândido Portinari de ilustrar a edição norte-americana do livro.

No auge de seu reconhecimento internacional, em 1940, Portinari aceitou o convite para criar as ilustrações da edição. No entanto, ao entregar as obras ao editor, foi surpreendido por uma rejeição categórica. A justificativa? Os desenhos não possuíam a "simplicidade" ou o "realismo" esperados, tornando-se, na visão do editor, "ininteligíveis". Em vez de representar os indígenas como figuras primitivas e de fácil assimilação pelo público estrangeiro, Portinari utilizou sua própria estética para reinterpretar o passado colonial.

Diante da crítica, a resposta do artista foi incisiva: se soubesse que as ilustrações deveriam seguir o gosto do editor e de seus clientes, teria recusado a proposta desde o início, pois não estava acostumado a produzir arte apenas para agradar o público. Assim, suas ilustrações foram devolvidas, caindo no esquecimento por quase seis décadas.

Somente em 1998, por meio de uma publicação apoiada pelo Deutsche Bank e pelo Ministério da Educação, os desenhos vieram à tona no livro *Portinari devora Hans Staden*. A obra trouxe uma nova interpretação para os desenhos, associando-os ao Manifesto Antropofágico de 1928, de Oswald de Andrade, que defendia a apropriação e transformação dos elementos culturais europeus como forma de afirmação da identidade brasileira. No entanto, essa visão simplificada não levava em conta o contexto histórico da Segunda Guerra Mundial, que permeava a produção do artista, e nem a maneira como suas ilustrações expunham a brutalidade do colonialismo.

Diferente das xilogravuras da edição original de Staden, que enfatizavam o confronto entre indígenas e europeus, as ilustrações de Portinari deslocam o foco para a destruição e a morte das populações indígenas. A cena mais marcante talvez seja a de Hans Staden sentado, de perfil, ao lado de um guerreiro tupinambá moribundo, cujo olhar fixo se dirige ao espectador. Não há ali a exaltação de guerreiros heroicos, como muitas representações convencionais tendem a fazer, mas sim a memória de um passado irreconciliável, marcado pela violência e pela perda.

A recusa da editora em aceitar as ilustrações não foi apenas uma questão estética, mas um reflexo de como a história colonial era — e, muitas vezes, ainda é — narrada. Enquanto a visão tradicional busca minimizar o impacto devastador do colonialismo, permitindo que ele se encaixe na construção da identidade nacional, a arte de Portinari escancarava a realidade: a destruição irreversível dos antigos tupinambás. Talvez tenha sido esse choque de interpretações o motivo pelo qual os desenhos enfrentaram um destino tão conturbado.

## Visão Etnocêntrica e Eurocêntrica no Relato de Hans Staden

O livro de Hans Staden reflete os valores etnocêntricos e eurocêntricos da Idade Moderna. Em sua narrativa, os indígenas são frequentemente descritos como "selvagens", reforçando uma visão de inferioridade cultural que contrasta com os padrões europeus da época. Para Staden, a prática da antropofagia não era apenas um ato de violência, mas uma afronta direta aos valores cristãos e à moralidade europeia.

Essa visão eurocêntrica não apenas distorce a complexidade da cultura indígena, mas também legitima, aos olhos dos europeus, o processo de colonização como uma "missão civilizatória". A ideia de que os nativos precisavam ser "salvos" e "educados" reforçava o direito dos colonizadores de impor sua cultura, religião e modelos sociais. O relato de Staden contribuiu para consolidar a imagem do Brasil como uma terra de selvageria e barbarismo, que exigia a intervenção das potências europeias.

Por outro lado, ao detalhar os rituais indígenas, Staden também forneceu informações valiosas sobre a organização social e espiritual dos tupinambás, destacando que a antropofagia tinha um significado cultural profundo, vinculado à guerra, vingança e absorção simbólica de forças do inimigo.

## Roteiro Cultural: Caminho Hans Staden

Ubatuba homenageia Hans Staden com um roteiro cultural que explora sua história e as tradições das comunidades locais. A Lei nº 4443 institui um percurso que conecta locais históricos, culturais e naturais da cidade, promovendo atividades educacionais, artísticas e gastronômicas. O roteiro abrange desde a Praça Exaltação à Santa Cruz, com o Obelisco do Terceiro Centenário, até aldeias indígenas e quilombos, destacando a rica diversidade de Ubatuba.

O roteiro também busca fortalecer a imagem histórica de Ubatuba no cenário nacional e internacional, promovendo parcerias culturais com cidades alemãs ligadas à história de Hans Staden, como Homberg e Wolfhagen. Essa conexão internacional foi reafirmada recentemente com a assinatura de uma carta de compromisso entre Ubatuba e essas cidades.

## O Filme Hans Staden

Em 1999, Ubatuba tornou-se cenário para o filme *Hans Staden*, dirigido por Luiz Alberto Pereira. A produção destaca o período em que Hans esteve aprisionado pelos tupinambás, abordando os desafios culturais e os rituais indígenas. Premiado em festivais como Brasília e Miami, o filme é uma das poucas produções brasileiras a utilizar predominantemente a língua tupi, o que enriquece sua autenticidade e impacto cultural.

## Vozes da Terra: os Povos Indígenas e suas lutas

A história da humanidade é profundamente enraizada na diversidade e sabedoria dos povos originários. No Brasil e no mundo, reconhecer e valorizar esses povos é essencial para a construção de uma sociedade mais justa, que respeite sua herança cultural, seus direitos e suas contribuições.

Tradicionalmente conhecido como Dia do Índio, o 19 de abril passou a ser oficialmente denominado Dia dos Povos Indígenas pela Lei 14.402, sancionada em 2022. Essa mudança vai além do simbolismo: busca reconhecer a riqueza e a pluralidade das culturas indígenas, destacando sua diversidade e importância na formação das nações americanas.

A origem da data remonta ao 1º Congresso Indigenista Interamericano, realizado no México em 1940. Esse evento marcou um momento de união para valorizar e preservar as culturas indígenas em todo o continente.

Além da celebração no Brasil, o Dia Internacional dos Povos Indígenas do Mundo é comemorado anualmente em 9 de agosto. Instituída pela Assembleia Geral da ONU em 1994, a data reforça a importância de aumentar a conscientização global sobre os direitos, as lutas e as contribuições das populações indígenas.

Essa data foi escolhida em memória à primeira reunião do Grupo de Trabalho da ONU sobre Populações Indígenas, realizada em Genebra em 1982. Todos os anos, a UNESCO utiliza a ocasião para destacar projetos e atividades que promovem os conhecimentos e saberes dessas comunidades. Como destacou Audrey Azoulay, diretora-geral da UNESCO: "Lembrado todos os anos em 9 de agosto, o Dia Internacional dos Povos Indígenas do Mundo é uma oportunidade para celebrar essas comunidades e seus conhecimentos".

Os povos indígenas estão presentes em todas as regiões do mundo, ocupando ou utilizando cerca de 22% da área terrestre global. Com uma população estimada entre 370 e 500 milhões de pessoas, representam a maior parte da diversidade cultural do planeta. Essas comunidades falam a maioria das 7.000 línguas do mundo e perpetuam 5.000 culturas diferentes.

Apesar de sua relevância cultural e histórica, os povos indígenas enfrentam desafios comuns em todo o mundo: marginalização, pobreza extrema e violações dos direitos humanos. Suas terras, saberes e modos de vida muitas vezes são ameaçados por políticas excludentes e pela exploração indiscriminada de recursos naturais.

Valorizar os povos indígenas é reconhecer que suas culturas não são apenas parte do passado, mas um alicerce para o futuro. Sua relação com a terra, suas tradições e conhecimentos são fundamentais para a sustentabilidade do planeta e para a preservação da biodiversidade.

## Exibições da Vergonha: os zoológicos humanos da Europa

A história dos 'zoológicos humanos', uma das páginas mais sombrias da humanidade, revela o auge da desumanização promovida pelas sociedades ocidentais até meados do século XX. Esses espetáculos, realizados em grandes feiras internacionais, transformaram pessoas em "exposições" e relegaram culturas inteiras à condição de curiosidades exóticas, alimentando teorias raciais pseudocientíficas e reforçando narrativas de dominação colonial.

Entre os séculos XIX e XX, milhões de pessoas visitaram feiras como a Exposição Universal de 1889, onde 400 indígenas, incluindo javaneses e selknam, eram exibidos em aldeias simuladas. Essas pessoas eram obrigadas a realizar danças de guerra e rituais religiosos para o entretenimento dos colonizadores. O público pagava ingresso para assistir a esses "espetáculos", que criavam uma barreira física e simbólica, enfatizando a desigualdade e promovendo a visão do "outro" como inferior.

Indígenas tehuelche, selknam e kawésqar da Patagônia, por exemplo, eram capturados e enviados para serem exibidos na Europa. Muitos sucumbiam às longas viagens ou às condições precárias de vida nos zoológicos humanos. Entre 1878 e 1900, esses povos eram fotografados, medidos e forçados a se apresentar diariamente, em uma violação brutal de seus direitos e dignidade.

Em 1889, um grupo de 11 selknam, incluindo uma criança de 8 anos, foi levado à Europa com a permissão do governo chileno. Sua breve e trágica história é um símbolo do sofrimento infligido por esses eventos.

As exposições etnográficas começaram a perder espaço após a Segunda Guerra Mundial, mas não por uma revisão ética ou humanitária, e sim pela mudança nos interesses do público e o surgimento de novas formas de entretenimento.

O último zoológico humano ocorreu na Bélgica, em 1958, marcando o fim oficial desse tipo de evento na Europa. Curiosamente, Adolf Hitler proibiu essas exposições na Alemanha antes mesmo de seu fim em outros países, um paradoxo que demonstra as complexidades dessa história.

A Torre Eiffel, um dos maiores símbolos de Paris, foi construída para a Exposição Universal de 1889, que também abrigou esses zoológicos humanos. Apesar de hoje ser vista como um marco de beleza e progresso, a história que envolve a sua criação nos lembra que monumentos e espaços podem carregar significados contraditórios.

Conhecer essa história é essencial para refletirmos sobre as atrocidades cometidas em nome da curiosidade e do poder. Ressignificar esses espaços, entendendo sua origem e contexto, permite que honremos as memórias das vítimas e avancemos na construção de um futuro mais ético e igualitário.

O legado dos povos que foram explorados nos zoológicos humanos permanece como um lembrete da necessidade de lutar pela dignidade humana. Que essas histórias nunca sejam esquecidas, mas sirvam como lições para evitar que atrocidades semelhantes voltem a acontecer.

## “Um Índio”: uma mensagem atemporal

Para iniciarmos essa conversa, é importante frisar a questão da nomenclatura. A palavra “índio” foi historicamente utilizada pelos colonizadores europeus para se referir aos povos originários das Américas, devido à crença equivocada de que haviam chegado às Índias. Esse termo carrega uma carga histórica de estereótipos e generalizações que desconsideram a diversidade e a identidade cultural desses povos.

Já o termo "indígena" é mais preciso e respeitoso, pois significa "nascido na terra", reconhecendo a ancestralidade e a pluralidade dos mais de 300 povos indígenas existentes no Brasil, cada um com sua própria língua, cultura e história. Além disso, é o termo adotado na Constituição Brasileira e em documentos internacionais sobre os direitos indígenas.

Optar por "indígena" é uma forma de valorizar a identidade desses povos e contribuir para o respeito e a visibilidade de suas lutas e culturas.

Nas músicas, a expressão "índio" ainda aparece, refletindo o contexto da época em que foi utilizada. No entanto, muitas dessas composições tinham o intuito de fazer uma crítica ao pensamento dominante e de valorizar os povos originários.

Na canção de Caetano, o índio é apresentado como um símbolo de resistência e esperança, "mais avançado que a mais avançada das tecnologias". Esse ser impávido, carregando a força de Muhammad Ali, a precisão de Bruce Lee e o axé dos Filhos de Gandhi, desce "de uma estrela colorida e brilhante" para nos lembrar de verdades ocultas, que sempre estiveram presentes, mas foram silenciadas.

O índio de Caetano é um chamado à reconexão com a sabedoria ancestral, que transcende as fronteiras do tempo e do espaço. Sua figura evoca não apenas a memória de povos exterminados, mas também um futuro em que a coexistência e o respeito sejam possíveis. É um manifesto contra a destruição da terra e da cultura, trazendo à tona o óbvio: a necessidade de valorizar nossas raízes.

O diálogo entre música e artes visuais nos oferece uma nova perspectiva sobre o passado. O quadro *O Último Tamoio*, de Rodolfo Amoedo, retrata o que seria a figura do cacique Aimberê, símbolo da resistência dos Tamoios contra os colonizadores portugueses, em seus momentos finais. Criada em 1883, a obra carrega uma forte carga emocional, convidando o espectador a refletir sobre a violência e o apagamento cultural impostos aos povos originários.

A dualidade entre a figura do padre José de Anchieta, representante do projeto colonizador, e o corpo sem vida do líder indígena sintetiza a complexa narrativa de nossa formação histórica.

Essa pintura, assim como a canção de Caetano, nos lembra que a história do Brasil é feita de encontros nem sempre harmoniosos, mas que geraram uma identidade singular.

*Um Índio* não é apenas uma canção, mas um convite a revisitar a história do Brasil com um olhar crítico e empático. Ela nos lembra que, mesmo após o extermínio de tantas nações indígenas, a força de suas culturas permanece. Essa música, assim como outras obras de arte, é uma ferramenta poderosa para ensinar história, permitindo que emoções e questionamentos se entrelacem no aprendizado.

Ao olharmos para a história do Brasil por meio da música e das artes visuais, entendemos que a construção de nossa identidade é permeada por encontros, conflitos e resiliência. As vozes dos povos originários, muitas vezes silenciadas, ainda soam em nossas paisagens, em nossos costumes e, especialmente, em nossa memória.

Que possamos aprender com o índio de Caetano e com o cacique Aimberê a valorizar e proteger o que há de mais verdadeiro em nossa terra. Afinal, como a música nos ensina, o que se revelará "não por ser exótico, mas pelo fato de poder ter sempre estado oculto" é o que nos tornará mais próximos de nós mesmos e de nossas raízes.

## "Índios" da Legião Urbana: memória, dor e resistência

A canção "Índios", composta por Renato Russo e interpretada pela Legião Urbana, é mais do que uma música; é um convite à introspecção e à crítica sobre a nossa formação histórica enquanto nação. Ela carrega uma força lírica que traduz as dores, os conflitos e as contradições que marcaram o processo de invasão e colonização das terras dos povos originários no Brasil.

O Espelho da Invasão... *"Nos deram espelhos e vimos um mundo doente."* Essa frase emblemática resume o impacto da chegada dos europeus: a introdução de valores alheios que distorceram e desestruturaram as culturas originárias. Os povos indígenas, que viviam em equilíbrio com a natureza e suas cosmologias, viram seu mundo ser invadido, suas terras tomadas e sua espiritualidade atacada. A metáfora do espelho nos leva a refletir sobre como o olhar estrangeiro fragmentou a identidade desses povos, projetando sobre eles um *"mundo doente"* baseado em ganância, exploração e desumanização.

A Dor da Perda e a Saudade do Que Não Foi... "Quem me dera, ao menos uma vez, ter de volta todo o ouro que entreguei." Esse verso fala não apenas do saque das riquezas naturais, mas também da destruição de valores intangíveis: terras, vidas, culturas e memórias. O ouro, símbolo de riqueza material, é também metáfora do que foi perdido: a conexão espiritual com o território, a harmonia comunitária e a sabedoria ancestral. A saudade mencionada na música não é apenas do que foi tirado, mas do que poderia ter sido, caso o encontro entre europeus, africanos e indígenas tivesse ocorrido sob condições de respeito mútuo e troca genuína.

A Inocência Atacada... "Como a mais bela tribo dos mais belos índios, não ser atacado por ser inocente." A pureza de quem vivia em harmonia com a terra foi brutalmente atacada. A violência física, cultural e espiritual que os povos originários sofreram ainda reverbera nos dias de hoje. O apagamento e a marginalização dessas histórias tornam ainda mais urgente a necessidade de reconhecer e resgatar essa memória coletiva. Contra o apagamento, erguemos vozes: Não ao Marco Temporal!

A Tríade da Formação do Brasil... A música também nos convida a olhar para a tríade de forças que formaram o Brasil: os indígenas, que aqui estavam há milhares de anos; os africanos, trazidos à força e brutalizados; e os europeus, que chegaram como invasores. "Índios" nos leva a pensar sobre como somos frutos desse encontro desigual, que gerou profundas feridas, mas também formou uma cultura rica e singular, marcada pela resistência e reinvenção.

Assim como "Índios" nos faz confrontar as injustiças e violências do passado, este livro também busca trazer à tona as memórias apagadas e os legados invisibilizados. A música e a história convergem em um apelo: olhar para o passado não como uma narrativa linear e heroica, mas como um caleidoscópio de dores, resistências e possibilidades.

Que possamos, ao final deste livro, ouvir as palavras de Renato Russo como um lembrete de que há muito a ser resgatado, reparado e celebrado. Que a saudade do que não vimos nos mova a lutar por um futuro mais justo, onde os povos originários e suas histórias sejam honrados, e onde as lições do passado nos ajudem a construir um presente mais humano e um futuro mais consciente.

Por fim, "Índios" é uma canção à resistência e à reflexão. Que suas palavras sirvam de eco para lembrarmos que a verdadeira cura está em reconhecermos e valorizarmos nossas raízes, nossas feridas e nossa força coletiva. Como nos sugere Ailton Krenak: "Os rios, esses seres que sempre habitaram os mundos em diferentes formas, são quem me sugerem que, se há futuro a ser cogitado, esse futuro é ancestral, porque já estava aqui". (Krenak, 2022).

Que possamos, enfim, agradecer à terra e às pessoas que formaram nossa história, dizendo, como na música: "Obrigado."

## Ainda temos muito que aprender com nossos Povos Originários

A música *Baila Comigo*, de Rita Lee, é uma declaração poética que nos desafia a reavaliar a relação que temos com a natureza, a simplicidade da vida e as lições dos povos originários. Nos versos, Rita sugere um desejo de reconexão com a essência da existência, inspirada nos valores das culturas indígenas: viver em harmonia com a terra, respeitar seus ciclos e valorizar a simplicidade como expressão de sabedoria.

Quando Rita canta sobre "viver num eterno domingo", somos provocados a refletir sobre como os povos originários, ao contrário do frenesi da vida moderna, se conectavam com o tempo de maneira natural e orgânica. Sem relógios para ditar suas vidas, eles seguiam os ritmos do Sol, da chuva e das estações, vivendo em sintonia com os ciclos da terra. Este contraste nos faz questionar: o que perdemos ao trocar a contemplação pela correria?

Simplicidade e sustentabilidade... "Ser um bicho-preguiça, espantar turista" traduz a crítica ao consumismo excessivo e à exploração da natureza e das culturas para fins turísticos. As comunidades indígenas nos ensinam que a verdadeira riqueza está na simplicidade: utilizar apenas o necessário, respeitando o que a terra pode oferecer sem esgotar seus recursos. Esta lição é urgente em um mundo que enfrenta crises climáticas e ambientais.

A Natureza como fonte de saúde e bem-estar... Em um mundo cada vez mais tecnológico e desconectado do ambiente natural, é essencial lembrar que o contato com a natureza não é apenas um luxo, mas uma necessidade para a saúde física e mental. Estudos, como o conceito de Transtorno do Déficit de Natureza (TDN), mostram como a ausência de interação com a natureza pode afetar negativamente nossa qualidade de vida. Locais preservados, como Ubatuba e suas áreas de conservação, tornam-se fundamentais para restaurar o equilíbrio entre o ser humano e o planeta.

A terrível escala 6x1 e o tempo que perdemos... Rita Lee nos inspira a repensar o tempo como algo precioso, e isso se conecta à discussão sobre a escala de trabalho 6x1. Essa rotina exaustiva, que oferece apenas um dia de descanso por semana, priva o trabalhador de momentos essenciais para o convívio familiar, o autocuidado e o lazer. Esse modelo, como destacado por Hilton em sua crítica, é uma prisão moderna que compromete tanto a saúde quanto a dignidade do trabalhador. Será que podemos aprender com os povos originários a desacelerar e encontrar um equilíbrio mais saudável?

O refrão "Baila comigo, como se baila na tribo" é um convite a redescobrir a conexão perdida com a terra, a comunidade e nós mesmos. Essa dança é simbólica de um chamado para uma reconciliação com a natureza e as tradições ancestrais, resgatando valores que valorizam o coletivo, o respeito e o cuidado mútuo.

Rita Lee, com sua poesia e olhar à frente de seu tempo, e os povos originários, com sua sabedoria, nos apontam um caminho de reconexão e aprendizado. É urgente que nos inspiremos em suas lições para enfrentar os desafios do presente e construir um futuro mais sustentável e humano. Que possamos, como na música, "bailar na tribo", resgatando o ritmo natural da vida e aprendendo que a verdadeira riqueza está na harmonia com a terra, com os outros e conosco mesmos.

Ubatuba como exemplo vivo, com sua exuberante natureza e conexão ancestral, é um lembrete constante de que preservar não é apenas uma ação ambiental, mas também cultural e espiritual. Que essa terra nos inspire a abraçar o chamado de Rita Lee: tomar banho de sol, dançar na tribo e viver em plenitude. Porque, como ela canta, "baila comigo" é mais do que um convite; é um pedido para um recomeço.

## Capítulo 3

# Arte, personalidades

Este capítulo revela como artistas, visionários e figuras icônicas formaram a identidade cultural da cidade e deixaram um legado que transcende o tempo.

Aqui, conhecemos a FundArt e seu papel na valorização da cultura local, conhecemos Gastão Madeira e sua ousadia nos céus, e revisitamos a trajetória de Ciccillo Matarazzo, o mecenas que levou Ubatuba ao cenário artístico internacional. Também celebramos a irreverência de Clodovil Hernandes, um ícone que encontrou na cidade um refúgio e uma extensão de sua personalidade única.

Além disso, refletimos sobre a presença da arte no cotidiano ubatubense, do surrealismo de Escher ao granito verde, e sobre a resiliência daqueles que seguem afirmando sua existência e identidade na cidade. Entre a tradição e o vanguardismo, entre o luxo e a contracultura hippie, este capítulo é um convite para mergulhar na diversidade e na riqueza cultural de Ubatuba.

## FundArt-se!

A Fundação de Arte e Cultura de Ubatuba — FundArt desempenha um papel essencial no fortalecimento da identidade cultural e na preservação do patrimônio histórico de Ubatuba. Criada em 1987, a FundArt é pioneira no Litoral Norte de São Paulo, sendo responsável por promover e coordenar a política cultural do município.

Sua atuação vai além da administração de espaços como o Sobradão do Porto, o Teatro Municipal Pedro Paulo Teixeira Pinto e o Museu Histórico "Washington de Oliveira". Ela também desenvolve projetos e programas que englobam exposições, apresentações artísticas, oficinas e atividades formativas, democratizando o acesso aos bens culturais.

**Missão, Visão e Valores da FundArt:**

- Missão: Implementar políticas públicas para preservar o patrimônio cultural e estimular a produção artística, garantindo o acesso democrático à cultura.
- Visão: Ser referência em preservação e ação cultural no município.
- Valores: Ética, transparência, respeito à diversidade e determinação.

## O papel dos Órgãos de Proteção ao Patrimônio.

Além da FundArt, órgãos como o IPHAN (Instituto do Patrimônio Histórico e Artístico Nacional), o CONDEPHAAT (Conselho de Defesa do Patrimônio Histórico, Arqueológico, Artístico e Turístico) e a UNESCO atuam em diferentes esferas na proteção e valorização do patrimônio cultural.

**IPHAN**: Fundado em 1937, o IPHAN é o principal órgão de preservação do patrimônio histórico no Brasil. Entre suas atribuições estão a proteção de bens culturais imateriais, conjuntos urbanos e sítios arqueológicos. A atuação do IPHAN envolve fiscalização, conservação e restauração, além de incentivar o turismo sustentável e o desenvolvimento socioeconômico.

**CONDEPHAAT:** No âmbito estadual, o CONDEPHAAT é responsável por proteger bens históricos, culturais e arquitetônicos em São Paulo. Ele realiza tombamentos e promove ações de preservação que garantem a continuidade de tradições e histórias locais, como o patrimônio caiçara de Ubatuba.

**UNESCO:** A UNESCO, agência da ONU fundada em 1946, tem como missão promover a paz e o desenvolvimento humano por meio da educação, cultura e ciência. No Brasil, a UNESCO auxilia na formulação de políticas públicas que preservam patrimônios culturais e incentivam a criatividade, garantindo que o desenvolvimento econômico esteja alinhado à preservação cultural.

## O Que é Tombamento?

O tombamento é um ato administrativo que visa proteger bens de valor histórico, cultural ou ambiental, impedindo que sejam destruídos ou descaracterizados. Ele pode ocorrer em níveis federal, estadual ou municipal, promovido por órgãos como o IPHAN, CONDEPHAAT ou conselhos municipais de preservação.

Preservar o patrimônio cultural é essencial para manter viva a memória de um povo, garantindo que futuras gerações tenham acesso à riqueza histórica e artística que forma a identidade de uma sociedade. Exemplos como a Estação da Luz, em São Paulo, que, além de ser um entroncamento ferroviário, abriga o Museu da Língua Portuguesa, mostram como o patrimônio pode adquirir novos usos sem perder seu valor histórico.

A atuação da FundArt é um exemplo prático de como a preservação cultural pode transformar a relação de uma comunidade com sua história e tradições. Seus projetos, como a revitalização de espaços históricos e o incentivo ao turismo cultural, não só preservam a identidade caiçara, mas também estimulam o desenvolvimento sustentável da cidade.

A preservação cultural, como bem define o artigo 216 da Constituição Federal de 1988, é uma responsabilidade compartilhada entre o poder público e a sociedade. Assim, proteger o patrimônio de Ubatuba e do Brasil é um compromisso que fortalece identidades e promove uma convivência harmoniosa entre o passado e o presente.

## Ondas que conectam Ubatuba

A comunicação é um dos pilares fundamentais para a construção da identidade de uma cidade. Em Ubatuba, a Rádio Costa Azul se tornou muito mais do que um meio de transmissão de notícias e entretenimento; tornou-se uma referência cultural e histórica, acompanhando gerações, informando, formando opiniões e sendo um elo entre a comunidade e o mundo.

## A Invenção do Rádio e sua Evolução

O rádio é um dos meios de comunicação mais revolucionários da história da humanidade. Sua invenção está associada a diversas figuras, entre elas Guglielmo Marconi, que em 1895 realizou a primeira transmissão sem fio, e Nikola Tesla, cujas patentes contribuíram significativamente para o desenvolvimento da tecnologia radiofônica. No Brasil, o rádio teve um papel essencial na informação e na cultura popular, sendo inaugurado oficialmente em 7 de setembro de 1922, com a primeira transmissão no país.

Desde então, o rádio passou por diversas transformações, adaptando-se às novas tecnologias, como a chegada da frequência modulada (FM) e, mais recentemente, à digitalização e à integração com plataformas online. Mesmo diante da ascensão da televisão e da internet, o rádio mantém sua relevância, sendo um dos meios de comunicação mais acessíveis e democráticos do mundo.

## A Primeira Rádio de Ubatuba: Rádio Iperoig

A importância do rádio como meio de comunicação em Ubatuba pode ser constatada já nos primeiros anos da Rádio Iperoig, a primeira emissora da cidade. Inaugurada por volta de 1957, a rádio desempenhou um papel fundamental na vida da comunidade, a ponto de a Prefeitura Municipal de Ubatuba conceder subsídios para seu funcionamento. Essa parceria demonstrava o reconhecimento do rádio como ferramenta essencial para a informação e o desenvolvimento cultural do município.

Além disso, a Rádio Iperoig ficava obrigada a atender graciosamente as comunicações da Prefeitura, da Câmara Municipal e das entidades de utilidade pública, sem prejuízo de sua programação normal. Essa exigência reforçava seu papel como um serviço essencial à comunidade, garantindo que informações de interesse público fossem amplamente divulgadas.

A Rádio Iperoig foi criada pelo engenheiro eletrônico Antonio Topedini Pagâno e operava na frequência de 1.540 kHz, alcançando um raio de aproximadamente 50 km. Com uma programação diversificada, incluindo programas de calouros e transmissões das sessões da Câmara Municipal, a emissora tornou-se um espaço de valorização da cultura caiçara e um importante canal de comunicação da cidade.

Após quase duas décadas de operação, a Rádio Iperoig encerrou suas atividades por volta de 1975/1976, mas sua história marcou profundamente a memória de Ubatuba e abriu caminho para a fundação da Rádio Costa Azul.

## A Trajetória da Rádio Costa Azul

A Rádio Costa Azul foi ao ar pela primeira vez em 23 de fevereiro de 1981. Desde então, são 44 anos em que sua história se mistura com a história de Ubatuba. Pela rádio passaram os maiores nomes da radiocomunicação caiçara, e ela participou dos principais acontecimentos da cidade por décadas, informando, comentando e construindo uma marca que permanece memorável na mente e no coração da população de Ubatuba.

A história da rádio está diretamente ligada ao nome de Benedito Góis, seu fundador e visionário. Com seu empenho e dedicação, ele transformou a Costa Azul em uma verdadeira escola de comunicação, um espaço onde talentos foram revelados e a cultura local ganhou voz. Sua contribuição para Ubatuba foi imensurável, e sua memória segue viva nos corações de todos aqueles que um dia sintonizaram a emissora em busca de informação, música e boas histórias.

A partir de 2023, a Rádio Costa Azul entrou em uma nova fase. Mais moderna, mais conectada, mas sempre fiel às suas raízes. Agora sob o olhar atento de Cícero e Enrico Assunção, a emissora combina personalidade, novas tecnologias e formatos inovadores para continuar sua missão de informar, entreter e valorizar a cultura local, mantendo viva a essência que a tornou tão especial para a população de Ubatuba.

## O Rádio no Presente e no Futuro

Hoje, o rádio continua a ser um meio de comunicação poderoso e acessível. Com a popularização dos podcasts, rádios online e transmissões ao vivo, ele se reinventa constantemente para alcançar novas audiências e atender às demandas da era digital. A Rádio Costa Azul acompanha essa evolução, ampliando sua presença digital e explorando novos formatos de interação com o público.

A comunicação radiofônica segue sendo essencial para a difusão de cultura, educação e informação. O rádio é o único meio capaz de alcançar as comunidades mais remotas sem necessidade de internet, sendo uma ferramenta indispensável para emergências e serviços públicos.

O retorno da Rádio Costa Azul não é apenas uma celebração da comunicação, mas um marco para a história de Ubatuba. É o reconhecimento da importância de um veículo que sempre esteve ao lado da comunidade, ouvindo, informando e dando voz a cada canto da cidade. A rádio segue firme em sua missão de conectar Ubatuba com o mundo, honrando o passado e projetando um futuro no qual a informação e a cultura caminham juntas.

## Gastão Madeira:<br>O Pioneiro dos Céus

Gastão Galhardo Madeira foi um visionário nascido em Ubatuba, em 20 de junho de 1869, e deixou um legado que transcende sua cidade natal. Advogado, inventor e precursor da aviação no Brasil, sua trajetória é marcada por um espírito inovador e uma dedicação incansável à ciência e à tecnologia.

Desde jovem, Gastão Madeira demonstrou fascínio pelo voo, observando os pássaros e tentando compreender os segredos do movimento aéreo. Aos 13 anos, projetou o que seria um moto-perpétuo. Já em 1890, com apenas 21 anos, obteve sua primeira patente para um "aeróstato dirigível". Embora fosse estudante de Direito na época, sua paixão pela aviação o levou a explorar novas possibilidades para a aeronáutica.

No início do século XX, Madeira apresentou invenções como o "Aviplano", precursor do conceito de estabilizadores automáticos, hoje conhecidos como piloto automático. Ele também conquistou patentes internacionais na França, Alemanha, Itália, Inglaterra e Estados Unidos, destacando-se como um dos pioneiros brasileiros no campo da aviação.

Gastão Madeira foi um dos primeiros brasileiros a estudar e aplicar as leis da natureza à aviação. Em 1914, viajou para a França com o apoio do governo paulista, mas a Primeira Guerra Mundial dificultou a concretização de seus projetos. Mesmo assim, sua dedicação e genialidade foram reconhecidas, e ele foi homenageado por suas contribuições à aviação.

Em 1927, seu nome foi inscrito ao lado de figuras como Alberto Santos-Dumont e Bartolomeu de Gusmão na placa comemorativa do voo do hidroavião *Jahú*, a primeira aeronave brasileira a atravessar o Atlântico Sul sem escalas.

Em 1937, durante as comemorações do tricentenário de Ubatuba, foi homenageado com uma placa de bronze instalada na casa onde nasceu, atualmente sede da Secretaria Municipal de Turismo.

O Aeroporto Estadual Gastão Madeira, em Ubatuba, também leva seu nome. Inaugurado em 1966, o aeroporto é uma referência na aviação regional, abrigando um terminal moderno, hangares, escola de paraquedismo e espaço para eventos.

A história de Gastão Madeira é celebrada em eventos como a Semana Gastão Madeira, instituída por lei municipal, comemorada em junho, mês de seu aniversário. Durante essa semana, ocorrem palestras, exposições e atividades educativas sobre sua vida e legado.

Além disso, a "Semana da Aviação de Ubatuba", realizada anualmente em setembro, inclui ações educativas e culturais que valorizam as contribuições de Gastão Madeira à aviação e à história de Ubatuba.

**Curiosidades:**

1. Sua primeira patente, de 1890, antecipava conceitos que se tornaram essenciais na aviação moderna.
2. Apesar de suas dificuldades financeiras, Gastão persistiu em seus estudos e invenções até o fim da vida, registrando sua última patente em 1940.
3. O aeroporto que leva seu nome possui uma pista de 940 metros e um terminal que combina eficiência e modernidade, atendendo principalmente à aviação geral.

Gastão Madeira faleceu em 4 de agosto de 1942, deixando um legado de inovação, persistência e dedicação. Sua história inspira não apenas os ubatubenses, mas todos os brasileiros que reconhecem a importância de sonhar e criar, mesmo diante das adversidades.

## Idaline-se!
## A Solitária de Iperoig

Em Ubatuba, muitas narrativas não podem ser esquecidas. São histórias de mulheres que, com coragem e sensibilidade, marcaram sua época e deixaram um legado de luta, cultura e amor à cidade. Entre esses relatos, brilha a de Idalina do Amaral Graça, uma mulher à frente de seu tempo, que transformou sua paixão pelas palavras em um testemunho eterno sobre a cidade que tanto amou.

Tão singular foi sua trajetória que o jardim ao redor da Câmara Municipal de Ubatuba recebeu, em sua homenagem, o nome de "Jardim Idalina do Amaral Graça", por meio da Lei nº 2.663, de 21 de março de 2005.

### Mas quem foi Idalina Graça?

Idalina nasceu em Ilhabela, em 24 de maio de 1902. Órfã desde menina, mudou-se para Santos em busca de trabalho. Sem acesso à educação formal — tendo frequentado a escola por apenas dois anos —, trabalhou como empregada doméstica. No entanto, sua sede de conhecimento era insaciável. Lia tudo o que encontrava pela frente, desde recortes de jornais até revistas e livros emprestados.

Foi em Santos que Idalina conheceu Albino Graça, um ubatubense com quem se casou. Saudosos da terra natal, o casal voltou para Ubatuba e montou um pequeno comércio de pastéis e refeições na Praia da Enseada. Anos depois, com muito esforço, compraram um pequeno hotel no Largo da Matriz, onde Idalina trabalhava como faxineira, arrumadeira e cozinheira.

Mesmo com uma rotina exaustiva, nunca deixou de escrever. Seus textos eram guardados como manuscritos até que, um dia, um cliente do hotel encontrou seus rascunhos e decidiu publicá-los. Com a ajuda do amigo Washington de Oliveira, o seu Filhinho, que datilografava seus textos, Idalina finalmente viu seus escritos ganharem vida.

Assim nasceu *A Escritora Iletrada*, a Solitária de Iperoig.

## A primeira mulher caiçara a usar calças compridas

Muito antes da palavra "empoderamento" entrar no vocabulário popular, Idalina já desafiava padrões. Foi a primeira mulher caiçara a usar calças compridas, algo impensável para sua época. Alegre e expansiva, sua personalidade forte contrastava com a imagem submissa esperada das mulheres daquele tempo.

Mas sua maior ousadia foi, sem dúvida, ter transformado sua paixão pela escrita em um legado literário, mesmo sem acesso à escolarização formal.

Idalina publicou dois livros icônicos:

- *Terra Tamoia*;
- *Bom Dia, Ubatuba*.

Nessas obras, expressou seu amor e admiração por Ubatuba, eternizando em versos e prosas a beleza da cidade, suas histórias e suas paisagens encantadoras. Idalina não escrevia apenas sobre o que via, mas sobre o que sentia, tornando seus textos um testemunho poético de sua conexão com a terra adotiva.

Após a morte do marido, Idalina fez algo incomum: dividiu seus poucos bens — casa e utensílios — com aqueles que tinham menos. Sua trajetória foi marcada não apenas pelo amor às palavras, mas pela empatia com o próximo.

Faleceu em 29 de junho de 1979, mas sua história permanece viva.

Os versos de Idalina seguem ressoando como um eco de sua alma apaixonada por Ubatuba: "Longe de ti, Ubatuba, a saudade me devora Deixando-me alucinada de vontade de te ver Quem me dera tuas praias, tuas serras rever [...]"

A saudade que Idalina sentia de Ubatuba quando estava longe é a mesma que sua cidade sente dela. Seu nome, sua obra e seu exemplo de resistência e determinação seguem inspirando aqueles que amam Ubatuba, sua história e sua cultura.

Que Idalina Graça continue viva em cada palavra, em cada verso e em cada olhar que se encanta com as paisagens da Terra Tamoia.

## De Ubatuba à Bienal: a trajetória de Ciccillo Matarazzo

Francisco Matarazzo Sobrinho, mais conhecido como Ciccillo Matarazzo, foi um dos maiores mecenas das artes no Brasil. Sua trajetória é marcada por uma visão única que uniu empreendedorismo, cultura e política, deixando um legado que transcendeu as fronteiras de São Paulo e alcançou Ubatuba, cidade que ele ajudou a transformar. Ciccillo não foi apenas um empresário bem-sucedido; foi um visionário que entendeu a arte como um pilar fundamental para o desenvolvimento social e cultural do país.

Seu nome está intrinsecamente ligado a grandes projetos culturais, como a criação do Museu de Arte Moderna de São Paulo (MAM), da Bienal Internacional de Arte de São Paulo e do Teatro Brasileiro de Comédia (TBC). No entanto, sua influência não se limitou à capital paulista.

Em Ubatuba, Ciccillo deixou uma marca permanente, tanto como prefeito quanto como defensor da cultura e do patrimônio local. Sua memória permanece viva na cidade, especialmente no Memorial Ciccillo Matarazzo, localizado na Biblioteca Municipal de Ubatuba, um espaço que celebra sua vida e suas contribuições.

Figura 12 - Pintura de Ciccilo Matarazzo na Biblioteca Municipal de Ubatuba - Arquivo pessoal

Nascido em São Paulo, em 1898, Ciccillo era sobrinho do Conde Francesco Matarazzo, imigrante italiano responsável pela criação do maior complexo industrial da América Latina. Crescendo em uma família de grandes industriais, Ciccillo teve uma educação privilegiada, passando parte de sua juventude na Europa, onde estudou engenharia em *Liège*, na Bélgica. Apesar de ter assumido parte do conglomerado de indústrias metalúrgicas da família, seu interesse pela arte e cultura começou a florescer na década de 1940, especialmente devido à sua proximidade com intelectuais da Universidade de São Paulo (USP).

Foi nesse período que Ciccillo começou a idealizar um museu dedicado à arte moderna, inspirado pelo *Museum of Modern Art* (MoMA) de Nova York. Com o apoio de sua esposa, Yolanda Penteado, uma das grandes damas da cultura brasileira, e de figuras como o crítico de arte Sérgio Milliet, ele fundou o MAM em 1948.

Três anos depois, em 1951, criou a Bienal Internacional de Arte de São Paulo, o segundo evento do gênero no mundo, ficando atrás apenas da Bienal de Veneza. A Bienal não apenas colocou o Brasil no mapa da arte contemporânea internacional, mas também democratizou o acesso à cultura, atraindo milhares de visitantes a cada edição.

Ciccillo também foi um dos principais incentivadores da construção do Parque do Ibirapuera, sendo responsável pela realização das festividades do IV Centenário de São Paulo, em 1954. Seu apoio à arquitetura e ao urbanismo levou à construção de edifícios icônicos projetados por Oscar Niemeyer, como o Pavilhão Ciccillo Matarazzo, que hoje abriga a Bienal. Sua visão transformou São Paulo em um dos principais centros culturais da América Latina.

Apesar de sua forte ligação com São Paulo, Ciccillo também teve um papel fundamental na história de Ubatuba. Sua paixão pela cidade o levou a ocupar o cargo de Prefeito Municipal em 1963, onde se dedicou à preservação do patrimônio local e ao incentivo de políticas culturais. Durante seu mandato, Ciccillo implementou uma série de reformas que transformaram Ubatuba, modernizando a infraestrutura da cidade e promovendo o turismo como uma das principais fontes de desenvolvimento econômico.

Para manter viva sua memória, o prédio da Biblioteca Municipal de Ubatuba abriga o Memorial Ciccillo Matarazzo, um espaço dedicado à sua trajetória política e administrativa. O memorial expõe:

- Galeria de fotos dos ex-prefeitos de Ubatuba, destacando a importância de cada um na construção da cidade.
- Medalhas nacionais e internacionais recebidas por Ciccillo, que celebram suas contribuições para a arte e a cultura.
- Depoimentos de familiares e documentos históricos que oferecem um olhar íntimo sobre sua vida e obra.
- Relatos sobre momentos marcantes da cidade, como a Rebelião da Ilha Anchieta, que ocorreu em 1952 e deixou marcas profundas na história de Ubatuba.

Este espaço não apenas preserva a memória de um dos grandes nomes da arte brasileira, mas também reforça a conexão entre Ubatuba e sua identidade cultural, mostrando como a visão de Ciccillo ajudou a formar a cidade.

Em 2004, a trajetória de Ciccillo Matarazzo e Yolanda Penteado foi retratada na minissérie da TV Globo *Um Só Coração*. A produção abordou a vida do casal, suas contribuições para o cenário artístico e os desafios enfrentados para transformar São Paulo em um dos centros culturais mais importantes do mundo. A série destacou o papel de Ciccillo como um visionário que acreditava no poder da arte para unir as pessoas e construir uma sociedade mais justa e inspirada.

Seu legado no cinema também merece destaque. Ciccillo foi um dos fundadores dos Estúdios Vera Cruz, responsáveis por produzir alguns dos filmes mais icônicos do cinema brasileiro, como *O Cangaceiro* (1953), que ganhou o prêmio de Melhor Filme de Aventura no Festival de Cannes. A indústria do audiovisual no Brasil deve muito a essa iniciativa, que ajudou à consolidar o cinema nacional como uma forma de expressão artística e cultural.

Ciccillo Matarazzo não foi apenas um empresário bem-sucedido ou um político de destaque. Ele foi um homem que entendeu a importância da cultura e da arte como elementos fundamentais para o desenvolvimento de uma sociedade.

A história de Ubatuba é repleta de personagens inesquecíveis, e Ciccillo Matarazzo certamente ocupa um lugar especial nesse cenário. Sua visão de futuro ajudou a moldar a cidade e fortalecer sua identidade cultural, mostrando que a arte e a cultura são ferramentas poderosas de transformação social.

Seu exemplo nos lembra que a arte e a cultura não são luxos, mas necessidades fundamentais para o desenvolvimento humano e social. Ciccillo Matarazzo nos ensinou que, com visão e dedicação, é possível transformar não apenas uma cidade, mas um país inteiro.

## Clodovil Hernandes: um ícone de Ubatuba

Clodovil Hernandes, nascido em 17 de junho de 1937, em Elisiário, São Paulo, e falecido em 17 de março de 2009, foi um dos personagens mais complexos e fascinantes da história brasileira. Sua trajetória multifacetada como estilista, apresentador de televisão, político, ator e cantor revela não apenas a genialidade e ousadia de um artista, mas também os desafios de uma personalidade que constantemente esteve sob os holofotes da admiração e da crítica.

Desde cedo, Clodovil demonstrou sensibilidade e interesse pela moda. Adotado por um casal de imigrantes espanhóis, sua infância foi marcada pela rigidez de um colégio interno católico e pela descoberta precoce do universo criativo da costura, ao observar sua mãe produzindo vestidos de noiva. Essa convivência despertou um talento nato que seria, anos depois, reconhecido nacional e internacionalmente.

Nos anos 1950, em um Brasil conservador, Clodovil enfrentou preconceitos ao escolher a moda como profissão. Apesar disso, ele não apenas persistiu, mas revolucionou o cenário *fashion* do país ao introduzir o prêt-à-porter e ao conquistar a alta-costura com criações sofisticadas que vestiram mulheres icônicas como Elis Regina e Cacilda Becker. Sua casa de moda na rua Oscar Freire tornou-se sinônimo de elegância e exclusividade, firmando seu nome como um dos maiores estilistas de sua geração.

A partir dos anos 1980, Clodovil ampliou seu alcance ao ingressar na televisão. Com sua eloquência e personalidade marcante, foi pioneiro em abordar temas ousados para a época, como sexualidade e comportamento feminino, no programa *TV Mulher*. Sua presença em frente às câmeras consolidou uma nova fase de sua carreira, marcada por polêmicas, frases de efeito e uma inegável habilidade de cativar o público.

No entanto, sua trajetória não esteve isenta de controvérsias. Clodovil acumulou críticas e processos por declarações consideradas racistas, misóginas e antissemitas. Como deputado federal, eleito em 2006 com mais de 490 mil votos, ele também surpreendeu ao assumir posições conservadoras que muitas vezes iam contra os movimentos de direitos humanos e LGBTQIA+. Mesmo assim, seu mandato foi marcado por projetos emblemáticos, como a proposta de redução do número de deputados federais e a criação do "Dia da Mãe Adotiva".

Clodovil foi, acima de tudo, um ser humano complexo, repleto de contradições. Ao mesmo tempo em que defendia valores tradicionais, era um inovador que rompia com convenções sociais e artísticas. Sua espiritualidade, sua devoção à mãe adotiva e sua sensibilidade artística contrastavam com sua língua afiada e seu comportamento muitas vezes impulsivo.

Em Ubatuba, Clodovil encontrou refúgio na natureza e no silêncio. Sua casa, situada em meio à Mata Atlântica, simbolizava sua busca por equilíbrio e inspiração. Contudo, mesmo em sua residência, ele se viu envolvido em denúncias ambientais, ilustrando mais uma vez os paradoxos de sua vida.

Clodovil Hernandes foi um artista que deixou sua marca na alta-costura, televisão e política brasileira. Com uma personalidade única e um estilo inconfundível, Clodovil destacou-se tanto pela sua genialidade quanto por suas polêmicas. Seu legado criativo e inovador continua relevante, mas ainda carece de maior valorização. Para Ubatuba, cidade que abrigou momentos marcantes de sua vida, permanece o desejo de ver sua memória devidamente preservada e honrada.

Nascido como Clodovir Hernandes, devido a um erro de registro cartorial, ele veio ao mundo em Elisiário, São Paulo, no dia 17 de junho de 1937. Ainda pequeno, foi adotado por Domingos Hernández e Isabel Sánchez Hernández, um casal de imigrantes espanhóis, e nunca teve contato com seus pais biológicos.

Apesar de enfrentar dificuldades, como o relato de abuso por um padre no internato, Clodovil manteve sua relação positiva com a religião. Seu talento precoce chamou a atenção de um padre que o apelidou de "Jacques Fath", em referência ao renomado estilista francês.

A suposta rivalidade entre Clodovil e Dener Pamplona, renomado estilista brasileiro e um dos pioneiros da alta-costura no país, foi, na verdade, uma estratégia de marketing que ganhou grande destaque na mídia. Nascido em 3 de agosto de 1937, em Soure, no Pará, Dener é conhecido por ter criado uma moda autoral no Brasil, desafiando a tradição de copiar estilos europeus, especialmente os franceses. Essa rivalidade inspirou a novela *Ti-Ti-Ti*, um clássico que retrata, de forma bem-humorada, o universo da moda.

Clodovil expandiu sua influência ao se tornar apresentador de televisão. Sua estreia aconteceu em 1980, no programa *TV Mulher*, da Rede Globo. Posteriormente, comandou diversos programas, sendo lembrado por seu estilo autêntico e, muitas vezes, polêmico.

Em 2007, Clodovil foi eleito deputado federal por São Paulo, sendo o terceiro mais votado no estado. Sua passagem pela política foi marcada por declarações controversas e um posicionamento que dividiu opiniões.

Clodovil faleceu em 17 de março de 2009, aos 71 anos, vítima de um acidente vascular cerebral (AVC). Ele manifestou o desejo de criar uma fundação beneficente para meninas carentes, mas disputas legais dificultaram a concretização desse projeto. O Instituto Clodovil Hernandes, fundado em 2011, mantém viva sua memória e legado.

O apresentador Gugu Liberato realizou inúmeras reportagens sobre Clodovil, tanto em vida quanto após sua morte. Em 2015, Gugu visitou a casa abandonada de Clodovil em Ubatuba, revelando detalhes como uma passagem secreta e histórias marcantes de sua trajetória. A amizade entre Gugu e Clodovil era evidente, e o estilista frequentemente proporcionava altos índices de audiência aos programas do apresentador.

Clodovil Hernandes permanece como um ícone da cultura brasileira, cuja trajetória inspira admiração e reflexões sobre o impacto de sua genialidade criativa e personalidade marcante.

## A Casa de Clodovil Hernandes em Ubatuba

Clodovil Hernandes, com sua personalidade marcante e amor declarado por Ubatuba, deixou uma memória significativa na cidade. Sua casa, localizada na região norte de Ubatuba, construída no alto de um morro com uma vista exuberante para o mar, era muito mais do que uma residência: representava um refúgio, um espaço de criação e um símbolo de seu apreço pela estética e atenção aos detalhes.

Situada em meio à Mata Atlântica, a mansão ocupava um terreno de 4.375 metros quadrados e contava com mais de 20 cômodos. A propriedade incluía sauna, piscina, capela e uma passagem secreta, refletindo o gosto sofisticado e excêntrico do estilista. Um dos elementos mais inusitados era o vaso sanitário ao ar livre, estrategicamente posicionado de frente para o oceano, simbolizando sua irreverência.

Clodovil projetou pessoalmente vários detalhes da casa, como o lustre no quarto principal, onde a vista do mar era o destaque. Ele passava os finais de semana nesse espaço, recebendo amigos e desfrutando da natureza. Para Clodovil, Ubatuba era um lugar de paz e contemplação, embora ele frequentemente se sentisse rejeitado por parte da população local e crítico da gestão pública da cidade.

Clodovil sempre declarou seu amor por Ubatuba, mas não hesitava em criticar os governantes e políticos locais. Como costumo dizer: "eu vejo o futuro repetir o passado", e muitos dos problemas que ele identificava permanecem relevantes até hoje. Sua visão crítica e personalidade combativa o tornaram uma figura polarizadora na cidade.

Durante um evento no extinto auditório da UNITAU, Clodovil expressou sua preocupação de que algo trágico pudesse acontecer a ele em Ubatuba, temendo que isso prejudicasse a imagem da cidade que tanto amava. Essa preocupação refletia uma tragédia pessoal: em 1986, sua mãe adotiva, Izabel Sanches Hernandes, foi assassinada por um caseiro em sua propriedade na cidade. Clodovil manteve esse fato em sigilo por muitos anos, buscando proteger a memória e a dignidade de sua mãe.

Após sua morte, em 2009, a mansão foi levada a leilão para quitar dívidas deixadas pelo estilista. Avaliada em R$ 1,6 milhão, foi arrematada por R$ 750 mil, mas a compradora enfrentou obstáculos legais e desistiu do negócio. Além disso, o Ministério Público de São Paulo solicitou a demolição da casa, argumentando que estava situada em uma área de preservação ambiental. Em 2021, o Tribunal de Justiça negou o pedido de demolição total, mas a propriedade permanece abandonada, apresentando sinais de deterioração.

Atualmente, a casa encontra-se em condições precárias. Um caseiro trabalha no local para evitar invasões e cortar o mato, mas a residência não é habitável. A advogada Maria Hebe Queiroz, responsável pelo espólio de Clodovil, afirmou que qualquer intervenção depende de autorização judicial.

Clodovil sonhava em transformar a casa em uma fundação beneficente chamada "Casas Clô", em homenagem à sua mãe. O projeto visava acolher meninas órfãs, oferecendo educação básica e até universitária. No entanto, disputas legais envolvendo seu patrimônio impediram a realização desse sonho.

Clodovil foi enterrado no cemitério do Morumbi, em São Paulo, ao lado de sua mãe adotiva, Izabel Sanches Hernandes. Seu amor por Ubatuba e seu desejo de contribuir para a cidade continuam ecoando, deixando um legado que merece ser resgatado e valorizado.

## Homenagem a Clodovil Hernandes: "Clodovil e o Poder"

Em 2012, Ubatuba foi palco de uma emocionante homenagem a Clodovil Hernandes, com a exposição "Clodovil e o Poder", realizada no antigo prédio da Câmara Municipal, na Avenida Iperoig. A mostra revelou ao público, pela primeira vez, o gabinete parlamentar do estilista em Brasília, recriando fielmente o espaço que ele ocupava como deputado federal até sua morte, em 2009.

O espaço recriado incluía objetos pessoais, projetos de lei e móveis que traziam a marca da personalidade de Clodovil. Entre os destaques estavam estofados adornados com o brasão da

República e uma mesa com a escultura de uma serpente, peças que chamavam a atenção pela estética singular e o zelo pelos detalhes. Um quadro emblemático retratando Clodovil com seus cães também fazia parte da exposição, reforçando o afeto do estilista por seus animais de estimação.

Outro elemento curioso era uma foto em tamanho natural da vista que Clodovil tinha de sua janela em Brasília, proporcionando aos visitantes um vislumbre da perspectiva que ele apreciava em seu cotidiano na capital federal. O passaporte parlamentar e imagens do estilista com políticos compunham a narrativa, oferecendo um olhar sobre sua trajetória política.

Em menos de um mês, cerca de 2 mil pessoas visitaram a mostra, evidenciando o impacto e o carinho que Clodovil ainda despertava. A exposição em Ubatuba foi uma das três realizadas simultaneamente em homenagem a Clodovil. Na Praia Grande, a mostra "Traços e Retratos" explorava sua relação com a moda, enquanto em Caxias do Sul, no Rio Grande do Sul, a exposição "Cortes e Recortes" apresentava vestidos e croquis desenhados pelo estilista. Ubatuba, local escolhido para a mostra "Clodovil e o Poder", era especial para ele, já que foi onde passou os últimos anos de sua vida e cultivou um carinho singular pela cidade.

A exposição "Clodovil e o Poder" não apenas celebrou sua trajetória política e artística, mas também reforçou a conexão do estilista com Ubatuba. Essas homenagens nos convidam a refletir sobre a importância de resgatar sua memória, mantendo vivo o legado de uma figura que tanto contribuiu para a moda, a cultura e até a política brasileira.

Revisitar essas iniciativas é uma forma de honrar sua história e garantir que o amor de Clodovil por Ubatuba, assim como sua criatividade e personalidade marcante, permanecam como parte da identidade da cidade. Que novas homenagens possam ser feitas para que sua memória continue a inspirar gerações.

## Espaços em Ubatuba que celebram a memória de Clodovil Hernandes

Ubatuba, cidade que Clodovil Hernandes tanto amou e onde passou muitos anos de sua vida, presta uma homenagem, ainda que modesta, a esse ícone da moda, televisão e política. Com iniciativas que celebram sua memória e legado, essas ações mantêm vivo o espírito criativo e a paixão de Clodovil pela cidade.

### Espaço Clodovil Hernandes no Teatro Municipal

Como parte das comemorações dos 380 anos de Ubatuba, a Prefeitura inaugurou o Espaço Clodovil Hernandes, localizado no Teatro Municipal Pedro Paulo Teixeira Pinto. Esse espaço é um tributo ao estilista e conta com objetos pessoais doados por João Toledo, amigo e responsável pelo acervo de Clodovil.

Entre os itens expostos, destacam-se xícaras, toalhas, móveis, fotos, quadros e um magnífico vestido de tafetá de seda bordado com pedras semipreciosas, confeccionado pelo próprio estilista. O espaço, que já existia no teatro, mas estava desativado há alguns anos, foi reativado para que visitantes e moradores possam conhecer mais sobre a vida e a obra de Clodovil.

Durante a inauguração, o então prefeito Délcio Sato destacou o carinho de Clodovil por Ubatuba e relembrou sua atuação em projetos relevantes para a cidade. Essa homenagem reafirma a importância do estilista para o município e sua contribuição para o reconhecimento de Ubatuba na mídia.

### Exposição na Loja de Artesanato Apuí

Outro espaço que preserva a memória de Clodovil é a Loja de Artesanato Apuí, localizada no Itaguá. Além de oferecer uma seleção de artesanatos de diversas partes do Brasil e do mundo, a loja abriga, em seu andar superior, uma exposição de móveis e objetos que pertenceram ao estilista. Com peças de extremo bom gosto, o espaço proporciona um mergulho no universo sofisticado de Clodovil.

Visitar a exposição é uma experiência imperdível para quem admira Clodovil e deseja conhecer mais sobre sua história e estilo inconfundível.

Figura 13 - Exposição do móveis de Clodovil na loja de artesanato Apuí - Arquivo pessoal.

Mensagens Inspiradoras de Clodovil:

Finalizamos com duas reflexões de Clodovil Hernandes, que traduzem sua filosofia de vida e visão de mundo:

- "Você não deve trabalhar por dinheiro. Dinheiro tem que ser consequência, não objetivo".
- "Viver é um ato político".

Essas homenagens, mesmo simples, mantêm viva a presença de Clodovil em Ubatuba. Elas celebram sua arte, personalidade e o impacto de sua trajetória única. Que essas iniciativas inspirem novas ações para reforçar seu legado e continuar emocionando gerações futuras.

Minha proposta neste texto é trazer luz à trajetória de Clodovil Hernandes, homenageando um homem que tanto nos inspirou. Que Ubatuba, um dia, saiba valorizar e reconhecer de forma plena sua memória. Quinze anos após sua morte, Clodovil permanece como um símbolo de ousadia, talento e controvérsia. Sua contribuição para a moda brasileira, sua presença marcante na cultura popular e suas reflexões sobre política e sociedade continuam a instigar debates e a inspirar novas narrativas.

Que a sua memória nos convide à reflexão sobre a complexidade da condição humana e o impacto duradouro de quem ousa sonhar e realizar.

## Ainda estamos aqui!

O Brasil é um país de memórias marcadas por lutas, silêncios, conquistas e feridas que ainda aguardam cicatrização. Episódios como o desaparecimento do deputado Rubens Paiva durante a ditadura militar permanecem como símbolos de resistência, luto e da incessante busca por justiça. Paralelamente, em cidades como Ubatuba, histórias de ativismo local ressoam, mostrando que, em cada canto do país, há vidas dedicadas à construção de um futuro mais digno.

Mais de meio século após o desaparecimento de Rubens Paiva, a obra de seu filho, Marcelo Rubens Paiva, e o filme *Ainda Estou Aqui*, dirigido por Walter Salles, trouxeram à tona um dos momentos mais emblemáticos e dramáticos da história brasileira. A história vai além da denúncia da violência da ditadura, refletindo sobre a impunidade que ainda reverbera nos dias de hoje.

Premiado em festivais internacionais e estrelado por Fernanda Torres, o filme transcende a narrativa familiar ao abordar temas universais: afeto, o direito à memória, a luta por justiça e o impacto do silêncio imposto pelo poder autoritário. Ele nos lembra que, apesar das cicatrizes, é preciso revisitar a história para construir um futuro mais consciente e humano.

## Verano Damas: Resistência em Ubatuba

Enquanto histórias como a de Rubens Paiva ganham destaque nacional, Ubatuba oferece seu próprio exemplo de resistência: Verano Damas. Nascido em 1906, em Monte Azul Paulista, ele carregou desde jovem um espírito inconformista. Filiado ao Partido Comunista Brasileiro, liderado por Luiz Carlos Prestes, Verano foi um militante ativo, enfrentando perseguições implacáveis e prisões por defender seus ideais de igualdade e justiça.

Cansado das perseguições, Verano encontrou em Ubatuba um refúgio e a oportunidade de recomeçar. Em 1948, aceitou o desafio de construir o telhado do prédio onde funcionou o CEAGESP e mudou-se para a cidade com sua esposa, Oliana Teixeira Damas. Encantados com a beleza natural e o acolhimento da comunidade local, estabeleceram-se definitivamente. Verano abriu uma marcenaria e construiu sua casa na região que hoje é o Jardim Paula Nobre, um espaço que se tornaria central em sua atuação política e comunitária.

Os anos de chumbo trouxeram novos desafios para Verano. Após o golpe de 1964, durante a ditadura militar, ele liderou três grupos contrarrevolucionários conhecidos como "Grupo dos Onze". Sua coragem o colocou na mira do DOPS, que invadiu sua casa e o prendeu em Santos. Assumindo integralmente a responsabilidade pelo levante local, Verano garantiu a libertação de seus companheiros, embora tenha permanecido encarcerado por mais 21 dias.

Mesmo diante das adversidades, Verano seguiu lutando. Após as perseguições, filiou-se ao MDB, continuando a ser uma voz ativa nas causas sociais e políticas de Ubatuba até o fim de sua vida.

Em reconhecimento à sua dedicação, a Rua Delta, no Jardim Paula Nobre, foi renomeada como Rua Verano Damas em 1993, um ano após sua morte. Mais do que uma homenagem, a rua é um símbolo de sua resistência e compromisso com a justiça social.

"É preciso dar um jeito, meu amigo".

A trajetória de Rubens Paiva, Eunice Paiva, esposa incansável de Rubens e de Verano Damas, encontra voz na música É preciso *dar um jeito, meu amigo*, de Erasmo Carlos. Os versos traduzem a determinação dessas figuras em resistir aos desafios e nunca se acomodar diante das injustiças.

*"Descansar não adianta*
*Quando a gente se levanta*
*Quanta coisa aconteceu."*

Assim como na canção, eles nos ensinaram que a luta é contínua e que resistir é fundamental para transformar a realidade.

As histórias de Rubens Paiva, Eunice Paiva, Verano Damas e tantos outros que enfrentaram os anos de chumbo, combinadas aos versos de Erasmo Carlos, trazem uma mensagem atemporal: resistir é essencial. Não podemos esquecer daqueles que abriram caminhos e enfrentaram adversidades para garantir os direitos e as liberdades que hoje desfrutamos.

Que a memória desses heróis inspire as futuras gerações a jamais desistirem de seus ideais. Que suas lutas e sacrifícios nos lembrem de que a história é escrita por aqueles que têm coragem de se levantar e resistir.

*"É preciso dar um jeito, meu amigo"*
***Lembrar para não esquecer: Ditadura Nunca Mais!***

## Ubatuba e o Mundo de Escher: a arte no cotidiano

Poucos sabem, mas Ubatuba abriga dois espaços inspirados na obra do icônico artista holandês Maurits Cornelis Escher. Talvez você passe por eles diariamente sem perceber que, tanto o calçadão da Rua Maria Alves quanto as vidraças do Museu do Mar, localizado na Praia do Perequê-Açu, são releituras e homenagens ao mestre das ilusões ópticas e da simetria.

Ambos os locais remetem à xilogravura *Céu e Água I*, uma das obras mais emblemáticas de Escher. Nessa peça, o artista explora a transição visual entre peixes e pássaros, utilizando padrões losangulares e um jogo de positivo e negativo. Os peixes brancos ganham forma na parte inferior da gravura, enquanto os pássaros negros emergem no topo. A metamorfose entre as figuras simboliza uma conexão harmoniosa entre os elementos terra, ar e água — uma metáfora que propaga-se em Ubatuba, cidade onde o mar, a serra e a biodiversidade se encontram em perfeita sintonia.

## Quem foi M. C. Escher?

Maurits Cornelis Escher (1898–1972) foi um artista singular, conhecido por unir arte, ciência e matemática em suas composições. Mestre na técnica da xilogravura, Escher explorou conceitos como infinito, relatividade, metamorfose e ilusões de ótica, desafiando a percepção convencional e criando construções visuais que fascinam até hoje. Suas viagens pela Europa, especialmente à Espanha e à Itália, influenciaram profundamente seu trabalho. A arte decorativa islâmica da Alhambra foi um marco que inspirou seus padrões geométricos e transformações visuais.

## A Conexão de Escher com Ubatuba

Figura 14 - Calçadão de Ubatuba com inspiração na obra de Escher -Arquivo pessoal

Os dois espaços inspirados em Escher em Ubatuba são uma tradução viva da capacidade do artista de enxergar beleza e complexidade nos detalhes do cotidiano:

- O calçadão da Rua Maria Alves, com seus padrões geométricos inspirados nas transições visuais de Escher, reflete como a arte e o urbanismo podem se fundir para criar um ambiente coletivo que convida o olhar atento e curioso. Cada passo por ali transforma o caminhar em uma experiência visual dinâmica.
- Os vidros do Museu do Mar, com sua transparência e reflexos, evocam a fluidez e a transformação, duas características presentes na obra de Escher. Assim como suas composições desafiavam os limites entre figura e fundo,

os vidros do Museu nos convidam a observar além do óbvio, percebendo a harmonia entre mar, luz e movimento.

Esses locais são, portanto, mais do que simples homenagens: são espaços que transformam a experiência urbana de moradores e visitantes, convidando-os a interagir com a arte de forma sutil e cotidiana.

A presença de Escher em Ubatuba nos lembra que a arte está presente em todos os lugares — nos detalhes do cotidiano, no reflexo de uma vidraça, no chão por onde caminhamos. Assim como Escher elevava o comum ao extraordinário, os espaços inspirados em sua obra nos convidam a redescobrir a cidade sob uma nova perspectiva, valorizando o olhar atento e o poder da imaginação.

Da próxima vez que você caminhar pelo calçadão da Rua Maria Alves ou visitar o Museu do Mar, dedique um momento para observar e contemplar.

Esses locais, além de homenagear um gênio da arte gráfica, nos ensinam que há sempre mais do que o visível à primeira vista. Inspirados pelo mundo impossível de Escher, podemos lembrar que a arte transforma, conecta e amplia a maneira como vemos o mundo...

Afinal, sua arte nos ensina que o extraordinário está sempre ao alcance do olhar atento e aos nossos pés.

## Que Rocha é essa?<br>O Granito Verde de Ubatuba

Ubatuba guarda em suas encostas um tesouro geológico de valor inestimável: o Granito Verde de Ubatuba. Esta rocha ornamental, conhecida tecnicamente como charnockito, é uma das mais raras do mundo, destacando-se tanto pela beleza quanto pela conexão que simboliza entre continentes separados há milhões de anos.

Nos anos 1960, trabalhadores de uma pedreira local descobriram, por acaso, o Granito Verde de Ubatuba. Após análises realizadas pelo Instituto de Pesquisas Tecnológicas (IPT), confirmou-se que a rocha era uma raridade geológica incomum, semelhante apenas às jazidas encontradas na Costa do Marfim, na África.

A descoberta impulsionou a economia local, tornando Ubatuba uma referência no mercado de pedras ornamentais. Nos anos 1980, a pedra chegou a representar 11% das exportações brasileiras do setor, ganhando destaque em projetos arquitetônicos de alto padrão no Japão, na Itália e em outros países.

## *Gondwana*: a conexão entre Ubatuba e a África

A presença do Granito Verde de Ubatuba, tanto no Brasil quanto na África, é uma evidência geológica que remonta ao supercontinente *Gondwana*, formado há cerca de 600 milhões de anos. Gondwana incluía os territórios atuais da América do Sul, África, Índia, Austrália e Antártica.

Esse gigantesco bloco de terra foi formado por colisões tectônicas no período pré-Cambriano tardio. Com o tempo, Gondwana colidiu com outros continentes para formar a Pangeia, que posteriormente se fragmentou, dando origem aos continentes como os conhecemos hoje.

O termo "*Gondwana*" foi introduzido pelo geólogo austríaco Eduard Suess e ampliado pelo sul-africano Alexander Logie Du Toit, que evidenciou semelhanças geológicas e paleontológicas entre os continentes do Hemisfério Sul, como flora, fauna e formações rochosas.

Estudar o supercontinente Gondwana não é apenas revisitar o passado, mas um lembrete da interconexão da Terra e da responsabilidade de preservarmos nossos recursos naturais. O Granito Verde de Ubatuba simboliza a ligação entre passado e presente, reforçando a necessidade de aliar desenvolvimento econômico à sustentabilidade.

A retomada da exploração pela Mineradora de Ubatuba marca um novo capítulo, e espera-se que práticas responsáveis sejam a prioridade. Assim, a cidade pode continuar a prosperar sem comprometer seu valioso patrimônio ambiental e cultural.

**Características do Granito Verde de Ubatuba:**

- **Composição Rara:** Contém hiperstênio, mineral que confere sua tonalidade verde-escura homogênea e a propriedade de fotossensibilidade, transformando sua cor sob a luz solar.
- **Resistência e Versatilidade:** É altamente durável, ideal para aplicações em pisos, bancadas e monumentos, além de resistir a abrasão e impactos.

**Um Monumento de História e Identidade:**

Na rotatória em frente ao aeroporto de Ubatuba, um bloco de granito verde se tornou um marco local. Conta-se que a pedra caiu de um caminhão e foi transformada em monumento pela maçonaria. Hoje, o bloco é um símbolo da riqueza geológica de Ubatuba e de sua conexão histórica com o passado geológico da Terra. Que esta rocha, que simboliza a união do Brasil e da África no Gondwana, nos inspire a cuidar do nosso planeta com reverência e responsabilidade, valorizando a história que nos une e os recursos que nos sustentam.

## Feira *Hippie* *"Chic"*

Toda cidade turística que se preze tem seu mercado de artesanato, sua feira *hippie* ou cultural, um espaço onde a identidade local se manifesta através do trabalho manual, da criatividade e da troca de experiências entre moradores e visitantes.

Em Ubatuba, a Feira *Hippie* sempre foi esse espaço de encontro e pertencimento. Mais do que um simples local de compra e venda, ela representa uma tradição viva há mais de 40 anos, sustentando famílias, promovendo a cultura local e se tornando parte da memória afetiva de quem passa por aqui.

Por isso, quando, em 28 de outubro de 2021, no aniversário da cidade, a feira ganhou um novo espaço, foi um marco para a comunidade. Instalado na orla da praia do Iperoig, no Centro de Ubatuba, o novo local trouxe mais conforto e estrutura para artesãos e visitantes, reforçando a importância desse patrimônio cultural. O espaço renovado conta com uma área coberta de 1.716 $m^2$, abrigando 120 boxes (lojas), banheiros e infraestrutura moderna.

A valorização da feira também se deu por meio da arte. A fachada foi pintada pelo grupo Néctar Caiçara, composto pelos artistas Tiano Mendes, Nanda Ramona, Fernando Viviani e Jeferson Guedes, reforçando a conexão do local com a expressão artística de Ubatuba.

A Feira *Hippie* de Ubatuba não é apenas um ponto de comércio; é um atrativo turístico essencial, um ponto de encontro e um espaço de resistência cultural. Afinal, o que seria da Avenida Iperoig sem a Feira *Hippie*? Seu papel vai muito além do turismo: representa o sustento de cerca de 120 famílias e mantém viva a produção artesanal genuína da cidade.

Desde os anos 1980, os artesãos foram conquistando melhorias para a feira, passo a passo. No início, as barracas eram improvisadas e iluminadas apenas por lampiões. Com o tempo, veio a energia elétrica, depois a cobertura para proteção contra a chuva, e agora, finalmente, um espaço estruturado e permanente. No entanto, muitos acreditam que a feira ainda precisa ser mais valorizada como um espaço turístico oficial, incentivando a visitação e garantindo que os turistas priorizem o artesanato local em vez de produtos industrializados ou de origem duvidosa.

Para que esse local continue sendo uma referência cultural e turística, é fundamental que a Feira Hippie seja fortalecida como um patrimônio cultural de Ubatuba, e não apenas vista como um ponto comercial. Afinal, cuidar da feira é cuidar da identidade da cidade.

A valorização da Feira *Hippie* vai além das construções físicas. É preciso que Ubatuba reconheça e fortaleça esse espaço como um de seus principais atrativos culturais e turísticos. Isso significa:

- Criar incentivos para a produção artesanal local, fortalecendo as famílias que vivem desse ofício.
- Divulgar a feira como um ponto turístico oficial, promovendo sua história e relevância.

- Garantir que o espaço seja destinado apenas a artesãos locais, impedindo a comercialização de produtos industrializados que descaracterizam a feira.
- Integrar a feira a eventos culturais, promovendo a música, o teatro e outras expressões artísticas.

A Feira *Hippie* de Ubatuba faz parte da história da cidade. Como qualquer patrimônio cultural, precisa ser protegida, valorizada e promovida.

Que os próximos anos tragam mais reconhecimento e que Ubatuba saiba preservar não apenas suas praias, mas também seus artesãos e suas histórias. Porque preservar a cultura é preservar a identidade de um povo.

Capítulo 4

# Ubatuba: natureza, desafios e preservação

Este capítulo mergulha na grandiosidade do bioma da Mata Atlântica, na sua história de resistência e nas ameaças que enfrenta desde a colonização até os dias atuais.

Aqui, reverenciamos a Mata Atlântica e suas ervas medicinais, refletimos sobre os desafios ambientais e destacamos a importância da conscientização ecológica. Também abordamos temas urgentes, como a necessidade de saneamento básico, e celebramos a conexão sagrada entre Ubatuba e suas montanhas, como o Pico do Corcovado e o Morro do Curussu Mirim, além das ilhas e áreas protegidas.

Este capítulo também traz histórias inspiradoras, como o papel do Parque Municipal de Turismo Ecológico e a presença marcante das tartarugas marinhas em Ubatuba, que reforçam a importância da preservação e do turismo sustentável. Por fim, homenageamos Zé Capão, uma figura emblemática que nos lembra da força e da tradição dos pescadores locais.

Entre a contemplação e a ação, esta é uma jornada pela riqueza natural de Ubatuba e pelos desafios que exigem nosso compromisso com o futuro.

## Reverenciando a Mata Atlântica

Quem vive em Ubatuba tem muito a celebrar, pois estamos em uma localidade privilegiada, banhada pelas águas cálidas do Oceano Atlântico e abraçada pelas escarpas da Serra do Mar e pela exuberante Mata Atlântica. No entanto, nem tudo são flores. Segundo pesquisas e levantamentos realizados pela SOS Mata Atlântica, a Mata Atlântica é a floresta mais devastada do Brasil.

Mesmo sendo um bem protegido e tombado pelo Conselho de Defesa do Patrimônio Histórico, Arqueológico, Artístico e Turístico do Estado de São Paulo (CONDEPHAAT), órgão responsável por proteger, divulgar e valorizar o patrimônio cultural do estado, a Mata Atlântica ainda enfrenta grandes desafios.

O conjunto das Serras do Mar e de Paranapiacaba destaca--se por seu imenso valor geológico, geomorfológico, hidrológico e paisagístico. A região funciona como um verdadeiro banco genético de ecossistemas tropicais, abrigando uma rica fauna e flora. Além disso, atua como regulador das qualidades ambientais e dos recursos hídricos, tanto na área litorânea quanto nas áreas adjacentes do Planalto Atlântico.

A escarpa da Serra do Mar, que no passado serviu como refúgio climático para a floresta úmida de encosta, hoje exibe os últimos remanescentes da cobertura florestal original do Estado de São Paulo. Essa floresta é fundamental para a estabilidade das vertentes de alta declividade, frequentemente impactadas pelos maiores índices pluviométricos do país. A área tombada abrange 1.208.810 hectares, incluindo parques, reservas, áreas de proteção ambiental, esporões, morros isolados, ilhas e trechos de planícies litorâneas.

O tombamento foi oficializado por meio da Resolução 40 de 06/06/1985, inscrito no Livro do Tombo Arqueológico, Etnográfico e Paisagístico, sob o nº 16, página 305, em 08/09/1986.

Apesar dessa proteção, a Mata Atlântica atualmente cobre cerca de 15% do território nacional, estendendo-se por 17 estados. Essa floresta abriga 72% da população brasileira e concentra 80% do PIB nacional, sendo essencial para serviços como abastecimento de água, regulação do clima, agricultura, pesca, energia elétrica e turismo. No entanto, hoje restam apenas 24% da floresta original, das quais apenas 12,4% são áreas de florestas maduras e bem preservadas. Esses números ressaltam a urgência de monitorar, recuperar e fortalecer a legislação que protege esse bioma essencial.

Ela se estende ao longo da costa litorânea, do Rio Grande do Norte ao Rio Grande do Sul, passando por estados como Espírito Santo, Rio de Janeiro, Santa Catarina, além de partes de Alagoas, Bahia, Goiás, Mato Grosso do Sul, Minas Gerais, Paraíba, Paraná, Pernambuco, São Paulo e Sergipe. A Mata Atlântica engloba um diversificado conjunto de ecossistemas, com estrutura e composição florísticas adaptadas às características climáticas regionais.

Cerca de 70% da população brasileira vive nas áreas de domínio da Mata Atlântica. As nascentes e mananciais dessa floresta abastecem cidades e comunidades, mas estão ameaçadas pela crise hídrica, agravada pela má utilização da água, desmatamento e poluição.

A biodiversidade da Mata Atlântica é comparável à da Amazônia, abrigando espécies emblemáticas como o mico-leão-dourado, a onça-pintada, o bicho-preguiça e a capivara. No entanto, devido à exploração predatória e à destruição de habitats, a floresta já perdeu cerca de 90% de sua cobertura original, sendo a segunda mais ameaçada de extinção no mundo.

## Um bioma sem paz na Colonização até os dias atuais...

Desde o início da invasão e colonização portuguesa, a Mata Atlântica não teve um minuto de paz. Grande parte de sua vegetação foi destruída pela exploração intensiva e desordenada. O pau-brasil, tão cobiçado pelos colonizadores, foi o principal alvo de extração e exportação, levando o Brasil a ser conhecido como "Terra Brasilis". Outros tipos de madeira valiosa, como tapinhoã, sucupira, canela, jacarandá e peroba, também foram explorados até a sua extinção.

A exploração predatória não se limitou ao pau-brasil. No Nordeste, as plantações de cana-de-açúcar devastaram grandes áreas de floresta. No Sudeste, foi a cultura do café que acelerou a destruição, enquanto no Sul, a Floresta das Araucárias foi severamente afetada pela exploração comercial da madeira de pinho, extraída da Araucária.

O pensamento decolonial nos ajuda a entender que o processo de colonização foi, na verdade, uma invasão que resultou na devastação de biomas como a Mata Atlântica. A narrativa histórica tradicional, muitas vezes, omite as consequências ambientais e culturais dessa exploração.

## Biodiversidade

A Mata Atlântica, com sua rica biodiversidade, abriga espécies endêmicas em ecossistemas como a Floresta Ombrófila Densa, a Floresta Estacional Semidecidual, manguezais e restingas. Suas árvores podem chegar a 60 metros de altura, criando habitats que abrigam uma vasta diversidade de fauna e flora.

55% das espécies arbóreas e 40% das não-arbóreas da Mata Atlântica são endêmicas. Entre as bromélias, 70% são exclusivas desse bioma. Em relação à fauna, 39% dos mamíferos, 15% dos primatas e 183 espécies de anfíbios são **únicas** da Mata Atlântica.

## Água e Importância Econômica

A Mata Atlântica é fundamental para a proteção das nascentes que abastecem as maiores cidades do Brasil. Ela é fundamental para a regulação climática e a manutenção das sete grandes bacias hidrográficas do país, que fornecem água para cerca de 110 milhões de brasileiros.

Além disso, 72% do PIB nacional está concentrado nas áreas da Mata Atlântica. A floresta oferece oportunidades econômicas sustentáveis, como o turismo ecológico e o uso de plantas medicinais. Entre as comunidades que dependem desse bioma estão indígenas e quilombolas, que historicamente vivem em harmonia com a floresta, utilizando seus recursos de maneira sustentável.

Proteger a Mata Atlântica é garantir o futuro do Brasil. O pensamento decolonial nos convida a refletir sobre o impacto devastador da colonização e nos chama a um compromisso renovado com a preservação desse bioma, que é essencial tanto do ponto de vista social, ecológico, cultural quanto econômico.

## A riqueza da Mata Atlântica e o poder de suas ervas medicinais

A Mata Atlântica, uma das florestas mais ricas e ameaçadas do planeta, abriga uma diversidade única de plantas que vão além de sua importância ecológica. Essas espécies são fontes de saberes ancestrais e de potenciais inexplorados para a medicina, economia e espiritualidade. Entre suas incontáveis riquezas, destacam-se as ervas medicinais, utilizadas por séculos por povos indígenas, quilombolas e caiçaras, que reconhecem nelas o poder de curar, nutrir e conectar o ser humano com a natureza.

Os povos que habitam a Mata Atlântica há gerações desenvolveram um conhecimento profundo sobre as propriedades das plantas, transmitido oralmente e praticado em harmonia com o meio ambiente. Mais do que medicina, esse saber é uma manifestação cultural e espiritual. O uso de ervas como guaco (*Mikania glomerata*), espinheira-santa (*Maytenus ilicifolia*) e aroeira (*Schinus terebinthifolia*) vai além do tratamento de doenças físicas; inclui práticas de purificação, proteção e fortalecimento energético.

Por exemplo, o guaco é amplamente utilizado no combate a problemas respiratórios, enquanto a espinheira-santa é um aliado no tratamento de úlceras e desconfortos gástricos. A aroeira, por sua vez, destaca-se por suas propriedades antimicrobianas e anti-inflamatórias. Esses saberes, ainda hoje, são pilares de comunidades que dependem diretamente da floresta para sua sobrevivência e saúde.

## A Erva-Baleeira: Um caso de sucesso

Entre as inúmeras plantas da Mata Atlântica, a erva-baleeira (*Cordia verbenacea*), também conhecida como maria-milagrosa, é um exemplo notável de como o saber popular pode encontrar repercussão na ciência moderna. Amplamente utilizada como anti-inflamatório e relaxante muscular, essa planta foi a base para o desenvolvimento do Acheflan, o primeiro fitoterápico 100% brasileiro a obter patente internacional.

A história do Acheflan começou de forma curiosa. Victor Siaulys, presidente do Aché Laboratórios, sofreu uma lesão enquanto praticava esportes na praia e foi tratado com um unguento caseiro à base de erva-baleeira. Impressionado com os resultados, ele decidiu investir na pesquisa da planta. Após sete anos de estudos rigorosos e um investimento de 15 milhões de reais, o Acheflan foi lançado como uma alternativa natural aos anti-inflamatórios sintéticos.

Hoje, a erva-baleeira é utilizada em pomadas e sprays para tratar dores musculares e inflamações, simbolizando o potencial econômico e terapêutico da biodiversidade brasileira. Esse caso destaca a importância de valorizar e preservar os saberes tradicionais, que muitas vezes contêm as respostas para desafios modernos.

## A importância estratégica da Mata Atlântica

A Mata Atlântica não é apenas um reservatório de espécies medicinais. É um ecossistema fundamental para a regulação climática, a preservação de recursos hídricos e a manutenção da qualidade de vida de milhões de pessoas. Apesar disso, o bioma é um dos mais ameaçados do Brasil, com menos de 12% de sua cobertura original preservada.

Além dos riscos de desmatamento, a floresta enfrenta a ameaça da biopirataria. Segundo o Instituto Nacional da Mata Atlântica (INMA), 92% das patentes envolvendo espécies nativas foram registradas fora do Brasil. Essa realidade expõe a necessidade de políticas públicas mais robustas que incentivem a pesquisa nacional e protejam os conhecimentos tradicionais.

## Plantas medicinais no SUS e a ReniSUS

O Sistema Único de Saúde (SUS) reconhece a relevância das plantas medicinais, incorporando fitoterápicos como espinheira-santa, guaco, aroeira e unha-de-gato em sua lista de medicamentos essenciais. Além disso, a ReniSUS (Relação Nacional de Plantas Medicinais de Interesse ao SUS) lista 71 espécies vegetais com potencial terapêutico, promovendo pesquisas que integram ciência e saber popular.

Apesar desses avanços, ainda há um longo caminho a percorrer. Investimentos em pesquisa, inovação e controle da biopirataria são indispensáveis para garantir que o Brasil assuma o protagonismo no uso sustentável de sua biodiversidade.

Vale reforçar que, embora muitas plantas possam ter propriedades medicinais benéficas, elas também apresentam riscos se usadas de forma inadequada ou em excesso. O uso indiscriminado de ervas pode causar efeitos adversos e até intoxicações, especialmente quando não há conhecimento sobre suas interações com medicamentos convencionais ou condições de saúde específicas. Por isso, é fundamental buscar a orientação de um profissional qualificado, como fitoterapeutas ou especialistas em ervas, para compreender as propriedades medicinais de cada planta, determinar dosagens adequadas e prevenir possíveis riscos.

As ervas medicinais da Mata Atlântica não são apenas parte do nosso patrimônio natural. Elas simbolizam a união entre a ciência e os saberes ancestrais, conectando gerações através de práticas que integram saúde, espiritualidade e respeito ao meio ambiente. Proteger essas plantas e os ecossistemas onde elas crescem significa preservar um legado de conhecimento que transcende o tempo.

No entanto, essa proteção não se limita à conservação ambiental. É preciso ir além, promovendo a valorização dos guardiões tradicionais desses saberes — povos indígenas, quilombolas e caiçaras — que, ao longo dos séculos, cultivaram e compartilharam um conhecimento que hoje inspira inovações na medicina, cosmética e outras áreas. Reconhecer e respeitar suas contribuições é uma forma de garantir que suas vozes sejam ouvidas e que seus direitos sejam protegidos.

Inspire-se para adotar práticas que promovam a preservação da Mata Atlântica, invistam em inovação sustentável e criem consciência sobre a importância da biodiversidade. Imagine um futuro no qual o Brasil seja líder global em pesquisa, desenvolvimento e aplicação de recursos naturais de forma ética e responsável.

Cuidar da floresta não é apenas um ato de preservação ambiental — é um ato de cuidar de nós mesmos. Cada erva, cada planta e cada conhecimento ancestral guardam uma lição de equilíbrio, respeito e interdependência.

Que possamos aprender com a natureza e encontrar nela as respostas para construir um mundo mais saudável, justo e sustentável. Porque, no final, proteger a Mata Atlântica é proteger nossa própria essência e a vida que ela sustenta.

## Curupire-se: conscientização ambiental!

O Dia de Proteção às Florestas, celebrado em 17 de julho, vai além de ser uma data simbólica de conscientização ambiental. É um convite para revisitar histórias, mitos e leis que formam a nossa relação com as florestas. Nesta ocasião, também homenageamos o Curupira, um dos mais icônicos personagens do folclore brasileiro, reconhecido oficialmente no estado de São Paulo como símbolo do guardião das florestas e dos animais.

O Curupira é descrito como um pequeno ser mítico, de cabelos flamejantes e pés virados para trás — uma característica que confunde caçadores e exploradores da floresta. Sua missão é clara: proteger a floresta e punir quem a explora predatoriamente. Embora simbólica, a figura do Curupira reflete a luta contínua pela preservação da biodiversidade.

O primeiro registro dessa lenda foi feito pelo Padre José de Anchieta, em 1560. Para os povos indígenas, o Curupira era mais do que um mito, era um protetor real contra a devastação da floresta. O termo "Curupira", originado do tupi, é amplamente interpretado como "corpo de menino".

Em 1970, o estado de São Paulo oficializou o Curupira como símbolo estadual de guardião das florestas e dos animais, por meio de uma lei proposta pela deputada Dulce Salles Cunha Braga. A legislação visava integrar a figura do Curupira ao sistema educacional, promovendo a conscientização ambiental nas escolas.

Promulgada pelo governador Roberto Costa de Abreu Sodré, a lei determinava que o Curupira fosse utilizado como uma ferramenta pedagógica para educar crianças e jovens sobre a importância da preservação da flora e da fauna, incentivando a proteção das riquezas naturais.

A Mata Atlântica, um dos biomas mais ameaçados do Brasil, desempenha um papel essencial para o equilíbrio ecológico e a qualidade de vida em Ubatuba. Ela abriga uma enorme diversidade de espécies, regula o clima, conserva recursos hídricos e fornece serviços ecossistêmicos indispensáveis. No entanto, enfrenta sérias ameaças, como o desmatamento e a exploração descontrolada.

## A Taxa de Preservação Ambiental (TPA)

Com o objetivo de proteger esse patrimônio natural, Ubatuba implementou a Taxa de Preservação Ambiental (TPA). Esse instrumento visa mitigar os impactos causados pelo turismo e pelo aumento sazonal da população, promovendo o desenvolvimento sustentável.

A TPA é uma fonte de recursos para aplicar em políticas de proteção, preservação e recuperação ambiental. Sua arrecadação está vinculada ao trânsito de veículos que utilizam a infraestrutura municipal e ao acesso ao patrimônio natural e cultural da cidade. Assim, a TPA atua como um mecanismo para compensar os impactos socioambientais e assegurar a sustentabilidade de Ubatuba.

Embora a TPA seja uma medida necessária, é fundamental que sua aplicação seja transparente e ágil. A população local e os turistas precisam compreender como os recursos arrecadados estão sendo usados e perceber os resultados concretos dessa iniciativa. Projetos como educação ambiental, recuperação de áreas degradadas e melhorias na infraestrutura podem exemplificar o uso eficaz desses recursos.

A transparência é essencial para fortalecer a confiança e garantir que a TPA realmente cumpra seu papel de proteger a natureza de Ubatuba.

Com suas paisagens deslumbrantes e riqueza cultural, Ubatuba é um exemplo de como a responsabilidade ambiental pode ser incorporada à gestão pública. A combinação da implementação da TPA com a valorização de mitos como o Curupira reforça o compromisso da cidade com um futuro sustentável.

Preservar Ubatuba vai além do turismo; é sobre cuidar de um espaço que pertence a todos nós. Afinal, cuidar da natureza é cuidar do nosso próprio futuro. Que possamos "Curupirar" em nossa jornada, protegendo as florestas e honrando as gerações que ainda estão por vir.

## Ubatuba, Capital Nacional da Mata Atlântica: reflexões, desafios e compromissos

O título de Capital Nacional da Mata Atlântica, agora oficializado pelo Projeto de Lei nº 6208/2023, aprovado em âmbito nacional, é um marco significativo para Ubatuba. Este reconhecimento não é apenas simbólico, mas destaca o papel essencial do município na conservação de um dos biomas mais ricos e ameaçados do mundo.

Com 83% de seu território protegido, incluindo os núcleos Cunha-Indaiá, Santa Virgínia e Picinguaba do Parque Estadual da

Serra do Mar, Ubatuba desempenha um papel vital na preservação da Mata Atlântica e na promoção de práticas sustentáveis, como o turismo ecológico.

## A Importância de Agir Além do Reconhecimento

O projeto de lei, inicialmente apresentado na esfera estadual como PL nº 10.978/2018 e ampliado em nível nacional, representa mais do que uma honraria. Ele consolida Ubatuba como um centro de preservação ambiental e um modelo de convivência sustentável entre a natureza e a sociedade. O título é um convite para atrair investimentos em conservação e desenvolvimento socioeconômico, além de reforçar a posição do município como um verdadeiro guardião da Mata Atlântica.

A justificativa do PL destaca:

> A presente proposta contribui, sobretudo, para conferir o devido destaque a um dos mais importantes biomas do planeta, cujo intenso desmatamento ocasionou a perda de mais de 80% da cobertura vegetal original. [...] Tal formação vegetal é extremamente heterogênea, indo desde campos abertos em regiões montanhosas até florestas chuvosas perenes nas terras baixas do litoral. A fauna abriga diversas espécies endêmicas, como o mico-leão-dourado e a onça-pintada.

Este título não apenas reconhece a beleza e a riqueza de Ubatuba, mas ressalta a urgência de preservar o pouco que resta deste bioma e sua biodiversidade única.

Embora o título seja um reconhecimento importante, ele deve ser acompanhado de ações reais e sustentáveis. Ubatuba, com sua biodiversidade impressionante e sua convivência histórica com populações tradicionais — caiçaras, indígenas e quilombolas — tem o potencial de se tornar um modelo de desenvolvimento que respeita tanto o meio ambiente quanto a cultura local.

**Ações Estratégicas Necessárias:**

1. **Educação e sensibilização ambiental:** Engajar moradores e turistas sobre a importância da conservação e o impacto positivo de práticas sustentáveis.
2. **Fortalecimento das comunidades tradicionais:** Proteger os direitos dessas comunidades e valorizar seus conhecimentos sobre o manejo sustentável da floresta.
3. **Turismo sustentável:** Desenvolver práticas que equilibrem a preservação ambiental e a geração de renda, destacando o ecoturismo como alternativa ao turismo predatório.
4. **Reflorestamento e recuperação ambiental:** Expandir áreas verdes com espécies nativas e regenerar locais degradados, envolvendo as comunidades nesse processo.

O título de Capital Nacional da Mata Atlântica não deve ser apenas motivo de orgulho, mas um incentivo para Ubatuba liderar pelo exemplo. Ele reforça a responsabilidade de transformar a riqueza natural e cultural do município em uma força para a sustentabilidade e para o respeito às populações que aqui vivem há séculos.

Viu só? Este reconhecimento é apenas o início. Ele nos convoca a um compromisso coletivo — gestores, moradores, turistas e organizações — para que o legado da Mata Atlântica seja não apenas protegido, mas também celebrado e transmitido às próximas gerações. Vamos juntos conservar e valorizar o que faz de Ubatuba uma referência nacional e global em biodiversidade e sustentabilidade.

## Mar de contradições: a urgência do saneamento básico

Já falamos muito sobre a riqueza e a boniteza de Ubatuba, e precisamos falar também dos desafios alarmantes relacionados à falta de saneamento básico e à poluição das suas águas. Dados recentes revelam que a cidade está entre as três do litoral paulista com abastecimento de água mais inadequado, atrás apenas de Ilhabela e São Sebastião (Censo 2022). Essa situação não só compromete a saúde pública, mas também a economia local, o turismo e a biodiversidade marinha.

Atualmente, apenas 76,19% da população de Ubatuba tem acesso a serviços públicos de abastecimento de água, muito abaixo da média estadual (95,09%) e nacional (84,24%). Além disso, um número expressivo de pessoas ainda depende de métodos improvisados para obter água. A coleta e o tratamento de esgoto atingem pouco mais de 40% dos moradores, mas projetos em andamento prometem elevar esse índice para 96% até 2028...

A ausência de saneamento adequado resulta na poluição de rios essenciais como o Acaraú e o Tavares, que, além de servirem de escoadouro para lixo e dejetos, acabam contaminando as praias. A balneabilidade das praias, que deveria ser um orgulho para Ubatuba, é frequentemente comprometida, impactando tanto os moradores quanto os turistas.

A poluição dos rios e do mar gera um ciclo de degradação ambiental. A contaminação das águas prejudica a biodiversidade, reduzindo a população de peixes e comprometendo os ecossistemas aquáticos. Para as comunidades que dependem da pesca, isso significa menos alimento na mesa e menor renda. O turismo, principal fonte de economia local, é afetado pela poluição, afastando visitantes e reduzindo ainda mais as oportunidades de desenvolvimento econômico sustentável.

Infelizmente, ainda há crianças em Ubatuba que vivem em áreas afastadas e nunca tiveram a chance de ver o mar. Essa realidade agrava a desigualdade social e evidencia a necessidade de políticas públicas inclusivas que garantam o ccesso a recursos naturais e à educação ambiental.

A música "Que País É Este" da Legião Urbana reverbera como uma crítica pungente às disparidades sociais e à negligência com as questões estruturais no Brasil. Trechos como *"Nas favelas, no Senado / Sujeira pra todo lado"* e *"Ninguém respeita a Constituição / Mas todos acreditam no futuro da nação"* refletem o abandono de setores vitais como o saneamento e a gestão ambiental. Essa letra ressoa com a situação de Ubatuba, onde as políticas públicas e a gestão dos recursos ainda deixam muito a desejar.

Assim como a música questiona as contradições de um país cheio de potencial, mas repleto de desigualdades, devemos nos perguntar: *Que cidade é essa?* Como podemos transformar uma realidade de abandono e descaso em um futuro sustentável, onde as praias de Ubatuba sejam não apenas um cartão-postal, mas um patrimônio preservado para todos?

A parceria entre a Prefeitura de Ubatuba e a Sabesp é um passo importante, com investimentos significativos para ampliar a rede de saneamento e garantir a balneabilidade das praias. Projetos como a ampliação da Estação de Tratamento de Esgoto (ETE) e a criação do Fundo Municipal de Saneamento são iniciativas promissoras. Contudo, é essencial que a comunidade, o setor privado e as autoridades trabalhem em conjunto para garantir que esses projetos saiam do papel.

Ações de limpeza, como a realizada pelo Instituto Argonauta na Praia do Itaguá ou pela Tamoio de Ubatuba nos rios da cidade, são exemplos de iniciativas que podem fazer a diferença. A conscientização ambiental, a fiscalização e o engajamento comunitário são fundamentais para construir uma Ubatuba mais limpa e sustentável.

Ubatuba enfrenta uma encruzilhada entre o abandono e a oportunidade de se reinventar. Precisamos agir agora, com políticas públicas eficazes, participação da sociedade civil e uma reflexão crítica sobre nosso papel na preservação do meio ambiente.

Assim como a música da Legião Urbana provoca questionamentos sobre as injustiças sociais e ambientais, devemos usar esse momento para refletir e agir. Afinal, o que queremos para o futuro de Ubatuba? Que cidade queremos deixar para as próximas gerações?

O desafio está lançado. Vamos garantir que nossas praias sejam um símbolo de vida, beleza e prosperidade, e não de descaso e poluição. Que Ubatuba seja um exemplo de harmonia entre a natureza, a comunidade, o desenvolvimento e a sustentabilidade.

## Montanhe-se!
## Pico do Corcovado, a Montanha Sagrada de Ubatuba

O Pico do Corcovado, com seus imponentes 1.168 metros de altitude, é um dos pontos mais altos da Serra do Mar e um marco icônico de Ubatuba.

Figura 15 - Aspecto de uma rua de Ubatuba, vendo-se ao fundo o escarpamento da Serra do Mar e o famoso Pico do Corcovado (SP) – 1958. Fonte: IBGE - https://servicodados.ibge.gov.br/api/v1/resize/image?maxwidth=600&maxheight=600&caminho=biblioteca.ibge.gov.br/visualizacao/fotografias/GEBIS%20-%20RJ/SP19586.jpg

Reconhecendo sua importância natural, paisagística e cultural, a Lei nº 2417, de 6 de outubro de 2003, instituiu o "Dia Municipal do Pico do Corcovado", comemorado no primeiro domingo de abril. Esta data celebra o impacto simbólico e ambiental do pico na região, promovendo atividades que vão desde caminhadas e hasteamento de bandeiras no cume até projetos educativos que destacam sua relevância geográfica e histórica.

A trilha de acesso ao Pico do Corcovado é desafiadora, com cerca de 16 km (ida e volta), exigindo preparo físico e disposição. Iniciando ao nível do mar, ela atravessa trechos de floresta de altitude da Mata Atlântica, um bioma repleto de árvores centenárias, bromélias, orquídeas e fauna diversa, incluindo primatas e aves endêmicas.

Durante o inverno, o clima mais ameno e a baixa incidência de chuvas tornam essa a melhor época para a aventura.

A trilha é gerida pelo Parque Estadual da Serra do Mar (PESM), e o acesso deve ser acompanhado por guias ou monitores ambientais credenciados. A presença desses profissionais não apenas garante segurança, mas também enriquece a experiência, proporcionando informações sobre a biodiversidade e a história da região.

Ao alcançar o topo, a recompensa é uma vista panorâmica de 360°, que abrange as praias de Ubatuba, Caraguatatuba, Ilhabela e o Vale do Paraíba. Nos dias mais claros, é possível avistar os Parques Estaduais da Ilha Anchieta e de Ilhabela, reforçando a importância ecológica e turística da região.

Figura 16 - Vista atual do Pico do Corcovado e da Serra do Mar a partir do aeroporto de Ubatuba - Arquivo Pessoal

A Lei nº 2417 também propõe a construção de um monumento no cume do pico, como um cruzeiro ou uma estátua monumental, reforçando o valor simbólico do local. Embora o projeto ainda não tenha se concretizado... Qual sua opinião sobre isso?

O Pico do Corcovado também já foi palco de um evento inusitado: em 1993, tornou-se cenário para um comercial do Chevrolet Monza. O carro foi levado até o topo da montanha, e as cenas foram filmadas por helicóptero. Essa curiosa produção destaca a versatilidade e a magia do local, que continua a inspirar visitantes e cineastas.

Além de sua beleza natural, o Pico do Corcovado é um espaço de aprendizado. A inclusão de atividades educacionais no "Dia Municipal" incentiva escolas e comunidades a valorizarem o patrimônio natural de Ubatuba. Ressalta-se ainda a importância de preservar este ecossistema único, que é parte da maior Unidade de Conservação da Mata Atlântica na biosfera.

## Morro do Curussu Mirim: a 1ª RPPN Urbana do Brasil

Localizado entre a Praia do Perequê-Açu e a Praia do Matarazzo, na cidade de Ubatuba, o Morro do Curussu Mirim é um marco na história da conservação ambiental no Brasil. Reconhecido em 1999 pelo Instituto Brasileiro do Meio Ambiente e dos Recursos Naturais Renováveis (IBAMA), é a primeira Reserva Particular do Patrimônio Natural (RPPN) urbana do país, abrangendo uma área de 22,80 hectares de Mata Atlântica, um dos biomas mais ricos e ameaçados do planeta.

O que é uma RPPN?

As Reservas Particulares do Patrimônio Natural (RPPNs) são unidades de conservação privadas criadas com o objetivo de preservar a biodiversidade em caráter perpétuo. Diferentemente de outras categorias de proteção ambiental, a propriedade da terra continua pertencendo ao dono, que se compromete a manter sua integridade ecológica.

No caso do Morro do Curussu Mirim, a iniciativa foi promovida pela Gradual Participações Ltda., evidenciando como o setor privado pode atuar de forma significativa na preservação do meio ambiente.

O Morro do Curussu Mirim é um verdadeiro refúgio natural, abrigando uma vegetação nativa exuberante que representa a biodiversidade característica da Mata Atlântica. Além disso, é lar de diversas espécies de fauna e flora, muitas delas ameaçadas de extinção.

A criação de RPPNs, como a do Morro do Curussu Mirim, contribui para:

- Garantir a perpetuidade de áreas naturais.
- Proteger espécies, habitats e ecossistemas.
- Formar corredores ecológicos, assegurando o fluxo gênico entre áreas protegidas.
- Promover a educação ambiental e o ecoturismo.

Um Exemplo Inspirador:

Com apenas 17,5% da vegetação natural original restante no estado de São Paulo, iniciativas como o Morro do Curussu Mirim são essenciais para preservar os remanescentes da Mata Atlântica e assegurar a sobrevivência de sua rica biodiversidade.

A pioneira RPPN de Ubatuba não apenas conserva o meio ambiente, mas também demonstra que é possível aliar desenvolvimento urbano e sustentabilidade. Ao mesmo tempo, inspira outras cidades e proprietários a se engajarem na preservação de áreas naturais, contribuindo para o futuro do planeta.

## Tartarugue-se!

O litoral norte de São Paulo é um santuário natural para as tartarugas marinhas. Suas inúmeras praias, intercaladas por costões rochosos, oferecem refúgio e alimento para juvenis da tartaruga-verde (*Chelonia mydas*), a espécie mais encontrada na região.

Em diversos pontos de Ubatuba, é possível observar essas incríveis criaturas deslizando entre as águas cristalinas (nem sempre tão cristalinas, infelizmente, devido à poluição das águas), se alimentando de algas (ou, tragicamente, ingerindo plásticos e outros resíduos descartados de forma criminosa nos oceanos), e nadando tranquilamente pelas correntes costeiras.

A depender das marés e da visibilidade da água, podemos ter o privilégio de avistar as tartarugas bem próximas aos pontos de observação.

Desde 1991, Ubatuba abriga uma das bases do Projeto Tamar, sendo a primeira do Brasil instalada em uma área de alimentação de tartarugas marinhas. Enquanto muitas bases do projeto se concentram em regiões de desova e soltura de filhotes, a unidade de Ubatuba tem um papel essencial na proteção dos juvenis e na educação ambiental.

A cidade é um dos raros locais do Brasil onde se pode observar tartarugas marinhas em diferentes estágios de vida, tornando-se um destino privilegiado para pesquisadores, ambientalistas e turistas interessados na vida marinha.

## Onde observar tartarugas marinhas em Ubatuba?

Ubatuba oferece diversas trilhas e mirantes para a observação das tartarugas marinhas, sem a necessidade de mergulho. Entre os melhores pontos, destacam-se:

- **Caminho do Cais:** Um refúgio tranquilo onde é possível avistar tartarugas.
- **Trilha da Fortaleza:** Costões rochosos que servem como áreas de alimentação.
- **Mirante da Praia Grande:** Vista privilegiada da encosta entre a Praia Grande e a Praia das Toninhas, onde as tartarugas costumam surgir.
- **Ilha das Couves:** Um dos locais mais procurados para turismo ecológico e observação de vida marinha.
- **Enseada do Flamengo e Ilha Anchieta:** Áreas protegidas com alta incidência de tartarugas.
- **Prainha do Matarazzo:** Pequeno paraíso onde é possível ver tartarugas nadando em águas rasas.

**Dica:** Para uma experiência mais completa, procure um Guia de Turismo qualificado em observação de tartarugas marinhas.

## As Tartarugas Marinhas no Brasil

O Brasil abriga cinco das sete espécies de tartarugas marinhas do mundo, todas ameaçadas de extinção devido a fatores como pesca incidental, poluição, destruição dos habitats naturais e aquecimento global.

As cinco espécies encontradas no litoral brasileiro são:

1. **Tartaruga-verde (*Chelonia mydas*):** Mais comum em Ubatuba, principalmente nos costões rochosos.
2. **Tartaruga-de-pente (*Eretmochelys imbricata*):** Rara, mas ocasionalmente encontrada em áreas de coral.
3. **Tartaruga-cabeçuda (*Caretta caretta*):** Identificada em algumas áreas do Brasil, mas menos frequente em Ubatuba.
4. **Tartaruga-oliva (*Lepidochelys olivacea*):** Pequena e mais comum no nordeste brasileiro.
5. **Tartaruga-de-couro (*Dermochelys coriacea*):** A maior de todas, mas extremamente rara no litoral paulista.

## Ubatuba Entre os Melhores Lugares do Brasil para Observar Tartarugas Marinhas

Segundo uma lista da National Geographic, Ubatuba aparece entre os seis principais destinos brasileiros para a observação de tartarugas marinhas. Além de Ubatuba, destacam-se:

- **Fernando de Noronha (PE):** Um dos principais santuários marinhos do Brasil, com base do Projeto Tamar.
- **Praia do Forte (BA):** Um dos centros mais visitados do Tamar, onde ocorrem ações de soltura de filhotes.
- **Aracaju (SE):** O Oceanário de Aracaju, vinculado ao Tamar, recebe visitantes para observar tartarugas resgatadas.
- **Vitória (ES):** Possui uma base do Tamar e monitora 160 km de praias protegidas.
- **Florianópolis (SC):** Importante ponto de alimentação de tartarugas juvenis, com um centro de visitação ativo.

O Projeto Tamar é um dos programas de conservação marinha mais bem-sucedidos do mundo. Criado em 1980, já protegeu e devolveu mais de 40 milhões de tartarugas ao oceano.

**Sua atuação se dá em três eixos principais:**

- **Proteção e manejo das tartarugas marinhas:** Monitoramento de ninhos, resgate de animais feridos e redução dos impactos da pesca.
- **Educação ambiental:** Sensibilização da população sobre a importância da conservação marinha.
- **Pesquisa científica**: Estudos sobre os hábitos e comportamento das tartarugas para melhorar as estratégias de conservação.

**Curiosidades sobre as tartarugas marinhas:**

- Elas possuem uma memória impressionante! As fêmeas voltam para a mesma praia onde nasceram para desovar, mesmo após décadas migrando pelos oceanos.
- São viajantes incansáveis! Algumas espécies podem percorrer até 10 mil quilômetros entre os locais de alimentação e desova.
- Vivem muitos anos! Algumas tartarugas chegam a ultrapassar 100 anos de idade.
- Os machos nunca mais voltam para terra! Diferente das fêmeas, os machos passam toda a vida no mar após o nascimento.
- Podem mergulhar por longos períodos! Algumas espécies conseguem ficar submersas por até cinco horas sem respirar.

## Como observar as tartarugas de forma consciente?

Para garantir a segurança das tartarugas e dos turistas, algumas regras devem ser seguidas ao observá- as:

- Não toque nas tartarugas! Isso pode transmitir doenças e causar estresse ao animal.

- Tire fotos sem flash! O uso de flash pode desorientar as tartarugas, principalmente os filhotes.
- Mantenha distância! Respeite o espaço das tartarugas, evitando perturbar seu comportamento natural.
- Evite poluir! O lixo descartado incorretamente pode acabar no mar e ser ingerido pelas tartarugas.
- Informe-se! Visite o Projeto Tamar e participe das atividades educativas para aprender mais sobre essas incríveis criaturas.

Ubatuba se destaca como um dos melhores destinos do Brasil para a observação de tartarugas marinhas. Seja através das trilhas e mirantes naturais ou em uma visita ao Projeto Tamar, a experiência de ver esses animais majestosos em seu habitat natural é inesquecível.

No entanto, proteger as tartarugas marinhas é um dever coletivo. Pequenas atitudes fazem a diferença: descartar o lixo corretamente, respeitar os animais em seu ambiente natural e apoiar iniciativas de conservação garantem que as futuras gerações também possam se encantar com essas espécies incríveis.

Este tema não poderia ser concluído sem um agradecimento especial ao amigo **Henrique Becker**, do Projeto Tamar Ubatuba, que compartilha incansavelmente seu conhecimento, sua dedicação e sua paixão pelas tartarugas marinhas. Seu trabalho inspira e fortalece a luta pela preservação dos oceanos e pela educação ambiental.

Gratidão por ensinar e lembrar a todos nós a importância de proteger esses seres incríveis.

Valeu, Henrique! Que sua paixão continue a iluminar tantas outras jornadas em defesa da vida marinha. Porque cuidar do oceano é cuidar da vida.

## Você conhece o Parque Municipal de Turismo Ecológico Professor Joaquim Lauro Monte Claro Neto?

Localizado na Estrada do Cais do Porto, no bairro do Itaguá, o Parque Municipal de Turismo Ecológico Professor Joaquim Lauro Monte Claro Neto é uma homenagem a um dos personagens da história de Ubatuba.

Criado pela Lei nº 4350, de 16 de dezembro de 2020, o parque tem como objetivo preservar a natureza, promover o ecoturismo e celebrar o legado de um educador visionário que deixou uma marca permanente na cidade.

Nascido em Lorena, SP, em 16 de fevereiro de 1917, Joaquim Lauro Monte Claro Neto formou-se professor em 1941 e, logo depois, mudou-se para Ubatuba, onde encontrou sua verdadeira vocação. Ele não foi apenas um professor dedicado; foi um visionário que conectou a educação à vida comunitária e ao desenvolvimento sustentável. Lecionou em instituições renomadas como o Grupo Escolar Dr. Esteves da Silva e Altimira Silva Abirached, e também foi diretor dessas escolas.

O professor Joaquim Lauro era conhecido por sua criatividade e habilidades práticas. Incentivou a formação de hortas escolares e promovia o aprendizado além das salas de aula, ensinando trabalhos manuais e organizando eventos esportivos. Foi ele quem introduziu a corrida de canoas caiçaras, um evento que começou como uma disputa amistosa entre pescadores e se tornou uma tradição local.

Mais do que um educador, Joaquim Lauro desempenhou múltiplos papéis na comunidade: aplicava injeções receitadas por médicos, servia como "advogado" em pequenos casos judiciais e era um defensor fervoroso da cultura caiçara. Sua dedicação à preservação das tradições locais e à educação dos jovens consolidou seu lugar como um dos maiores nomes da história de Ubatuba.

Figura 17 - Píer de pesca revitalizado no Parque Municipal de Turismo Ecológico Professor Joaquim Lauro Monte Claro Neto - Arquivo pessoal

O Parque Municipal de Turismo Ecológico é um reflexo dos valores defendidos pelo professor Joaquim Lauro. Situado em uma área de rica biodiversidade, o parque oferece um espaço para a prática de turismo sustentável, educação ambiental e convivência comunitária. Sua criação não só preserva um espaço natural significativo, mas também perpetua o legado de um homem que dedicou sua vida ao progresso e ao bem-estar da comunidade.

O professor Joaquim Lauro Monte Claro Neto não era apenas um educador; era um agente de transformação que viu na educação uma ferramenta para criar um futuro melhor. O parque que leva seu nome é uma celebração desse espírito transformador, convidando todos a se inspirarem em sua história e a desfrutarem das belezas naturais e culturais de Ubatuba.

Para que o Parque Municipal de Turismo Ecológico Professor Joaquim Lauro Monte Claro Neto cumpra seu papel como espaço de preservação e aprendizado, é essencial garantir sua manutenção e a disseminação de informações claras aos visitantes.

Atualmente, o local carece de placas indicativas e orientações sobre as regras de visitação. É fundamental que sejam implementadas medidas para conscientizar os frequentadores sobre a importância de respeitar o meio ambiente e seguir as normas de uma área protegida.

Com sinalização adequada e cuidados contínuos, o parque poderá ser plenamente reconhecido como um espaço de conservação ambiental e valorização cultural, honrando ainda mais o legado do professor Joaquim Lauro.

## Zé Capão, o pescador que saúda na entrada de Ubatuba

Ubatuba, conhecida por sua rica tradição caiçara, encontra em Zé Capão um de seus símbolos mais autênticos. Sua figura inspirou a construção da estátua "O Caiçara", localizada no trevo da rodovia Oswaldo Cruz, ponto de boas-vindas a quem chega à cidade. Este monumento de 10 metros de altura e com sua base decorada com o famoso Granito Verde Ubatuba, inaugurado em 2003, foi concebido para homenagear não apenas Zé Capão, mas toda a comunidade caiçara que moldou a identidade cultural da região.

José Vieira Mendes, carinhosamente conhecido como Zé Capão, nasceu em 19 de março de 1912, em Ubatuba, e faleceu em 4 de março de 1974. Era pescador, funcionário público e carnavalesco, além de um contador de histórias carismático. Seu apelido, "Zé Capão", deriva de sua habilidade como padeiro e pescador, profissões que exerceu com dedicação ao longo de sua vida.

Zé Capão não sabia nadar e, por isso, evitava pescarias embarcadas. Preferia os arrastões de praia e a pesca artesanal, acompanhado de sua inseparável esposa, Dona Sebastiana, conhecida como "Tiana do Zé Capão". Juntos, pescavam nas praias do Cruzeiro e do Matarazzo, utilizando técnicas tradicionais que faziam parte do cotidiano caiçara.

A ideia de homenagear os pescadores de Ubatuba surgiu com o Projeto de Lei nº 79/01, que criou uma comissão composta por figuras como o jornalista Luiz Ernesto Kawal e o folclorista Ney Martins. A missão era criar uma obra de arte que resgatasse a tradição caiçara, semelhante às homenagens vistas em outras cidades brasileiras, como Taubaté com o Bandeirante e Sorocaba com o Tropeiro.

Embora o monumento tenha enfrentado críticas pela sua execução — como alterações nas proporções e na representação física de Zé Capão — ele se tornou um marco cultural da cidade. A base, revestida com o granito verde Ubatuba, reforça a conexão da obra com a paisagem local.

Em 2021, a estátua recebeu uma intervenção artística que revitalizou seu significado. Tiano Mendes, neto de Zé Capão, e seu pai, D'Águas, pintaram o remo segurado pelo pescador, adicionando uma nova camada de simbolismo à obra. A iniciativa, apoiada pela Fundação de Arte e Cultura de Ubatuba (Fundart), foi concluída como um presente para a cidade no dia de seu aniversário.

Tiano expressou o significado profundo da ação: "Essa estátua foi feita para todos os caiçaras, mas é uma honra para nossa família participar desse momento. Meu avô foi um pescador lendário, e essa homenagem fortalece ainda mais a cultura caiçara."

O monumento "O Caiçara" não é apenas uma estátua, mas um convite para refletir sobre a passagem daqueles que viveram em Ubatuba. É uma celebração da cultura, do trabalho e da força de uma comunidade que continua a inspirar todos que passam por essa cidade encantadora.

Capítulo 5

# Caminhos, estradas e os desafios da mobilidade

Chegar até aqui — e se deslocar dentro da cidade — ainda é um grande desafio. Este capítulo percorre as estradas que cortam e conectam o município ao restante do Brasil, revelando histórias, belezas e contradições.

A Rodovia Rio-Santos, que já foi conhecida como "Estrada do Sol", é um dos trajetos mais cênicos do país, serpenteando entre o mar e a Mata Atlântica. No entanto, suas curvas, ladeiras e trechos de risco tornam a viagem tanto um espetáculo quanto uma prova de resistência.

As "Curvas da Felicidade" são um convite à reflexão sobre o impacto do crescimento desordenado e a necessidade de melhorias na infraestrutura viária para garantir segurança e acessibilidade a moradores e turistas.

Por fim, levantamos um questionamento que há décadas paira sobre Ubatuba: "Onde fica a rodoviária da cidade?" A falta de um terminal rodoviário adequado é um problema crônico que impacta não apenas os visitantes, mas também os moradores que dependem do transporte público. Até quando Ubatuba continuará ignorando essa necessidade básica?

Este capítulo nos conduz por um caminho entre o deslumbre e a realidade, entre o potencial turístico e os desafios urbanos que ainda precisam ser enfrentados para que Ubatuba seja um destino verdadeiramente acolhedor para todos.

## A Estrada do Sol, Rodovia Rio-Santos

A construção da Rodovia Rio-Santos (BR-101) representou um marco na integração entre os estados do Rio de Janeiro e São Paulo, catalisando o desenvolvimento socioeconômico das regiões litorâneas. Batizada inicialmente de "Estrada do Sol", sua construção enfrentou desafios monumentais: a densa Mata Atlântica, encostas íngremes e um terreno instável. A rodovia foi erguida em duas etapas principais: a primeira, conectando o Rio de Janeiro a Ubatuba, e a segunda, de Ubatuba a Santos.

Iniciada em 1969 e concluída em 1975, sob o regime militar, a rodovia foi idealizada para integrar polos econômicos e facilitar o transporte, especialmente com foco na logística para a usina nuclear de Angra dos Reis.

Apesar de prevista para ser inaugurada oficialmente em 1971, a complexidade das obras adiou sua entrega. A estrada revelou-se um marco para o turismo e o escoamento de produtos entre o Rio e São Paulo, além de contribuir para o crescimento urbano e imobiliário.

Em termos de beleza, a Rio-Santos é considerada uma das estradas mais cênicas do Brasil, margeando praias paradisíacas e ilhas deslumbrantes, enquanto atravessa trechos da Serra do Mar. Este cenário é também palco de uma rica história cultural e natural que abrange desde os tempos das tribos indígenas até a expansão da ocupação colonial.

## Conheça a história da Estrada do Sol: Documentário Rio-Santos

Convidamos você a mergulhar na história da Rodovia Rio-Santos (BR-101) através do documentário *"Estrada do Sol: Rio-Santos"*, produzido pela Agência Nacional e disponível no acervo do Arquivo Nacional. Este material rico e detalhado retrata as grandiosas obras de construção da estrada que conecta o Rio de Janeiro a Santos, no litoral paulista.

O documentário leva o espectador a uma viagem por paisagens deslumbrantes e emblemáticas, passando por locais como Mangaratiba, Angra dos Reis e Paraty, no estado do Rio de Janeiro, e Ubatuba, São Sebastião, Bertioga e Santos, no estado de São Paulo. Além de explorar os desafios e conquistas das obras, o vídeo revela aspectos culturais e naturais que marcaram a região durante a construção da rodovia.

### Curiosidade Histórica: A Praia do Bonde em Ubatuba

Você sabia que uma parte da Praia Grande de Ubatuba[1] já foi chamada de Praia do Bonde? Este nome peculiar surgiu porque o proprietário das terras naquela área trouxe bondes desativados de São Paulo para decorar sua propriedade. Mantidos com esmero e em perfeito estado, os bondes tornaram-se uma atração local e um símbolo do charme único daquela época.

Aproveite essa oportunidade para conhecer mais sobre a história da estrada que transformou o litoral brasileiro e as curiosidades que enriquecem as memórias da região.

Que tal reservar um tempo para assistir a essa incrível produção e descobrir as histórias que conectam progresso, cultura e natureza?

### Impactos Socioambientais

Por outro lado, a construção da rodovia trouxe impactos significativos. O desmatamento, as alterações no ecossistema e o deslocamento forçado de comunidades caiçaras foram consequências diretas da obra. Muitos moradores tradicionais foram removidos de suas terras sem compensação adequada, enquanto a especulação imobiliária transformava o litoral em um espaço cada vez mais exclusivo.

[1] Confira o documentário: Rodovia Rio-Santos (1972): https://www.youtube.com/watch?v=ELVa99o2pSo.

O desmatamento e a ocupação desordenada agravaram os problemas ambientais. Erros de planejamento geotécnico resultaram em frequentes deslizamentos de terra, um risco que se tornou uma "tragédia anunciada".

## A divisão de Ubatuba: Praia e Sertões

A abertura da Rio-Santos trouxe um impacto social que permanece evidente em Ubatuba até hoje. A cidade foi dividida entre a faixa litorânea, com praias acessíveis pela estrada, e os sertões, áreas mais afastadas e próximas às encostas da Serra do Mar. Essa divisão gerou uma separação socioeconômica: de um lado, áreas valorizadas pela especulação imobiliária, dominadas por mansões, pousadas e empreendimentos turísticos; do outro, as comunidades tradicionais que foram empurradas para regiões menos acessíveis, muitas vezes sem infraestrutura básica.

A especulação imobiliária, impulsionada pela valorização do litoral, trouxe promessas de progresso, mas resultou na exclusão de muitas famílias caiçaras, que tiveram suas terras adquiridas a preços irrisórios ou perderam suas propriedades para grandes empreendimentos. Essa dinâmica criou um cenário de segregação, onde as comunidades tradicionais enfrentam dificuldades para manter suas práticas culturais e modos de vida, enquanto as áreas urbanizadas prosperam economicamente.

## Impactos nas comunidades tradicionais

As comunidades caiçaras de Ubatuba, que historicamente dependiam da pesca artesanal, da agricultura de subsistência e do turismo comunitário, foram diretamente afetadas pela chegada da rodovia. A perda de terras, combinada com a pressão para se adaptar a um novo modelo econômico, levou à marginalização dessas populações. Muitas famílias foram deslocadas para os sertões, áreas menos valorizadas e com menor acesso a serviços públicos.

Além disso, o crescimento desordenado trouxe desafios ambientais e sociais. A pesca artesanal, uma prática fundamental para a identidade caiçara, foi prejudicada pelo aumento da poluição e pela privatização das praias. Para muitas comunidades, resistir significou lutar pela preservação de sua cultura e de seus direitos sobre o território.

## Áreas de preservação e os desafios do desenvolvimento

A Rodovia Rio-Santos atravessa uma das regiões mais ricas em biodiversidade do Brasil, a Mata Atlântica, e Ubatuba abriga importantes áreas de preservação ambiental, como o Parque Estadual da Serra do Mar e a Área de Proteção Ambiental Marinha do Litoral Norte. Esses territórios são essenciais para a conservação da flora e fauna, mas também representam desafios para a convivência entre o desenvolvimento urbano e a preservação ambiental.

A falta de planejamento na ocupação das áreas próximas à rodovia resultou em desmatamento, aterros de manguezais e alterações significativas no ecossistema. Esses impactos foram agravados pela ocupação irregular e pela especulação imobiliária, que muitas vezes desrespeitaram limites de preservação.

Atualmente, o equilíbrio entre desenvolvimento e conservação é um tema central para Ubatuba. Projetos como a duplicação da rodovia prometem trazer melhorias na infraestrutura, mas precisam ser acompanhados de medidas rigorosas de proteção ambiental e de inclusão social, garantindo que as comunidades tradicionais também se beneficiem do progresso.

## O presente e o futuro da rodovia

Atualmente, a Rio-Santos desempenha um papel fundamental no turismo e no transporte regional. Com um fluxo diário intenso, a estrada continua sendo essencial para o litoral norte paulista e fluminense. No entanto, problemas como congestionamentos e infraestrutura defasada geram preocupações para moradores e visitantes.

O projeto de duplicação da rodovia, anunciado recentemente, promete trazer melhorias significativas, como a construção de novas pistas, áreas de estacionamento, travessias acessíveis e arborização. Essas iniciativas visam não apenas aumentar a capacidade da estrada, mas também minimizar os impactos ambientais e visuais. Trechos como os da Praia Grande, em Ubatuba, já contam com propostas de baixo impacto visual e barreiras verdes.

A Rodovia Rio-Santos é um símbolo das tensões entre progresso e preservação, desenvolvimento e exclusão. Ela conectou estados e impulsionou o turismo, mas também expôs as comunidades tradicionais a pressões econômicas e ambientais. Para que a Rio-Santos cumpra seu papel de integração, é fundamental que futuros projetos valorizem tanto o potencial econômico quanto a riqueza cultural e ambiental da região.

Que as comunidades tradicionais, os sertões e as praias possam coexistir em harmonia, e que a memória da resistência e da cultura caiçara inspire soluções que integrem preservação e desenvolvimento. Afinal, o verdadeiro progresso só é alcançado quando beneficia a todos, respeitando o passado e garantindo um futuro sustentável.

## Curvas da Felicidade!

Chegar a Ubatuba é uma experiência que começa muito antes de avistar o mar. Todas as rodovias que levam à cidade possuem características marcantes: curvas sinuosas, cenários exuberantes e vistas de tirar o fôlego. Uma das curvas mais icônicas é a "Curva da Felicidade", localizada na Rodovia Rio-Santos, com uma deslumbrante vista da Praia Grande, já bem próxima ao destino final. Este momento é um convite para desacelerar, apreciar a paisagem e sentir a energia única que só Ubatuba oferece.

Figura 18 - Curvas da Rodovia Rio Santos na região norte de Ubatuba e a beleza da Mata Atlântica - Arquivo Pessoal

Além da Rio-Santos, os outros acessos principais são pela Rodovia dos Tamoios, recentemente modernizada com a duplicação do trecho de serra e a construção de um dos maiores túneis da América Latina, e pela Rodovia Oswaldo Cruz, que corta a Serra do Mar em um percurso cheio de história, desafios e beleza natural.

## História da rodovia Oswaldo Cruz SP-125

Figura 19 - A imensidão da Serra do Mar e a Rodovia Oswaldo Cruz em 1959 – Fonte: Taubaté em Imagens: https://taubateemimagens.blogspot.com/2012/05/

A Rodovia Oswaldo Cruz tem suas origens no período colonial, sendo inicialmente formada por trilhas indígenas que conectavam Taubaté ao porto de Paraty. Esse trajeto facilitava o transporte de mercadorias sem a necessidade de retornos desnecessários ao porto para registro, funcionando como um desvio estratégico no Caminho do Ouro.

A estrada começou a ser pavimentada com pedras em 1932, utilizando mão de obra de presidiários da Ilha Anchieta. Entre 1963 e 1969, o trajeto foi completamente asfaltado, e em 1976, a rodovia foi oficialmente nomeada em homenagem ao médico sanitarista Oswaldo Cruz, nascido na cidade de São Luiz do Paraitinga, que está na rota da estrada.

Hoje, a Oswaldo Cruz é uma rodovia com 91 quilômetros de extensão, cortando os rios Paraitinga e Paraibuna, e conecta regiões rurais e urbanas ao litoral. Contudo, o trecho de serra exige muita atenção dos motoristas devido às curvas fechadas e declives acentuados. Uma curiosidade interessante é que, segundo o DER (Departamento de Estradas de Rodagem), cerca de 2 mil calotas são perdidas mensalmente na descida para Ubatuba, evidenciando a complexidade e os desafios do trajeto.

## Quem foi Oswaldo Cruz?

Oswaldo Gonçalves Cruz (1872–1917) foi um dos maiores cientistas e sanitaristas do Brasil. Nascido em São Luiz do Paraitinga, ele revolucionou o combate às doenças no país e deixou um legado inestimável para a saúde pública. Formado pela Faculdade de Medicina do Rio de Janeiro, especializou-se em microbiologia no Instituto Pasteur, em Paris, onde trabalhou com o renomado Émile Roux.

Oswaldo Cruz enfrentou grandes desafios em sua carreira. Foi responsável por liderar campanhas contra a febre amarela, a peste bubônica e a varíola no início do século XX. Suas estratégias sanitárias incluíram a eliminação de mosquitos, a vacinação em massa e a reorganização de estruturas de saúde, ações que o tornaram alvo de críticas e até revoltas, como a Revolta da Vacina em 1904. Mesmo assim, seu trabalho foi reconhecido internacionalmente, rendendo-lhe prêmios como a medalha de ouro no Congresso Internacional de Higiene e Demografia, em Berlim.

**Curiosidades sobre a Vida de Oswaldo Cruz:**

1. **Pioneirismo Científico:** Oswaldo Cruz foi o primeiro a propor que a febre amarela era transmitida por mosquitos, desafiando as crenças médicas da época. Sua insistência em eliminar focos de mosquitos foi essencial para erradicar a doença no Rio de Janeiro em 1907.
2. **Inspiração para a Criação de Institutos:** Ele fundou o Instituto Soroterápico Federal, que mais tarde foi renomeado como Instituto Oswaldo Cruz, uma das instituições científicas mais respeitadas do mundo.

3. **Enfrentando a Revolta Popular:** Durante a campanha de vacinação obrigatória contra a varíola, Oswaldo Cruz enfrentou forte resistência da população, que resultou na Revolta da Vacina. Apesar das críticas, sua política de saúde pública provou ser eficaz, especialmente durante surtos posteriores.
4. **Saneamento e Ferrovia Madeira-Mamoré:** Ele participou da campanha de saneamento para combater a malária durante a construção da Ferrovia Madeira-Mamoré, um dos maiores desafios de saúde pública da época.
5. **Visão Urbanística:** Eleito prefeito de Petrópolis em 1915, Oswaldo Cruz planejou um ambicioso projeto de urbanização para a cidade, embora não tenha vivido para ver sua conclusão.
6. **Legado Literário:** Foi eleito membro da Academia Brasileira de Letras em 1913, consolidando seu papel não apenas como cientista, mas também como intelectual.
7. **Reconhecimento Internacional:** Em 1909, o Instituto de Manguinhos foi rebatizado como Instituto Oswaldo Cruz, em reconhecimento ao impacto de seu trabalho. Ele também é considerado um dos grandes nomes da saúde pública global.

A decisão de nomear a rodovia em homenagem a Oswaldo Cruz é uma forma de eternizar o legado do sanitarista e sua contribuição para o bem-estar da sociedade brasileira. Assim como o cientista enfrentou curvas e desafios em sua trajetória, os motoristas que percorrem a Rodovia Oswaldo Cruz experimentam o simbolismo dessas "curvas da felicidade", um caminho repleto de história, beleza e emoção que leva ao refúgio natural de Ubatuba.

## Onde fica a Rodoviária de Ubatuba?

Como já vimos, Ubatuba é um dos destinos mais procurados do Brasil, atraindo turistas de todas as partes ao longo do ano, especialmente na alta temporada. Suas praias paradisíacas, natureza exuberante e cultura rica fazem da cidade um local de grande relevância para o turismo nacional. No entanto, há um problema estrutural evidente que contrasta com essa vocação turística: a ausência de uma rodoviária adequada.

Há muitos anos, candidatos a cargos públicos incluem em suas propostas de governo a construção de uma rodoviária em Ubatuba. Entretanto, o projeto nunca saiu do papel. Enquanto isso, a cidade cresce vertiginosamente, e a cada ano se torna mais difícil encontrar um local adequado para a construção desse equipamento essencial.

A falta dessa infraestrutura básica impacta diretamente no número reduzido de empresas e linhas de ônibus disponíveis para atender à crescente demanda de transporte. Além disso, o fluxo de veículos particulares aumenta significativamente a cada temporada, sobrecarregando o trânsito e tornando os deslocamentos mais lentos e estressantes. Se tivéssemos uma rodoviária moderna e bem estruturada, certamente muitas pessoas poderiam optar pelo transporte público, reduzindo os impactos no trânsito e contribuindo para uma mobilidade mais eficiente e sustentável.

## Como uma cidade turística não tem uma rodoviária?

A chegada a Ubatuba para aqueles que viajam de ônibus não é nada acolhedora. Diferente de outros destinos turísticos, onde há terminais modernos e bem estruturados, Ubatuba sequer possui uma rodoviária oficial para recepcionar seus visitantes.

Atualmente, o embarque e desembarque acontecem em terminais improvisados, sem a infraestrutura necessária para garantir conforto, segurança e eficiência no transporte de passageiros. Não há uma área coberta adequada, banheiros confortáveis, espaços de espera apropriados ou serviços essenciais que um terminal rodoviário deve oferecer. É inadmissível que uma cidade com essa relevância turística continue sem um ponto de chegada organizado.

A falta de um terminal rodoviário adequado não afeta apenas os turistas, mas também a população local. Ubatuba não possui um aeroporto com voos frequentes para outras localidades e, para muitos moradores, o transporte rodoviário é a principal — ou única — opção para viajar. Seja para trabalhar, estudar ou realizar tratamentos médicos em outras cidades, os cidadãos ubatubenses merecem um local digno para embarques e desembarques.

Além disso, a desorganização atual dificulta a logística do transporte intermunicipal e interestadual, resultando em longos tempos de espera ao relento, insegurança e desconforto. Para turistas que chegam à cidade à noite, a situação é ainda mais preocupante, pois não há infraestrutura mínima que garanta segurança e acolhimento.

Uma rodoviária moderna não se trata apenas de um espaço para embarques e desembarques, mas também de um ponto estratégico para impulsionar o comércio local, oferecendo lojas, quiosques, pontos de informação turística e melhores condições de mobilidade.

## O Que Ubatuba Precisa?

A solução passa pela criação de uma rodoviária moderna e bem localizada, com uma estrutura que atenda às necessidades de moradores e visitantes. Isso inclui:

- **Área coberta e confortável** para espera dos passageiros.
- **Banheiros limpos e acessíveis**.
- **Guichês de venda de passagens** organizados e funcionais.
- **Pontos de táxi e transporte por aplicativo** bem estruturados.
- **Informações turísticas** disponíveis para recepcionar os visitantes.
- **Comércio local dentro da rodoviária**, criando oportunidades de trabalho e geração de renda.

Com a implementação de uma rodoviária eficiente, Ubatuba não só melhoraria a experiência dos turistas, mas também fortaleceria sua própria economia, atraindo ainda mais visitantes e facilitando a vida dos moradores que dependem do transporte público.

Passou da hora de Ubatuba ter uma rodoviária! A cidade já deveria ter compreendido que turismo não é apenas praia e belezas naturais, mas também infraestrutura e acolhimento. Não basta promover Ubatuba como um destino dos sonhos se a primeira impressão de quem chega de ônibus é de desorganização, desconforto e descaso.

Se quisermos uma cidade verdadeiramente estruturada para o turismo e para sua população, precisamos cobrar e exigir a construção de uma rodoviária digna para Ubatuba. Passou da hora de transformar esse sonho em realidade!

Capítulo 6

# Raízes africanas: resistência, memória e pertencimento

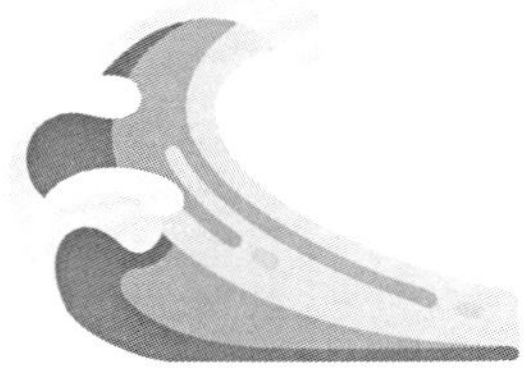

A história de Ubatuba está profundamente entrelaçada com a cultura africana e sua resistência ao longo dos séculos. Neste capítulo, percorremos os caminhos da ancestralidade negra na cidade, desde os tempos coloniais até os dias atuais, destacando os quilombos, os símbolos da resistência e as figuras que marcaram essa trajetória.

Começamos com "Africanize-se!", um convite à reflexão sobre a influência africana na identidade cultural do Brasil e de Ubatuba. O legado dessa matriz está presente na música, na gastronomia, nos rituais e na força das comunidades que resistiram ao longo do tempo.

Em "O Canto das Três Raças", exploramos como a história do Brasil e de Ubatuba carrega as marcas do encontro e do embate entre indígenas, africanos e europeus. A resistência quilombola é destacada em "Realeza: a homenagem à Dona Maria da Caçandoca", que reverencia essa mulher símbolo da luta quilombola na cidade.

Os Adinkras, símbolos de resistência e sabedoria africana, são apresentados como um resgate ancestral que dialoga com a identidade negra no Brasil. E não podemos falar de resistência sem abordar "A Importância dos Quilombos no Brasil" e sua presença em Ubatuba, onde há várias comunidades quilombolas que ainda lutam por reconhecimento e valorização.

"Que túnel é esse? Resistência Negra" revisita um dos locais emblemáticos da cidade, refletindo sobre sua importância histórica. Já em "Memórias da Igreja Nossa Senhora do Rosário dos Homens Pretos de Ubatuba", resgatamos o papel desse espaço como um dos principais marcos da presença negra na cidade e como símbolo de luta e pertencimento.

Este capítulo é um convite à valorização da memória, ao respeito à ancestralidade e à ampliação do conhecimento sobre a importância da cultura negra para a formação de Ubatuba e do Brasil.

## Africanize-se!

Ao pisarmos no território de Ubatuba, sentimos a força de uma terra rica em história, marcada pela presença ancestral dos povos nativos e, posteriormente, pela chegada dos africanos escravizados que, apesar das condições desumanas impostas, deixaram um legado que ressoa até hoje em nossa cultura, identidade e espiritualidade. Ainda que as narrativas sobre esses povos tenham sido, por muito tempo, silenciadas ou apagadas, é nosso dever recuperar suas histórias e honrar suas contribuições.

A região litorânea de Ubatuba, com suas praias exuberantes e a Mata Atlântica preservada, é também um palco de resistências. Desde a chegada dos colonizadores, os indígenas foram as primeiras vítimas da escravização, e suas comunidades foram brutalmente dizimadas por doenças e massacres. Em seguida, os africanos trazidos à força contribuíram com sua cultura, saberes e trabalho para moldar não apenas Ubatuba, mas toda a identidade brasileira.

Durante o auge do ciclo do café e do açúcar, o porto de Ubatuba foi um importante ponto de exportação e, tragicamente, também de entrada clandestina de africanos escravizados. Entre 1818 e 1836, o número de pessoas escravizadas na região triplicou, demonstrando a intensificação desse sistema desumano. Porém, mesmo sob a opressão, os africanos mantiveram vivas suas tradições, que enriqueceram o tecido cultural local.

Com o fim da escravidão, muitos descendentes de escravizados se estabeleceram em terras doadas, arrendadas ou ocupadas, formando comunidades que preservaram práticas culturais e modos de vida sustentáveis. A presença desses descendentes é fundamental para entendermos Ubatuba como um espaço plural e diverso, onde a luta por reconhecimento e políticas públicas continua sendo um chamado urgente.

Africanizar-se é reconhecer que a história de Ubatuba é inseparável da resistência e da resiliência dos povos africanos e seus descendentes. É valorizar suas contribuições na música, na dança, na gastronomia e nas tradições religiosas que enriquecem nossa cultura.

É também um convite para que, ao celebrarmos esse legado, reforcemos a luta contra as desigualdades e a invisibilidade que ainda hoje afetam a comunidade afrodescendente.

Que cada passo em Ubatuba seja uma reverência a essa história, uma celebração das raízes que moldaram este território e um compromisso com a construção de um futuro mais justo e inclusivo.

## O Canto das Três Raças: uma viagem pela História do Brasil e de Ubatuba

Por meio da icônica canção *Canto das Três Raças*, imortalizada por Clara Nunes, somos transportados por uma narrativa que atravessa séculos de dor, luta e resistência no Brasil. Essa história, que celebra a força dos povos indígenas, negros e brancos, ressoa profundamente em Ubatuba, um território que preserva a essência de sua diversidade cultural por meio das comunidades caiçaras, quilombolas e indígenas.

A riqueza cultural de Ubatuba não está apenas em suas paisagens naturais, mas nas comunidades tradicionais que perpetuam saberes ancestrais. As aldeias indígenas preservam suas tradições e valores espirituais, enquanto os quilombos são símbolos vivos da resiliência negra. Já as comunidades caiçaras, fruto da miscigenação, integram suas vidas ao mar, à mata e à terra, perpetuando práticas sustentáveis e modos de vida que resistem às transformações impostas pelo tempo.

### Rede Nhandereko: Turismo de Base Comunitária em Defesa dos Territórios

Nesse cenário, a Rede Nhandereko emerge como uma iniciativa exemplar. Conectando famílias, associações e coletivos organizados das comunidades tradicionais vinculadas ao Fórum de Comunidades Tradicionais (FCT), a Rede promove o Turismo de Base Comunitária (TBC), uma alternativa ao turismo de massa que respeita, valoriza e protagoniza o modo de vida tradicional.

A palavra *Nhandereko*, de origem guarani, significa "o nosso modo de ser" e reflete a essência da rede: fortalecer os territórios tradicionais por meio de práticas turísticas que unem geração de renda, proteção ambiental e respeito às culturas locais.

Mais do que comercializar roteiros turísticos, o TBC se afirma como uma ferramenta de luta política em defesa dos territórios. A Rede Nhandereko promove trocas de experiências, partilhas de saberes e apoia a construção de projetos e cursos que beneficiam não apenas seus membros, mas comunidades tradicionais em todo o Brasil.

*Canto das Três Raças* simboliza a resistência que atravessa gerações e reverbera em Ubatuba. Desde os indígenas que protegeram suas terras, passando pelos quilombolas que desafiaram o colonialismo, até os caiçaras que enfrentam desafios diários para manter suas tradições, o canto de Clara Nunes ecoa como um chamado à preservação e à luta.

Iniciativas como a Rede Nhandereko mostram que é possível transformar o sofrimento em força, unindo cultura, território e biodiversidade em um esforço coletivo de preservação e valorização.

A Rede Nhandereko também destaca o turismo como um ato educativo. Ao abrir os territórios tradicionais para visitantes, proporciona oportunidades únicas de aprendizado sobre práticas sustentáveis, a relação intrínseca com o meio ambiente e os desafios enfrentados por essas comunidades.

Dessa forma, a canção de Clara Nunes transcende sua mensagem original, ganhando novos significados em Ubatuba. Aqui, ela não apenas relembra as dores do passado, mas celebra as conquistas e a união em defesa de um futuro mais justo e sustentável.

Que o *Canto das Três Raças* e ações como as da Rede Nhandereko nos inspirem a construir uma sociedade que valorize suas raízes, respeite sua diversidade e caminhe para um modelo de turismo ético, inclusivo e sustentável. Afinal, como sugere o nome da rede, é no respeito ao "nosso modo de ser" que encontramos a força para transformar o presente e o futuro.

## Realeza: a homenagem à Dona Maria da Caçandoca

A representatividade é um pilar essencial para a valorização da diversidade e da memória histórica. Em Ubatuba, o reconhecimento de figuras que moldaram a identidade cultural e histórica do município encontra um exemplo marcante na homenagem a Dona Maria da Caçandoca, uma liderança quilombola e símbolo de resistência e preservação cultural.

Em 2022, a Fundação de Arte e Cultura de Ubatuba (Fundart) inaugurou uma pintura monumental na parede externa do Sobradão do Porto, idealizada pela artista plástica Sonia Maria Rebelo Nogueira, com o apoio de sua filha Michelle Nogueira. Com mais de três metros de altura, a obra celebra a vida e a luta de Maria Gabriel do Prado, conhecida como Dona Maria da Caçandoca. Localizada no coração de Ubatuba, essa pintura se tornou um marco visual e histórico que exalta o papel das comunidades quilombolas na preservação de nossa cultura.

O evento de inauguração, realizado na Praça Anchieta, foi uma celebração vibrante que reuniu moradores, turistas e representantes culturais. Além das homenagens a Dona Maria e à artista Sonia, a cerimônia contou com a emocionante apresentação do Maracatu Itaomi, que liderou um cortejo festivo até a sede da Fundart, na Praça Nóbrega.

Aos 78 anos, Dona Maria não é apenas uma figura ilustre, mas uma verdadeira guardiã viva das tradições caiçaras e quilombolas de Ubatuba. Líder da comunidade da Caçandoca, ela preserva os costumes e saberes ancestrais, transmitindo às novas gerações o orgulho e a resiliência de sua história. Para Dona Maria, ser homenageada em vida foi uma surpresa emocionante: *"Fico feliz por ainda estar viva para apreciar esse grande presente. Sou grata por lembrarem de mim".*

A artista Sonia Maria compartilhou os desafios e a superação envolvidos na criação da pintura. Foram cinco meses de dedicação, com técnicas mistas, enfrentando as intempéries climáticas que atrasaram o processo. Apesar das dificuldades, a obra final é uma celebração da vida de Dona Maria e uma afirmação da importância da arte pública no reconhecimento histórico.

Figura 20 - Mural que homenageia a Dona Maria da Caçandoca - Arquivo pessoal

A pintura de Dona Maria, no Sobradão do Porto, transcende sua dimensão artística. É um símbolo da relevância das comunidades quilombolas na formação da identidade de Ubatuba e um convite a moradores e visitantes para reconhecer e valorizar as contribuições da cultura negra em nossa história.

Que essa homenagem inspire futuras gerações a promover inclusão e a fortalecer a memória coletiva, respeitando as raízes que moldaram o território e as pessoas de Ubatuba. Assim como Dona Maria é um exemplo de resiliência, sua história deve ecoar como uma inspiração permanente para todos.

## Adinkras, símbolos de resistência: a ancestralidade africana

No mural que celebra a vida e a luta de Dona Maria da Caçandoca, encontramos mais do que uma homenagem à sua liderança e à comunidade quilombola de Ubatuba. Os símbolos ali presentes carregam um significado profundo, conectando-nos à tecnologia ancestral africana e à rica tradição dos Adinkras, criados pelos povos Akan da África Ocidental, em países como Gana, Costa do Marfim e Togo.

Figura 21 - Detalhe do mural com os Adinkras - Arquivo pessoal

Os Adinkras são um sistema ideográfico que transcende a ornamentação. Criados para preservar e transmitir valores culturais, filosóficos e sociais, cada símbolo encapsula sabedoria ancestral e normas de conduta.

O Sankofa, por exemplo, representado por um pássaro olhando para trás enquanto avança ou pelo formato de um coração, carrega a mensagem de revisitar o passado para aprender e construir um futuro melhor. Veja que incrível a definição da palavra *Sankofa* no *Glossário de Pensamento Contracolonial Brasileiro*:

> Na etimologia da palavra, 'san significa 'retornar', 'ko' significa 'ir' e 'fa' equivale a buscar' ou 'procurar'. Dentro desses conceitos e numa abordagem social, o sankofa é utilizado no sentido de contemplar a História com o objetivo de entender melhor a atualidade e a construção de identidades para propor cenários mais promissores para o futuro. (Glossário de Pensamento Contracolonial Brasileiro, p. 17)

No mural, a presença desses símbolos reforça a ideia de resistência, sabedoria e reconexão com as raízes africanas, destacando sua importância na formação da identidade cultural brasileira.

## Origem e Significado

A palavra Adinkra significa "adeus" na língua Twi, dos Akan, e originalmente era usada em contextos funerários. Os símbolos adornavam tecidos e objetos nas cerimônias, carregando mensagens para a alma dos que partiam.

Com o tempo, os Adinkras popularizaram-se em outros contextos, sendo incorporados a roupas, acessórios, obras de arte e arquitetura. Cada símbolo possui um significado profundo, frequentemente associado a provérbios ou ditados.

- Sankofa (Voltar e Buscar): Aprender com o passado para avançar.
- Aya (Samambaia): Resiliência, independência e superação de desafios.

- Duafe (Pente de madeira): Limpeza, cuidado, amor e feminilidade.
- Mpatapo (Nó da pacificação): Reconciliação e harmonia.
- Akoma (Coração): Amor, paciência e boa vontade.

## A tradição ferramenta de resistência

Além de seus significados simbólicos, os Adinkras estão ligados à tradição ferreira africana, que introduziu técnicas de metalurgia no Brasil. Grades, portões e adornos de ferro, muitas vezes decorados com símbolos como o Sankofa, são expressões silenciosas de resistência e legado cultural.

No mural de Dona Maria, essas marcas de ancestralidade encontram nova visibilidade, celebrando a contribuição africana na construção de nossa sociedade.

Os Adinkras são uma ferramenta poderosa para reconectar gerações ao legado africano. Incorporá-los em espaços públicos, como o mural, é uma forma de resgatar narrativas silenciadas e valorizar as histórias que moldaram nossa identidade. Eles nos levam a refletir sobre como as tradições africanas permanecem vivas e influentes, mesmo diante de séculos de apagamento cultural.

## Descolonizar a Cultura

Como afirmou Lélia Gonzalez: "A valorização da estética negra é um ato de descolonização cultural". O mural da Dona Maria da Caçandoca nos convida a refletir sobre o impacto dos povos africanos na formação de nossa sociedade e a reconhecer que resgatar essas narrativas é uma forma de justiça histórica. Cada símbolo presente ali é um lembrete de que a força, a sabedoria e a resiliência africanas são pilares fundamentais da cultura brasileira.

Que possamos aprender com esses símbolos, honrando a ancestralidade que molda nossa identidade e inspirando futuras gerações a valorizar o legado dos povos africanos na construção de um presente e futuro mais justos e inclusivos.

## A importância dos Quilombos no Brasil

Os quilombos representam um legado de resistência e ancestralidade no Brasil. Esses territórios étnico-raciais são espaços de ocupação coletiva que remontam ao período escravocrata e simbolizam a luta contra as diversas formas de opressão. Garantidos pela Constituição Federal de 1988, os direitos fundiários das comunidades quilombolas têm sido fortalecidos por políticas públicas como o Decreto 4.887/2003, que atribui ao INCRA a responsabilidade pela titulação das terras de quilombo.

Esse esforço de reconhecimento e regularização fundiária transcende a mera questão territorial. Os relatórios técnicos elaborados pelo INCRA reúnem dados históricos, antropológicos, econômicos e ambientais, oferecendo um valioso registro das manifestações culturais e da continuidade histórica dessas comunidades. Essas informações são essenciais para educadores, pesquisadores e gestores públicos interessados em compreender e apoiar as lutas quilombolas.

## A comunidade Quilombola da Caçandoca

Localizada no litoral norte de São Paulo, a Comunidade Quilombola da Caçandoca é formada por cerca de 85 famílias que preservam suas tradições e modos de vida em um território de 890 hectares. Essas terras incluem praias e áreas de sertão que eram, historicamente, parte da antiga Fazenda Caçandoca, uma propriedade escravocrata do século XIX.

Apesar das adversidades, como a expulsão forçada na década de 1970 devido à especulação imobiliária, os quilombolas da Caçandoca resistiram. Em 1998, enfrentaram uma ordem de reintegração de posse, mobilizando-se politicamente e reivindicando o reconhecimento de sua comunidade como remanescente de quilombo. Em 2003, a Caçandoca se tornou a primeira comunidade quilombola no Brasil a conquistar um decreto de desapropriação por interesse social, embora apenas parte do território reivindicado tenha sido regularizada.

## Tradições e Cultura

O modo de vida dos quilombolas da Caçandoca é profundamente conectado ao ambiente natural. A agricultura de subsistência, a pesca artesanal e a coleta de mariscos continuam a ser práticas importantes, assim como o cultivo de banana, que é o principal produto comercial da comunidade. Além disso, a comunidade tem explorado o ecoturismo como fonte de renda, oferecendo serviços de guia, quiosques e artesanatos.

As festas e tradições locais são um reflexo do encontro de culturas africanas, indígenas e católicas. Mutirões chamados de "pitirão" ou "ajutório" fortaleciam a solidariedade entre os moradores, que celebravam as conquistas coletivas com danças como o "bate-pé". A memória da escravidão é preservada em relatos orais que conectam as gerações e reforçam a identidade comunitária.

## Conflitos e Resistência

A história da Caçandoca é marcada por conflitos fundiários, especialmente após a construção da BR-101, que facilitou a especulação imobiliária no litoral paulista. Moradores foram ameaçados por capangas armados, expulsos de suas terras e viram suas casas e igrejas serem destruídas. Contudo, a resistência da comunidade impediu a demolição da igreja da Caçandoca, um patrimônio coletivo que simboliza a força e a fé dos quilombolas.

Apesar das adversidades, os quilombolas da Caçandoca reuniram documentos históricos e registros fundiários que comprovam sua ligação ancestral com o território. Esses registros foram fundamentais para legitimar suas reivindicações e garantir o direito à terra, assegurado pela Constituição.

A Comunidade Quilombola da Caçandoca é um exemplo vivo de resiliência e resistência. Suas histórias e tradições inspiram não apenas os membros da comunidade, mas também todos aqueles que reconhecem a importância de preservar as raízes culturais e a memória coletiva.

Que a luta dos quilombolas da Caçandoca continue a ecoar como um chamado à justiça e ao respeito por aqueles que moldaram a história do Brasil. Que sua resistência inspire futuras gerações a lutar por seus direitos, enquanto celebram suas tradições e protegem o território sagrado que habitam.

## Demais Quilombos de Ubatuba: um legado de resistência

### Quilombo do Camburi

Situado próximo à divisa com Paraty (RJ), o Camburi é habitado há mais de 150 anos por cerca de 40 famílias. A comunidade enfrenta desafios constantes devido à especulação imobiliária, mas continua resistindo e promovendo suas tradições.

### Quilombo Fazenda Picinguaba

A Fazenda Picinguaba, reconhecida como quilombo em 2005, tem uma história marcada pela luta pela terra e pela preservação cultural. Os escravos libertos pela proprietária original da fazenda, Maria Alves de Paiva, em 1884, formaram a base dessa comunidade, que hoje integra o Parque Estadual da Serra do Mar.

### Quilombo Sertão do Itamambuca

Com cerca de 36 casas e 100 moradores, o Sertão do Itamambuca foi reconhecido oficialmente como quilombo em 2010. Seus habitantes descendem de escravos que trabalhavam nas terras de um fazendeiro local e continuaram a viver no local após a abolição.

## A importância dos Quilombolas para Ubatuba

Os quilombos de Ubatuba não são apenas comunidades históricas, mas também pilares vivos da cultura e da economia local. Por meio do turismo sustentável, da preservação ambiental e da culinária quilombola, essas comunidades promovem uma conexão profunda com as raízes africanas e com o território.

A força dos quilombolas de Ubatuba está em sua resiliência e capacidade de transformar desafios em oportunidades. Ao visitar os quilombos e saborear a rica culinária local, cada visitante contribui para a preservação desse legado, apoiando a luta pela preservação cultural, territorial e ambiental.

A história dos quilombos de Ubatuba é uma lição de resistência e renovação. Das ruínas de um passado de exploração à vibrante cultura atual, essas comunidades continuam a inspirar. Que cada visita aos quilombos de Ubatuba seja uma oportunidade de aprender, valorizar e apoiar essa rica herança cultural, garantindo que ela floresça para as gerações futuras.

## Que túnel é esse?<br>Resistência Negra

Escondido entre os vestígios históricos de Ubatuba, o Buraco da Dita é um local que, embora pouco conhecido, guarda histórias profundamente marcadas pela resistência, esperança e protagonismo negro. Situado entre a Praia do Perequê-Açu e a Prainha do Matarazzo, o túnel está envolto em lendas que conectam o período escravocrata, os quilombos da região norte do município e os mistérios da pirataria. Apesar de sua relevância histórica, o local sofreu um apagamento significativo ao longo do tempo, com sua memória desvalorizada e raramente registrada nos anais oficiais.

A Praia do Padre, também chamada de Praia do Porto e atualmente conhecida como Praia do Matarazzo, era um importante ponto de movimentação de mercadorias e cargas, além de possivelmente receber pessoas escravizadas trazidas à força. Reza a lenda que o túnel foi construído por pessoas negras escravizadas como uma rota de fuga, conduzindo-as ao norte do município, onde encontravam refúgio e fundavam quilombos.

Com passagens estreitas, esculpidas na rocha, o túnel simboliza a trajetória árdua pela liberdade. Este relato destaca o protagonismo negro na luta por sobrevivência e pela criação de espaços de resistência em Ubatuba, enquanto expõe o apagamento histórico dessas narrativas, muitas vezes relegadas ao campo das lendas.

## Tesouros e Lendas Piratas

Além de seu papel como rota de fuga, outras histórias atribuem ao Buraco da Dita a função de esconder tesouros de piratas que desembarcavam na Prainha do Matarazzo. Segundo a tradição oral, uma canastra de couro, repleta de pedras preciosas e metais valiosos, estaria guardada até hoje em uma estrutura abobadada no centro do túnel.

## A Moradia de Dita

O nome atual do túnel remonta à história de Dita, uma mulher que, segundo moradores antigos, teria usado o espaço como abrigo em um momento de necessidade. Esse contexto histórico adiciona ainda mais complexidade à história do Buraco da Dita, entrelaçando lendas e tradições orais que enriquecem o imaginário local.

A história do Buraco da Dita é um retrato claro do apagamento histórico que frequentemente recai sobre registros de protagonismo negro. Embora seja um símbolo da resistência e da luta pela liberdade, o local não recebeu o devido registro ou preservação ao longo do tempo, refletindo uma tendência de negligência com essas narrativas em favor de outros marcos culturais.

Reconhecer e valorizar o Buraco da Dita é essencial para resgatar as contribuições da população negra à história de Ubatuba e do Brasil. Isso também é um passo importante para dar visibilidade às narrativas que compõem a identidade local e nacional.

O túnel atravessa todo o morro, terminando em uma abertura discreta no bairro Perequê-Açu, na encruzilhada das ruas Félix Guisard e Minas Gerais, cerca de 200 metros da ponte que conecta o centro ao bairro. Apesar de sua pouca visibilidade, o Buraco da Dita permanece como um vestígio vivo da resistência e da luta por dignidade.

Mais do que um ponto geográfico, o Buraco da Dita é um espaço carregado de memória e significado. Ele representa o protagonismo negro em Ubatuba e a importância de resistir ao apagamento histórico. Sua preservação e valorização são passos fundamentais para honrar essas histórias e garantir que elas sejam conhecidas pelas futuras gerações.

Conhecer a história desse túnel é uma oportunidade de mergulhar nas histórias invisíveis de Ubatuba, resgatando episódios de coragem, resiliência e busca pela liberdade que continuam a inspirar a cidade e seus moradores e visitantes.

## Memórias da Igreja Nossa Senhora do Rosário dos Homens Pretos de Ubatuba: um território de resistência e esquecimento

A Igreja Nossa Senhora do Rosário dos Homens Pretos de Ubatuba, localizada onde hoje se encontra a Praça Nossa Senhora da Paz, foi mais do que uma edificação religiosa: era um símbolo de resistência, devoção e identidade para a comunidade afrodescendente da região. Construída para acolher a espiritualidade dos negros escravizados, que eram impedidos de participar dos cultos junto aos brancos na Igreja Matriz, a igreja representava um espaço onde a religiosidade católica e as tradições culturais africanas se encontravam. Essa realidade se repetia em diversas cidades do Brasil, como São Paulo, Ouro Preto, Paraty e Salvador, onde igrejas similares foram erguidas.

Segundo Fabrício Forganes Santos em seu livro *As Três Igrejas dos Homens Pretos de São Paulo*, as igrejas católicas ocupadas pelas irmandades de homens pretos possibilitaram a demarcação de territórios nas cidades por meio da apropriação estratégica da religião católica. Ele destaca que essas irmandades, compostas por escravizados e libertos desde o século XVI, exerciam um protagonismo leigo no catolicismo tradicional, criando espaços de poder e expressão dentro de um sistema social excludente.

Contudo, o autor reflete que, até a década de 1980, o espaço urbano brasileiro deu pouco destaque a edificações ligadas à memória negra, reduzindo a vivência dos pretos nas cidades a uma experiência de trabalho e deixando de reconhecer outros aspectos de sua contribuição cultural e histórica.

Desde o século XVII, igrejas como a do Rosário serviram de palco para festas e celebrações, como as Coroações de Reis e Rainhas do Congo, Congadas, Moçambiques e Maracatus, que uniam elementos da cultura africana com a religiosidade católica. Em Ubatuba, a Igreja do Rosário foi construída em 1809 e permaneceu como centro espiritual e cultural da comunidade negra até 1897, quase uma década após a abolição da escravatura.

Em 1913, a igreja foi destruída em um incêndio, cuja origem permanece incerta. Alguns relatos mencionam um "fenômeno da natureza", enquanto outros sugerem que pode ter sido um ato proposital. Com o templo em ruínas, o padre Paschoal Reale, responsável pela restauração da Igreja Matriz de Ubatuba, reutilizou elementos da Igreja do Rosário, incluindo o altar-mor e a imagem de Nossa Senhora do Rosário, esculpida pelo português Manuel José Vieira, de Braga. Essa imagem, preservada até hoje na Igreja Matriz, é um elo físico com a memória da antiga igreja e da devoção afrodescendente.

O desaparecimento da Igreja do Rosário exemplifica o apagamento histórico enfrentado por muitas comunidades negras no Brasil. A praça construída sobre suas ruínas é um reflexo das transformações urbanísticas que frequentemente ignoram as raízes culturais e a memória coletiva. Esse apagamento não apenas nega a presença negra no passado, mas também dificulta a construção de um futuro que reconheça e valorize essas contribuições.

Recentemente, atos simbólicos de resgate têm buscado reverter essa narrativa. Iniciativas como as da Paróquia Exaltação à Santa Cruz, em parceria com o Maracatu Itaomi e comunidades quilombolas, realizam celebrações e atos de memória na Praça Nossa Senhora da Paz. A condução da imagem de Nossa

Senhora do Rosário ao altar da Igreja Matriz simboliza a luta contra o esquecimento e a intolerância religiosa, resgatando o significado espiritual e cultural do local.

A história da Igreja Nossa Senhora do Rosário dos Homens Pretos de Ubatuba é um exemplo poderoso de como a memória e a identidade negra resistem às adversidades. Esse espaço, mais do que uma ruína, é um território de resistência que desafia o apagamento histórico e reivindica o lugar da cultura negra na formação de Ubatuba e do Brasil.

Para honrar esse legado, é urgente criar políticas que valorizem e preservem os patrimônios históricos ligados à cultura negra, alinhadas às Leis 10.639/2003 e 11.645/2008, que promovem a inclusão de narrativas afro-brasileiras e indígenas no ensino. Além disso, é fundamental incentivar iniciativas locais de resgate histórico, educação patrimonial e reconhecimento cultural.

A memória da Igreja do Rosário é viva nas comunidades quilombolas, nos movimentos culturais e nas celebrações que mantêm sua história presente. Que este legado inspire um futuro em que a memória negra seja não apenas reconhecida, mas celebrada e protegida, contribuindo para uma história mais inclusiva e justa. Africanize-se!

## Monumento à Paz e a Curiosa Lenda do Ora-pro-nóbis

A instalação do Monumento de Nossa Senhora da Paz em 14 de julho de 1956 marcou um momento significativo na história de Ubatuba. Contudo, diversas informações equivocadas circulam sobre a origem da estátua. Um erro comum é atribuir a doação ao Papa João XXIII, em 1963, durante as comemorações do 4º Centenário da Paz de Iperoig. Na realidade, o monumento foi oferecido ao Brasil pelo Papa Pio XII e inaugurado ainda em 1956, destacando a importância da paz e da reconciliação — valores fundamentais para a história de Ubatuba.

O local escolhido para a instalação da estátua, como vimos anteriormente, carrega uma memória profunda. Nesse espaço, anteriormente, localizava-se a Igreja de Nossa Senhora do Rosário dos Homens Pretos, construída para permitir que negros escravizados, proibidos de frequentar a igreja principal, pudessem participar das práticas religiosas católicas. Assim como em várias cidades brasileiras, essas igrejas dedicadas a Nossa Senhora do Rosário, São Benedito e Santa Ifigênia tornaram-se importantes centros de cultura e devoção afro-brasileira. Por séculos, nesses locais, floresceram tradições como as Coroações de Reis e Rainhas do Congo, Congadas, Moçambiques e Maracatus — celebrações que resistem até hoje como expressões vibrantes da identidade negra.

Figura 22 - Nossa Senhora da Paz, monumento doado ao Brasil pelo Papa Pio XII e inaugurado em 1956 - Arquivo pessoal

Com a instalação do Monumento de Nossa Senhora da Paz, o espaço foi ressignificado. A escolha de colocar a estátua na praça pública não foi apenas um gesto de fé, mas também uma homenagem ao Primeiro Tratado de Paz das Américas, negociado entre padres jesuítas e os povos indígenas tupinambás, liderados por Cunhambebe, na antiga Aldeia de Iperoig, no século XVI. A Lei nº 11/1956 instituiu o dia 14 de julho como feriado municipal, reafirmando o compromisso de Ubatuba com a paz e a preservação de sua história.

Hoje, a data de 14 de julho não é mais um feriado, mas a praça continua a ser um local da comunidade, onde as camadas de história se sobrepõem, lembrando o passado e projetando novas narrativas de pertencimento. O monumento não é apenas um símbolo espiritual, mas também um convite à reflexão sobre as histórias, visíveis e invisíveis, que moldam a identidade e a memória de Ubatuba.

## Curiosidades sobre o Ora-pro-nóbis

Na base da imagem de Nossa Senhora da Paz, há uma inscrição que faz referência à planta Pereskia aculeata, popularmente conhecida como ora-pro-nóbis. Trata-se de uma espécie de cacto originária da América Tropical, presente no Brasil em ecossistemas associados à Mata Atlântica, como restinga, mata de brejo, mata de planalto e áreas de agreste.

O ora-pro-nóbis é uma planta que se destaca por ser uma PANC (Planta Alimentícia Não Convencional), com quase todas as suas partes comestíveis. É amplamente utilizada na culinária vegetariana, sendo chamada de "carne dos pobres" devido ao seu elevado teor proteico, com cerca de 25% de proteína. Além de seu alto valor nutritivo, a planta é rica em fósforo, ferro, potássio, cálcio, magnésio e outros minerais essenciais, além de fibras.

As folhas e os brotos jovens, que não possuem espinhos, podem ser consumidos de várias maneiras: secos e moídos para enriquecer massas e pães, crus em saladas, cozidos ou refogados.

As flores jovens podem ser saboreadas em saladas, omeletes ou salteadas, e seus frutos, que são alaranjados e ricos em vitamina C, são usados no preparo de sucos, geleias e licores.

Além de suas qualidades alimentícias, o ora-pro-nóbis tem diversos usos medicinais na medicina tradicional, sendo utilizado na prevenção de anemia, no tratamento de queimaduras, processos inflamatórios e como expectorante. É conhecido também por suas propriedades anticonceptivas e antitumorais.

No folclore popular, o nome "ora-pro-nóbis", que significa "rogai por nós" em latim, tem uma história curiosa. Reza a lenda que, em Minas Gerais, durante o Brasil Colonial, a planta era usada como cerca-viva nas igrejas. Os padres não permitiam que as folhas e os frutos fossem coletados pelos fiéis, que precisavam esperar o momento em que o padre rezava "ora-pro-nóbis" durante a missa para discretamente colher a planta.

Por sua capacidade regenerativa e crescimento rápido, o ora-pro-nóbis também é utilizado como cerca-viva e quebra-vento, sendo eficiente na inibição de invasores. No entanto, sua facilidade de dispersão e adaptação a diferentes ambientes faz dela uma planta invasora em alguns países, representando uma ameaça à vegetação nativa.

O ora-pro-nóbis é mais do que apenas uma planta comestível. Ele faz parte da história e do folclore brasileiro, além de contribuir para a sustentabilidade alimentar e a saúde das populações que dependem de seus nutrientes. Assim como o monumento de Nossa Senhora da Paz, essa planta nos convida a olhar para nossas raízes e refletir sobre as histórias, crenças e saberes que moldam a cultura local.

Capítulo 7

# Marcos e memórias: o passado que resiste em Ubatuba

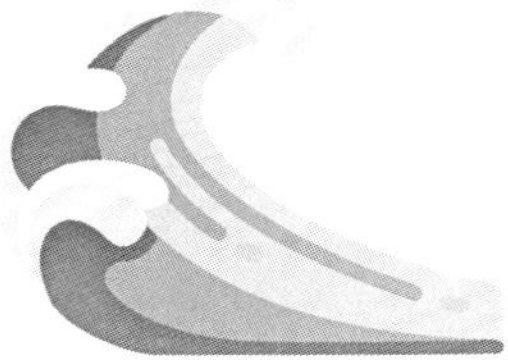

Ubatuba é uma cidade que carrega séculos de história em seus monumentos, edificações e tradições. O tempo pode ter mudado sua paisagem, mas há marcos que permanecem como testemunhas silenciosas da evolução da cidade, guardando memórias, identidade e resistência. Este capítulo mergulha nas histórias por trás dos espaços e símbolos que compõem o patrimônio de Ubatuba, revelando suas origens, transformações e importância cultural.

A grandiosa Igreja Matriz da Exaltação da Santa Cruz, que se impõe no centro da cidade, e o relógio público que há décadas marca o tempo dos ubatubenses, cada marco conta um pedaço da trajetória do município. O Coreto da Praça, o Obelisco e o imponente Sobradão do Porto são testemunhas vivas de momentos históricos e culturais.

Além dos monumentos e construções, este capítulo também destaca a Praça da Matriz, coração pulsante das festividades populares, e a Santa Casa de Ubatuba, instituição de valor inestimável para a cidade. Por fim, um olhar sobre as doulas, mulheres que dedicam suas vidas ao acolhimento e ao nascimento, trazendo à tona a importância do cuidado e da continuidade da vida.

Cada um desses espaços carrega uma narrativa própria, compondo um mosaico de histórias que conectam passado, presente e futuro. Ao preservar essas memórias, Ubatuba reafirma sua identidade e fortalece a importância do respeito à sua herança cultural.

## A história da Igreja Matriz de Ubatuba: exaltação da Santa Cruz

A Igreja Matriz de Ubatuba, dedicada à Exaltação da Santa Cruz, é uma das construções mais emblemáticas do município. Sua arquitetura, predominantemente neoclássica, e sua rica história, repleta de superações e simbolismos, fazem dela não apenas um espaço religioso, mas também um marco da identidade cultural e histórica de Ubatuba.

## Primeira Igreja Matriz: Nossa Senhora da Conceição

Antes da atual Matriz, Ubatuba contava com uma capela dedicada a Nossa Senhora da Conceição, sua primeira padroeira. Localizada onde hoje se encontram o cruzamento das ruas Conceição e Salvador Corrêa, nos fundos da Casa da Família Galhardo, onde atualmente funciona a Secretaria Municipal de Turismo, essa pequena igreja serviu à comunidade durante o período colonial.

Com o crescimento populacional na segunda metade do século XVIII, impulsionado pela reabertura do Porto, a capela tornou-se insuficiente para atender às necessidades da cidade. Assim, surgiu o projeto de uma nova Igreja Matriz, marcando o início de um novo capítulo na história da fé e da arquitetura em Ubatuba.

## A construção da Nova Matriz

A atual Igreja Matriz de Ubatuba, situada na Rua Maria Alves, 125, começou a ser construída em 1780. Contudo, a falta de recursos financeiros atrasou significativamente a obra, que foi paralisada diversas vezes. Uma solução criativa foi implementada em 1790, quando foi decretada a cobrança de taxas das embarcações que aportavam na cidade, com o objetivo de arrecadar fundos para a construção.

Apesar desses esforços, a construção avançou lentamente. Apenas em 1866, a nova Matriz foi inaugurada para uso, embora ainda estivesse inacabada. Sua fachada só foi concluída nesse período, e a torre que abriga o sino e o relógio foi adicionada entre 1885 e 1890, pelo empreiteiro Francisco dos Passos. A segunda torre permaneceu incompleta até 1940, quando o Padre João (Hans Beil) mobilizou a comunidade para realizar melhorias no edifício, mas a segunda torre nunca foi concluída.

## Características Arquitetônicas

Figura 23 - Igreja Matriz de Ubatuba – Fonte: https://www.cidadeecultura.com/wp-content/uploads/2017/01/IMG_3404-X-ubatuba-igreja-matriz-exaltacao-da-santa-cruz-bx.jpg

A Igreja Matriz de Ubatuba é um exemplo típico da arquitetura neoclássica, adaptada ao contexto local.

**Fachada:**

- Simétrica e imponente, a fachada é marcada pelo frontão triangular, que destaca a entrada principal.
- As janelas e portas apresentam molduras e arcos em relevo, com cores vibrantes como o azul, amarelo e branco, que conferem identidade regional e acolhem os visitantes com um ar de espiritualidade e tradição.

**Torres:**

- A torre com o sino e o relógio reflete a funcionalidade e o progresso alcançados ao longo do século XIX.
- A 2ª torre, embora inacabada, representa os desafios históricos enfrentados pela comunidade.

**Interior:**

- O altar principal é único, pois homenageia os caiçaras com seu formato de embarcação, uma referência direta à cultura pesqueira de Ubatuba.
- O piso, os bancos e os elementos decorativos foram restaurados e renovados ao longo do século XX, com destaque para o trabalho do carpinteiro Antônio Marques do Vale.

Sob a invocação da Exaltação da Santa Cruz, a igreja celebra a padroeira de Ubatuba no dia 3 de maio, o Dia da Santa Cruz. Além de seu significado religioso, a Igreja Matriz é uma construção que testemunha a fé e o esforço coletivo de gerações. Foi erguida com a contribuição financeira e o trabalho manual de devotos e, principalmente, escravizados, sendo um espaço de conexão entre a cultura caiçara e o cristianismo.

## Patrimônio Tombado

O valor histórico e cultural da Igreja Matriz foi reconhecido pelo Conselho de Defesa do Patrimônio Histórico, Arqueológico, Artístico e Turístico (CONDEPHAAT). O tombamento ocorreu em 2018, garantindo a proteção desse patrimônio singular, que é um testemunho da história da cidade e da região.

A Igreja Matriz não é apenas um marco religioso, mas também um símbolo da identidade cultural de Ubatuba. Desde sua fundação, desempenhou um papel central na vida social e espiritual da cidade, sendo palco de celebrações, encontros e eventos que formaram a história local.

A edificação também possui relevância histórica, pois abrigou o sepultamento de pessoas de distintas classes sociais, refletindo o contexto do período imperial. Além disso, sua localização central faz dela um ponto de referência tanto para moradores quanto para visitantes, conectando o passado ao presente de Ubatuba.

Ao visitar a Igreja Matriz, é impossível não sentir a conexão com o passado, enquanto se aprecia a beleza de sua arquitetura e o impacto de sua presença na vida da comunidade. Como um local de resistência e devoção, a Matriz de Ubatuba continua a ser um espaço onde história, cultura e fé se encontram.

## O tempo de Ubatuba: a história por trás do Relógio Público

No dia 20 de junho de 1950, a Prefeitura Municipal de Ubatuba, sob a gestão do então prefeito Dr. José Alberto dos Santos, promulgou a Lei nº 10, autorizando a compra de um relógio público para ser instalado na torre da igreja local. Esse ato marcou um momento simbólico para a cidade, representando um esforço de modernização e reforçando a centralidade da igreja e da praça na vida cotidiana dos moradores de Ubatuba.

Conforme estabelecido pela lei, a Prefeitura foi autorizada a efetuar o pagamento de Cr$ 14.700,00 (catorze mil e setecentos cruzeiros) pelo relógio, uma quantia considerável para a época. O valor correspondia a cerca de 38,7 salários mínimos de 1950, o que evidencia o caráter significativo desse investimento para o município. O custo elevado reflete a importância atribuída ao relógio público, não apenas como um símbolo estético, mas como um elemento funcional essencial para a organização das atividades diárias na cidade.

A lei também estipulava que o montante fosse financiado com o excesso de arrecadação proveniente do Imposto Predial Urbano, indicando uma gestão fiscal organizada para custear a aquisição do bem público.

Além disso, a Câmara Municipal desempenhou um papel fundamental na aprovação da medida, demonstrando o valor atribuído ao relógio como uma melhoria importante para o espaço urbano de Ubatuba. Naquela época, em que muitos cidadãos não possuíam relógios pessoais, o relógio público tinha um papel central na regulação do ritmo da cidade, impactando desde os horários de funcionamento do comércio até as atividades religiosas e sociais.

O prefeito José Alberto dos Santos, responsável pela assinatura da lei, foi uma figura chave no desenvolvimento de Ubatuba, sendo lembrado por uma série de iniciativas urbanas voltadas para a modernização da cidade. A compra do relógio público insere-se nesse contexto de avanço.

Pouco depois, em 6 de julho de 1950, foi promulgada a Lei nº 11, que complementou e reforçou o compromisso da Prefeitura com o pagamento e a instalação do relógio. Este processo tornou-se um marco importante para a cidade, contribuindo para a memória local e permanecendo como um símbolo dos esforços de urbanização e desenvolvimento de Ubatuba.

## O Coreto da Praça em Ubatuba

O Coreto da Praça Exaltação à Santa Cruz, localizado no centro da cidade, é um símbolo de cultura, história e lazer. Criado para ser um ponto de encontro comunitário, o coreto é um espaço onde as tradições musicais e as celebrações populares se encontram, servindo como palco para eventos musicais, apresentações culturais e outras atividades sociais. Sua construção, marcada pela arquitetura tradicional dos coretos brasileiros, enriquece a paisagem histórica do centro, emoldurada pela imponente Igreja Matriz.

Construído entre 1963 e 1964, o coreto foi batizado em 1992 como Coreto Maestro Pedro Alves de Souza, em homenagem ao músico que teve um papel essencial na formação de bandas e jovens músicos em Ubatuba e Caraguatatuba, incluindo a renomada Lira Padre Anchieta. Conhecido como Maestro Pedrinho, ele não apenas contribuiu para o cenário musical, mas também para o fortalecimento da cultura caiçara na região.

Figura 24 - Vista do Coreto a partir da Igreja Matriz de Ubatuba - Arquivo pessoal

No entanto, em 2007, o coreto foi renomeado pela Lei nº 3004, passando a se chamar Coreto Ophélia Prado de Oliveira, em homenagem à professora de geografia e coordenadora do Grupo Setorial de História e Geografia da FUNDART. Ophélia teve um papel fundamental na preservação e valorização do patrimônio histórico e geográfico de Ubatuba, sendo uma das responsáveis pela determinação do ponto culminante do município, o Pico Alto Grande. Seu nome no coreto é uma lembrança de sua dedicação ao ensino e à memória da cidade.

A arquitetura do coreto é uma expressão clássica dos espaços públicos de lazer e convívio social no Brasil.

- **Estrutura de Ferro:** A estrutura metálica é feita de ferro forjado, destacando-se pelos detalhes rendilhados típicos do estilo art nouveau, comum em construções do final do século XIX e início do século XX. As grades ornamentais e as colunas de suporte são trabalhadas com motivos decorativos que adicionam um toque de sofisticação à simplicidade do coreto.
- **Cobertura e Lambrequins:** A cobertura do coreto possui lambrequins de ferro ao longo de toda a borda do telhado, trazendo um toque de delicadeza e elegância. Os lambrequins são um elemento decorativo tradicional que remete às construções mais antigas, reforçando a conexão histórica do coreto com a cidade.
- **Coroamento com Lira:** No topo do coreto, um ornamento em forma de lira se destaca, representando a importância da música e das bandas locais para Ubatuba. A lira é um símbolo de harmonia e celebração, refletindo o papel do coreto como palco para apresentações musicais e eventos culturais.
- **Plataforma Elevada:** A base elevada do coreto é acessível por escadas, facilitando a visibilidade das apresentações e criando um espaço central para o público se reunir ao redor. Essa estrutura elevada é típica dos coretos brasileiros, projetados para atividades ao ar livre e eventos comunitários.
- **Cores:** Pintado em tons de azul e branco, o coreto harmoniza perfeitamente com a arquitetura da Igreja Matriz, situada ao fundo, criando uma unidade visual no coração da praça. As cores também remetem à identidade visual de Ubatuba, reforçando o caráter local do coreto.

Com sua arquitetura clássica e seu papel central na vida cultural da cidade, o Coreto da Praça Exaltação à Santa Cruz representa a união entre passado e presente, tradição e modernidade, tornando-se uma parte indispensável do patrimônio histórico de Ubatuba.

## O Obelisco de Ubatuba: Marco Zero

Erguido em 1937 para celebrar o tricentenário da fundação de Ubatuba, o Obelisco localizado na Praça da Exaltação à Santa Cruz não é apenas um monumento; é um símbolo da memória e da identidade da cidade. Através das mãos do escultor Vicente Larocca, a coluna de granito de 8,5 metros foi erguida no coração do Largo da Matriz, marcada por elementos históricos como a esfera armilar do Estado do Brasil e o brasão de armas, além de placas de bronze com inscrições elaboradas pelo Dr. Affonso de E. Taunay, renomado membro do Instituto Histórico e Geográfico de São Paulo.

A Lei Municipal n.º 2733, sancionada em 21 de novembro de 2005, oficializou o Obelisco como o Marco Zero do Município de Ubatuba, reconhecendo sua importância histórica e geográfica. Localizado na Praça da Exaltação à Santa Cruz, em frente à Igreja Matriz, o monumento é registrado pelo sistema GPS nas coordenadas UTM 23K 0492803/UTM 7408477. O marco reforça a centralidade simbólica do Obelisco para a cidade, ligando o passado ao presente.

## Inauguração sob chuva e os estudantes de Direito

Figura 25 - Inauguração sob chuva do obelisco do III Centenário de Ubatuba na praça da Matriz, 1937. Fonte: Acervo da Fundação de Arte e Cultura de Ubatuba (FundArt)

A inauguração do Obelisco, marcada para 30 de outubro de 1937, enfrentou contratempos causados pelo mau tempo. O evento, que deveria contar com a presença do governador Dr. J.J. Cardoso de Mello Neto, foi reorganizado devido à chuva intensa que impediu a chegada do governador. Às 14h, sob a persistente chuva, a cerimônia ocorreu com descerramento liderado pelo Dr. Félix Guisard Filho, acompanhado de uma salva de 21 tiros e da bênção do padre J. Passos.

Entre os presentes, destacaram-se os estudantes da renomada Faculdade de Direito da Universidade de São Paulo, do Largo de São Francisco. Durante a cerimônia, o acadêmico Antônio Sílvio da Cunha Bueno proferiu um discurso destacando a relevância econômica e histórica de Ubatuba, reforçando sua posição estratégica como ponto de conexão e riqueza para o estado.

O Obelisco não é apenas um marco físico, mas também emocional para os moradores de Ubatuba. Com o passar dos anos, ele tornou-se um ponto de referência e um lembrete das raízes históricas da cidade. Como bem disse o então prefeito Washington de Oliveira: "Este belíssimo monumento há de lembrar perenemente, não só o passado histórico do município, mas também a vida de abnegação e sacrifícios de José de Anchieta."

Apesar de sua importância histórica, o Obelisco carece de maior atenção em termos de preservação...

## Os desafios de chegar e partir de Ubatuba na inauguração do Obelisco

A inauguração do Obelisco de Ubatuba, em 30 de outubro de 1937, não ficou marcada apenas pela solenidade e simbolismo histórico, mas também pelos desafios logísticos enfrentados pelos participantes, causados pelo isolamento geográfico e condições climáticas adversas. Situada em uma região de difícil acesso na época, a cidade apresentou barreiras que reforçaram a resiliência de todos os envolvidos nas comemorações do tricentenário.

## A chegada ameaçada pelas chuvas

A programação inicial contava com a presença do governador do estado, Dr. J.J. Cardoso de Mello Neto, que viajaria de avião até Ubatuba. No entanto, uma densa cerração, acompanhada de chuvas intensas pela manhã, impossibilitou o pouso da aeronave, levando o governador a cancelar sua participação. A notícia foi transmitida por um telegrama oficial enviado por seu secretário, Dr. Aristides Bastos Machado. Mesmo sem a presença do governador, a solenidade foi realizada com dignidade, demonstrando o compromisso da comunidade local com o evento.

## A partida atrasada e o mar agitado

Após as festividades, os membros da comitiva oficial do Instituto Histórico e Geográfico de São Paulo, que vieram prestigiar a inauguração, enfrentaram novos desafios para deixar a cidade. Naquela época, o transporte marítimo era uma das principais vias de saída de Ubatuba, mas a agitação do mar e a escassez de embarcações atrasaram a viagem dos visitantes por vários dias.

No dia 2 de novembro, após três dias de espera, dois vapores aportaram no porto de Ubatuba: o *Aspirante Nascimento* e o *Itaipava*. A comitiva precisou dividir-se entre os navios, enfrentando uma travessia difícil e exaustiva até o porto de Santos. O mar revolto tornou a viagem lenta e desconfortável, com o desembarque ocorrendo somente no dia seguinte.

## Ubatuba, sozinha e isolada por sua fé

Os desafios enfrentados pelos participantes para chegar e partir de Ubatuba destacam o isolamento geográfico que marcava a cidade na época. Esse isolamento, embora prejudicial para a logística, também contribuiu para preservar as características únicas de Ubatuba, sua história e sua cultura.

O discurso proferido pelo acadêmico Antônio Sílvio da Cunha Bueno durante a inauguração do Obelisco destacou a relevância estratégica da cidade e a necessidade de conectá-la melhor ao restante do estado:

> Este rincão de nossa terra, meus senhores, merece de vós grande atenção: por ele, naturalmente, deve escoar-se toda a produção e sair toda a riqueza, não só de São Paulo, mas da parte do Rio de Janeiro, de todo o sul de Minas Gerais e, talvez mais ainda - do abrupto sertão que ora começa a despertar.

Esse apelo enfatiza o papel que Ubatuba poderia desempenhar como elo de integração regional, superando suas barreiras logísticas e geográficas.

As dificuldades enfrentadas pela comitiva e pela comunidade de Ubatuba para celebrar o tricentenário reforçam a determinação e o espírito de união que permeiam a história da cidade. Essas histórias de perseverança e adaptação não apenas enriquecem o legado do Obelisco, mas também servem como inspiração para que desafios futuros sejam superados com a mesma resiliência demonstrada em 1937.

## A origem e significado dos Obeliscos: Monumentos que conectam terra e céu

Os obeliscos são monumentos arquitetônicos que se destacam por sua imponência e simbologia. Criados no Egito Antigo, esses pilares esguios surgiram como um tributo aos deuses e uma celebração de feitos importantes. A palavra "obelisco" tem origem no grego *obeliskos*, que significa "espeto" ou "pilar", e no Egito Antigo, eram conhecidos como *tekhen*, simbolizando a ligação entre a Terra e o céu.

Os primeiros obeliscos datam de aproximadamente 2.000 a.C. e foram criados no período do Antigo Egito. Inicialmente, eram monólitos esculpidos em um único bloco de pedra, geralmente granito vermelho, extraído e trabalhado com técnicas avançadas para a época. Sua forma característica — uma base quadrangular que afina em direção a uma pirâmide dourada no topo — era projetada para refletir os raios solares, representando a divindade Rá, o deus do sol.

A técnica de construção dos obeliscos fascinou historiadores e arqueólogos por séculos. Embora seja sabido como eram esculpidos e transportados, a maneira exata como foram erguidos permanece um mistério.

No Antigo Egito, os obeliscos tinham múltiplos significados. Eles representavam proteção e defesa, além de celebrar faraós, divindades e feitos históricos. Em seu simbolismo, associavam-se ao *benben*, o monte primordial da criação do mundo, segundo a mitologia egípcia, e ao pássaro *benu*, precursor da fênix grega.

Eram tradicionalmente erigidos em pares na entrada de templos, simbolizando equilíbrio e harmonia. Além disso, os antigos egípcios acreditavam que os obeliscos dissipavam energias negativas e protegiam as cidades de eventos naturais adversos.

Com o passar dos séculos, os obeliscos ultrapassaram as fronteiras do Egito. Durante o Império Romano, muitos foram transportados para Roma como troféus de conquistas e símbolos de poder. A partir do século XVI, escavações arqueológicas redescobriram obeliscos que foram restaurados e colocados em praças e monumentos ao redor do mundo. Hoje, além do Egito, é possível encontrá-los em cidades como Paris, Washington, D.C., e Londres.

Hoje, os obeliscos continuam a influenciar a arquitetura e o design. Representam a busca pelo sublime e pelo eterno, elementos que ressoam nas construções contemporâneas. No caso de Ubatuba, o Obelisco é mais que um monumento; é um convite para conhecer a história, refletir sobre suas origens e reconhecer o valor do patrimônio cultural local.

Os obeliscos, desde suas origens no Egito Antigo até suas representações modernas, como em Ubatuba, transcendem a simples função arquitetônica. Eles são testemunhos de engenhosidade, espiritualidade e memória coletiva. Visitar um obelisco é conectar-se a séculos de história, uma experiência que inspira e enriquece nossa compreensão do passado.

## Vicente Larocca: o mestre da Escultura Clássica e o Monumento de Ubatuba | Um Artista de Excelência

Vicente Larocca, nascido em 2 de janeiro de 1892, em São Paulo, destacou-se como um dos mais renomados escultores brasileiros do século XX. Professor catedrático e diretor da Escola de Belas Artes de São Paulo, Larocca ensinou modelagem, escultura, anatomia e fisiologia, deixando um legado significativo na formação de novos artistas. Sua obra seguia os preceitos da escola clássica, inspirada na perfeição das formas humanas e nas proporções do Homem Vitruviano.

Estudou no Liceu de Artes e Ofícios do Rio de Janeiro sob a orientação dos mestres Fernando Caldas e Antonino Matos. Especialista em talho direto, Larocca dominava técnicas de escultura que envolviam a retirada precisa de material de pedras maciças, transformando o granito bruto em obras de arte detalhadas e expressivas.

A carreira de Larocca foi marcada por inúmeras exposições e prêmios, incluindo medalhas de ouro no Salão Paulista de Belas Artes (1943 e 1958), o Prêmio Governo do Estado de São Paulo (1954, 1957, 1958 e 1960) e o segundo prêmio do concurso Euclides da Cunha (1946). Participou de eventos importantes como o II Salão Pan-americano de Arte em Porto Alegre, celebrando o Cinquentenário do Instituto de Belas Artes do Rio Grande do Sul.

## Esculturas Icônicas

Vicente Larocca é responsável por obras monumentais que ainda hoje embelezam cidades no Brasil e no exterior. Entre elas, destacam-se:

- Monumento aos Mortos da Revolução de 1924 (Quartel da Luz, São Paulo);
- Cruz de Anchieta (Praça Santa Cruz, Santo Amaro, São Paulo);
- Monumento em Homenagem a Baden Powell (Praça da República, São Paulo);
- Obelisco de Ubatuba, erguido para celebrar o tricentenário da cidade.

Além disso, suas esculturas "Serenidade" e o busto de Pedro Alexandrino fazem parte do acervo da Pinacoteca do Estado de São Paulo. Algumas de suas obras também podem ser vistas no Rio de Janeiro e em Caracas, Venezuela.

O granito, material escolhido por Larocca para o Obelisco de Ubatuba, é conhecido por sua durabilidade e resistência. Trabalhado com precisão, o monumento é um exemplo das técnicas de talho direto, que incluem desbaste e modelagem detalhada, refletindo o domínio técnico do escultor.

Como professor, Larocca desempenhou um papel essencial na formação de uma geração de escultores brasileiros, organizando salões de arte e introduzindo métodos clássicos de ensino. Sua dedicação à arte é evidente em seus livros, como *Introdução à Modelagem* e *Anatomia Artística do Corpo Humano*, que continuam sendo referências para artistas e estudiosos.

Vicente Larocca faleceu em 27 de julho de 1963, em São Paulo, deixando um legado artístico incomparável. Seu trabalho não apenas enriquece o patrimônio cultural de Ubatuba e de outros locais, mas também inspira artistas contemporâneos.

Ao visitar o Obelisco de Ubatuba, os espectadores não apenas contemplam uma obra de arte, mas também se conectam com a história de um homem cuja paixão pela escultura transformou pedras em histórias e memórias.

## Que Palmeira é essa?
## Palmeiras Imperiais: Símbolos de Poder

As imponentes palmeiras imperiais que embelezam a praça da Matriz em Ubatuba carregam uma rica história de poder, distinção e simbolismo cultural. Conhecidas como filhas da Palma Mater, a primeira palmeira imperial plantada no Brasil, essas árvores não são apenas testemunhas vivas de um passado marcante, mas também símbolos de um legado que transcende o tempo.

A história das palmeiras imperiais começa em 1809, quando D. João VI, então príncipe regente, plantou a primeira Roystonea oleracea no Jardim Botânico do Rio de Janeiro. Batizada de Palma Mater, essa palmeira foi trazida das Ilhas Maurício, onde havia sido aclimatada a partir de exemplares das Antilhas. Ela se tornou o protótipo de todas as palmeiras imperiais que hoje adornam o Brasil.

A Palma Mater floresceu pela primeira vez em 1829 e reinou majestosa por mais de 160 anos até ser atingida por um raio em 1972. Com 38,7 metros de altura na época, seu tronco foi preservado no Museu Botânico. No mesmo local, foi plantada a Palma Filia, cultivada a partir de suas sementes, perpetuando seu legado.

Figura 26 - Praça da Matriz e suas centenárias palmeiras imperiais – Fonte: https://www.anosdourados.blog.br/2017/07/imagens-velharia-era-assim-em.html.png

Durante o Segundo Império, a palmeira imperial tornou-se um símbolo de poder e distinção. D. Pedro II frequentemente presenteava nobres, cientistas e fazendeiros com sementes da Palma Mater, conferindo-lhes status e legitimidade social. Em muitas fazendas de café, as longas alamedas de palmeiras imperiais que levam à Casa Grande são testemunhos desse privilégio imperial.

Contudo, nem todas as sementes eram distribuídas oficialmente. Jardineiros do Jardim Botânico, percebendo o valor simbólico das palmeiras, comercializavam clandestinamente sementes da Palma Mater, contribuindo para sua disseminação além do controle imperial.

A presença das palmeiras imperiais em logradouros públicos, fazendas e praças por todo o Brasil reflete sua importância simbólica e histórica. Mais do que árvores ornamentais, elas representam a construção de uma identidade nacional, vinculada ao poder centralizado e à memória do período monárquico.

Mesmo no Brasil republicano, as palmeiras imperiais continuam evocando a grandiosidade dos tempos do Império. Em Ubatuba, sua imponência e beleza não apenas adornam a Praça da Matriz, mas também conectam a cidade a uma história rica e significativa.

Como símbolos de um passado marcado por hierarquia e distinção social, as palmeiras imperiais nos convidam a refletir sobre o papel da natureza na construção de identidades culturais e históricas. Sua resistência ao tempo e às mudanças sociais é um lembrete de que, assim como as árvores que perduram por gerações, devemos buscar raízes profundas e valores sólidos para sustentar nosso futuro.

Atualmente, em Ubatuba, algumas das palmeiras imperiais já não existem mais. No entanto, as que resistem são exemplos vivos de como história, natureza e cultura podem se entrelaçar, criando uma mensagem que merece ser preservada, contada e valorizada por todas as gerações.

## A Praça da Matriz: o coração do Carnaval de Ubatuba

O Carnaval, a maior festa popular brasileira, transcende o mero entretenimento ao refletir a essência de um povo que encontra na música, dança e celebração uma forma de resistência e expressão cultural. Em Ubatuba, essa manifestação ganha contornos próprios, preservando a identidade caiçara enquanto se renova com o passar do tempo.

Os antigos carnavais de Ubatuba eram marcados por manifestações genuínas como a Dança da Fita, desfiles de bois (bumbá) e a irreverência dos Mascarados e bonecões, como Maria Angu e João Paulino. Nessa época, as festas aconteciam nas ruas e praças, espaços que serviam de palco natural para a cultura popular.

Esses eventos carregavam a marca da coletividade e da criatividade local, como o Bloco do Saco, idealizado por Nezinho, onde os foliões se vestiam com sacos de estopa e usavam máscaras feitas por artesãos locais. Esse período, desprovido da influência de grandes meios de comunicação, era um reflexo autêntico da comunidade.

Na década de 1970, o Carnaval de Ubatuba sofreu uma transformação com o surgimento das escolas de samba. A Mocidade Alegre do Itaguá, liderada por Ney Martins, trouxe desfiles mais elaborados e enredos que exaltavam a cultura local. Outras escolas, como a Brasília e a Verde Rosa, seguiram o mesmo caminho, criando um novo formato para a folia.

Ney Martins foi uma figura essencial na valorização do Carnaval em Ubatuba, unindo tradição e inovação. Seu trabalho não apenas elevou o padrão dos desfiles, mas também consolidou o Carnaval como um espaço de preservação cultural.

## Eu quero é botar meu bloco na rua<br>A Liberdade no Ritmo de Ney Matogrosso

A música de Sérgio Sampaio, interpretada por Ney Matogrosso, lançada em 1973 durante o regime militar, é um manifesto de resistência e liberdade. Seus versos falam de enfrentar medos e julgamentos, de ocupar os espaços públicos e de reivindicar o direito à alegria. "Eu quero é botar meu bloco na rua, brincar, botar pra gemer" não é apenas um convite à festa; é um grito de liberdade, uma afirmação de que a vida precisa ser vivida com intensidade, mesmo em tempos difíceis.

No Carnaval de Ubatuba, essa mensagem reverbera em cada bloco, marchinha e fantasia. A festa nas ruas, com suas cores e sons, é um ato político em si, uma forma de mostrar que a cultura popular resiste e se reinventa, mesmo diante de desafios.

Em Ubatuba, o Festival de Marchinhas Carnavalescas tornou-se um marco, celebrando temas locais com humor e irreverência. Essa tradição, que acontece na Praça da Matriz, reforça o caráter familiar e comunitário do Carnaval ubatubense.

As famosas marchinhas carnavalescas, com sua combinação de melodia alegre e letras mordazes, são uma expressão única da criatividade brasileira. Muitas vezes, elas vão além da diversão e fazem críticas sociais e políticas, expondo de forma leve, mas contundente, os problemas da sociedade. Assim como Ney Matogrosso desafiava os padrões com sua música, as marchinhas têm sido uma ferramenta poderosa de reflexão coletiva.

No Festival de Marchinhas de Ubatuba, realizado anualmente na Praça da Matriz, essa tradição ganha um espaço especial. As composições criadas para o festival muitas vezes tratam de temas locais, como questões ambientais, políticas e culturais, misturando humor e crítica em um carnaval identitário e familiar.

Os blocos de rua em Ubatuba, como o Cuscuz do Patto, o Bloco da Galinha e o Bonde Marchinhas, são exemplos vivos de como o Carnaval pode ser um espaço de resistência cultural e social. Inspirados pelas marchinhas e pela tradição caiçara, esses blocos celebram a coletividade e a irreverência, ao mesmo tempo em que refletem as histórias e os desafios da comunidade.

O carnaval de Ubatuba sempre foi marcado pela alegria e pela criatividade de seus blocos de rua, mas poucos carregam uma história tão irreverente e simbólica quanto a Caxorrada — com *X* mesmo! Mais do que uma festa, o bloco nasceu como uma resposta bem-humorada à parcialidade dos jurados no desfile das escolas de samba de 1977.

Naquele ano, uma escola desfilou com fantasias luxuosas e bem trabalhadas, enquanto outra usava simples camisetas Hering. No entanto, a pontuação da comissão julgadora ignorou essas diferenças, dando a nota máxima para a escola com camisetas e penalizando as demais. Diante do que consideraram uma verdadeira “cachorrada”, um grupo de foliões decidiu criar um bloco que ironizasse o episódio. Assim, em 1978, surgiu oficialmente o Bloco da Caxorrada, onde os homens saíam vestidos de mulher, as mulheres vestidas de homem, e todos carregavam no peito uma nota 10.

O bloco rapidamente caiu no gosto popular e se tornou um dos ícones do carnaval ubatubense. O mascote, um cachorro gigante feito de estopa branca com manchas pretas, era montado sobre um Fusca e, a cada ano, ganhava um nome inspirado em fatos do momento. Surgiram então o Cãojuntivite (em referência à epidemia de conjuntivite), o Rokão (durante o Rock in Rio), o

Cãodidato (nas eleições das Diretas), o Bionicão, o Cãomisinha (na campanha contra a AIDS), o Cãolorido (em alusão a Fernando Collor de Mello) e muitos outros.

Além das fantasias e do espírito debochado, a Caxorrada também conquistou seu espaço com um hino próprio, cantado por gerações de foliões:

*Na Caxorrada, cada um é o que é*
*Na Caxorrada, ela é homem, ele é mulher*
*Na Caxorrada, cada um faz o que quer*
*É, Caxorrada, assim não dá mais pé!*

O que começou como um protesto carnavalesco se tornou um dos blocos mais tradicionais de Ubatuba, mostrando que a alegria, a irreverência e o espírito de resistência sempre tiveram lugar garantido na folia caiçara.

Como na música de Ney, os blocos não têm medo de "botar pra gemer", enfrentando com leveza e alegria as adversidades e as contradições do cotidiano. Ao desfilar pelas ruas históricas do centro de Ubatuba, os foliões reafirmam a importância de ocupar os espaços públicos e de celebrar a diversidade e a liberdade.

Seja nos versos de marchinhas como *A Jardineira* e *Me Dá um Dinheiro Aí*, que fazem críticas sociais de forma bem-humorada, seja na energia contagiante de músicas como *Eu Quero É Botar Meu Bloco na Rua*, o Carnaval é um momento em que a cultura popular mostra sua potência criativa e crítica. Em Ubatuba, essa tradição é mantida viva, com uma mistura de humor, arte e reflexão que faz do Carnaval uma experiência única.

Estar na Praça da Matriz durante o Carnaval é viver a essência dessa festa. O coreto se torna palco de encontros, músicas e danças que transcendem gerações. A praça, com sua história e simbolismo, é o lugar onde a cultura popular se encontra com a memória coletiva, criando um espaço de pertencimento e alegria.

Assim como na música de Ney Matogrosso o Carnaval de Ubatuba nos convida a ocupar as ruas, celebrar a vida e refletir sobre o mundo ao nosso redor. É uma festa que une a leveza da brincadeira com a profundidade da crítica, mostrando que, em tempos de folia, o riso e a resistência caminham lado a lado.

## Que Sobrado é esse?
## A história do Sobradão do Porto

O Sobradão do Porto, erguido em 1846 por Manoel Baltazar da Cunha Fortes, é uma relíquia arquitetônica e histórica de Ubatuba, simbolizando a prosperidade do ciclo cafeeiro no Vale do Paraíba. Manoel Baltazar, um comerciante português que chegou ao Brasil em 1808 com a Corte Portuguesa, era fazendeiro, armador e proprietário de vastas terras. Sua construção, localizada próxima à foz do Rio Grande e ao antigo porto de Ubatuba, é um testemunho do apogeu econômico e social da cidade no século XIX.

Figura 27 - O Sobradão do Porto em 2025. Aguardando a finalização de seu restauro para abertura para nossa cidade - Arquivo pessoal

O Sobradão do Porto possui uma arquitetura singular e inovadora para a época. Inspirado no Paço Imperial do Rio de Janeiro, essa inspiração não apenas reforça a conexão com a estética

predominante da época, mas também simboliza o status e a influência da elite cafeeira de Ubatuba. O edifício de três andares reflete a sofisticação arquitetônica de seu tempo:

- **Térreo:** Funcionava como armazém para café, algodão, fumo, aguardente e outros produtos exportados para a Europa a partir do porto de Ubatuba. Apresenta uma sequência de portas em arco com vergas curvas, reforçando o ritmo arquitetônico da fachada e garantindo ventilação e iluminação ao antigo armazém.
- **Segundo andar:** Servia como residência para a numerosa família Fortes, abrigando um espaço mais refinado. É caracterizado por janelas com molduras decorativas e varandas de ferro forjado que percorrem toda a extensão da fachada. Essas varandas são elementos típicos da influência portuguesa, conferindo leveza e elegância.
- **Terceiro andar (camarinha):** Apresentava proporções reduzidas, com janelas menores, realçando a harmonia e a elegância da fachada. É emoldurado por uma platibanda decorativa com balaústres, acentuando a harmonia e a proporção da fachada.
- As telhas cerâmicas complementam o telhado de quatro águas, protegendo o edifício das intempéries e conferindo um acabamento tradicional.

O edifício destaca-se pela combinação de técnicas construtivas tradicionais e modernas, como o uso de alvenaria de tijolos cozidos (uma novidade na época), taipa de sopapo e a presença da Cruz de Santo André para reforço estrutural. Com paredes de até 89 cm de espessura, o Sobradão foi construído para durar, ainda que a inexperiência local com tijolos tenha gerado uma robustez acima do necessário.

Em síntese, os elementos decorativos incluem janelas com vergas curvas, varandas de ferro forjado e telhas cerâmicas. A influência neoclássica é evidente nas proporções harmônicas e nos detalhes ornamentais, conferindo ao Sobradão um ar de sofisticação alinhado ao status social de seus proprietários.

O Sobradão do Porto foi tombado pelo Instituto do Patrimônio Histórico e Artístico Nacional (IPHAN) em 1959, sendo posteriormente reconhecido também pelo CONDEPHAAT. Como o último remanescente arquitetônico dos tempos áureos do café em Ubatuba, o edifício passou por várias intervenções de restauração ao longo das décadas. Algumas dessas reformas foram motivadas por desgaste natural, outras por adaptações feitas durante sua ocupação por diferentes proprietários.

Podemos também enfatizar a importância da construção por meio da visão de Mário de Andrade: "Trata-se de um edifício interessantíssimo tanto do ponto de vista histórico, como arquitetônico, de caráter apalaçado. É tradição que seu traço e cantarias vieram trazidas de Portugal."

Na década de 1980, foi restaurado com verbas do Ministério da Cultura e transformado em sede da FundArt (Fundação de Arte e Cultura de Ubatuba), reforçando seu papel como um espaço de promoção cultural e preservação da história local.

**Curiosidades:**

- **Dimensões:** O Sobradão possui 380 m² de cobertura, com cerca de 6.000 telhas cerâmicas. No térreo, há nove portas, e o segundo andar conta com 12 janelas emolduradas por varandas de ferro.
- **Elementos Decorativos:** Os vasos ornamentais de louça, importados de Portugal, são oriundos da antiga Fábrica de Louças de Miragaia, em Porto. Atualmente, estão sendo restaurados na FundArt.

Estátuas representando as quatro estações do ano adornavam o prédio, mas desapareceram na década de 1980.

- **Adaptações pela CTI:** Em 1928, o Sobradão foi adquirido pela Companhia Taubaté Industrial (CTI), de Félix Guisard. Reformas significativas foram realizadas, e pequenas casas ao redor do prédio foram construídas para servir como colônia de férias aos funcionários da fábrica.

A CTI, fundada em 1891, foi uma das maiores indústrias têxteis da América Latina, marcando a transição do modelo rural para o urbano no Vale do Paraíba. Essa ligação ampliou a importância histórica do Sobradão.

Apesar da decadência econômica de Ubatuba após a transferência do porto para Santos e a construção da ferrovia Rio-São Paulo, o Sobradão do Porto resistiu ao abandono e à deterioração que atingiram outros casarões da elite cafeeira. Transformado ao longo dos anos, o edifício permaneceu como um marco cultural, abrigando exposições, oficinas e eventos que celebram a cultura caiçara.

Sua presença imponente continua a inspirar reflexões sobre a história econômica, cultural e arquitetônica da cidade. O Sobradão é um exemplo vivo da importância de preservar nossa memória histórica como um legado valioso para as futuras gerações.

Hoje, o Sobradão representa muito mais do que a arquitetura de uma época; ele é um elo entre o passado e o presente, conectando narrativas de prosperidade, declínio e resiliência. A conclusão de seu restauro é essencial para que ele volte a abrir suas portas e reassuma seu lugar de destaque em Ubatuba.

## A Santa Casa de Ubatuba

A história da saúde pública em Ubatuba se entrelaça com a trajetória da Santa Casa de Misericórdia, uma das instituições mais antigas e relevantes do município. Fundada oficialmente em 1854, mesmo que a data ainda seja motivo de debate, a Santa Casa é um exemplo de resiliência, comprometimento e dedicação à saúde da população local.

No início, a Santa Casa localizava-se em outro endereço, adaptando-se às condições da época. O prédio original, simples, mas funcional, seguia os moldes coloniais e contava até mesmo com uma capela dedicada ao Senhor dos Passos, patrono da instituição. Um incêndio em 28 de agosto de 1912 destruiu sua primeira sede, levando consigo documentos históricos e afetando gravemente os serviços de saúde.

Foi somente em 1920, com a doação de um novo prédio, que a Santa Casa retomou seu papel essencial. Desde então, a instituição ocupa o mesmo local, evoluindo gradativamente para atender às demandas crescentes da comunidade.

A importância da Santa Casa de Ubatuba é atestada por legislações que a declararam de utilidade pública, tanto em nível municipal quanto estadual. Entre elas, a Lei Nº 721, de 1º de julho de 1966, e a Lei Nº 1.762, de 20 de setembro de 1978, que reforçam seu papel como um serviço indispensável à cidade.

Com uma missão pautada na responsabilidade social humanizada, a Santa Casa é o único equipamento hospitalar de Ubatuba, oferecendo desde atendimentos clínicos a internações e partos. Em 2023, registrou impressionantes 150.760 atendimentos, 5.214 internações e 719 partos, números que refletem sua relevância.

Seus valores incluem honestidade, credibilidade, segurança e respeito. A visão da instituição busca gestão transparente e participativa, comprometida com a constante renovação e qualificação para ser um organismo de utilidade pública exemplar.

Figura 28 - Fachada da Santa Casa de Ubatuba – Fonte: Santa Casa de Ubatuba - https://i0.wp.com/santacasaubatuba.org.br/wp-content/uploads/2023/10/5-4-scaled.jpg?ssl=1

Apesar de sua história rica e de sua importância para a comunidade, a Santa Casa enfrenta desafios significativos. A infraestrutura carece de modernização, e o reconhecimento dos profissionais de saúde, tanto salarial quanto em condições de trabalho, é urgente. A gestão pública tem a oportunidade de transformar a Santa Casa em um hospital modelo para a região, investindo não apenas em equipamentos, mas também em valorização humana.

A Santa Casa de Ubatuba é parte de uma tradição secular que remonta à colonização portuguesa. As primeiras Santas Casas, como as de Santos (1543) e Salvador (1549), foram fundadas para atender marinheiros e moradores, representando o início da saúde pública no Brasil.

O mesmo Padre José de Anchieta, que marcou presença em Ubatuba e deixou um legado significativo na história da cidade, também desempenhou um papel relevante em outras localidades do Brasil. Em 24 de março de 1582, Anchieta fundou a Santa Casa de Misericórdia do Rio de Janeiro, com o propósito de cuidar dos marinheiros da frota de Diogo Flores Valdez, acometidos pela peste.

Inspirado pelos princípios do humanismo e da misericórdia, Anchieta dedicou-se à construção de pequenas choupanas que funcionaram como abrigo e local de cuidados, materializando a prática da caridade e da solidariedade humana. Essa iniciativa, influenciada pelos compromissos da Santa Casa de Misericórdia de Lisboa, inaugurou uma tradição de assistência médico-social que se espalhou pelo país.

Assim como outras instituições, a Santa Casa de Ubatuba preserva esse legado histórico, adaptando-se aos desafios modernos sem esquecer suas raízes.

É imperativo que a Santa Casa de Ubatuba continue a evoluir, mas essa evolução só será possível com o apoio da comunidade e dos poderes públicos. A saúde de Ubatuba depende não apenas de infraestrutura adequada, mas também do reconhecimento e valorização de quem dedica sua vida ao bem-estar coletivo.

A Santa Casa não é apenas um hospital; é um pilar da história e da identidade de Ubatuba, um reflexo da força e da solidariedade de sua gente. Ao investir nela, estamos investindo em nossa própria história e em um futuro mais saudável para todos.

## Doulas: vida que nasce, cuidado que acolhe

O nascimento é um momento de transformação, tanto para a mulher quanto para sua família. Em Ubatuba, a humanização do parto ganha destaque com a atuação das doulas, profissionais que oferecem suporte emocional e físico à gestante durante o trabalho de parto, no parto e no pós-parto imediato. Essa prática foi formalizada pela Lei Municipal nº 4207/2019, que assegura a presença das doulas nos estabelecimentos de saúde do município.

Sancionada pelo prefeito Délcio José Sato, a lei determina que maternidades, casas de parto e hospitais da rede pública e privada em Ubatuba permitam a presença de doulas durante todo o processo de parto, desde que solicitado pela parturiente. Entre os principais pontos, destacam-se:

- **Definição de Doulas:** Profissionais certificadas pela Classificação Brasileira de Ocupações (CBO 3221-35), com formação específica para prestar suporte contínuo à gestante.
- **Direito da Gestante:** A escolha pela presença da doula é uma decisão livre da gestante, reforçando seu protagonismo durante o parto.
- **Gratuidade:** É vedada qualquer cobrança adicional vinculada à presença das doulas nos estabelecimentos de saúde.
- **Instrumentos de Trabalho:** As doulas podem levar itens essenciais para seu trabalho, respeitando as normas e protocolos das instituições.

A lei também reforça que a atuação das doulas é distinta do direito ao acompanhante garantido pela Lei Federal nº 11.108/2005, ampliando o amparo às parturientes e fortalecendo o conceito de parto humanizado.

As doulas desempenham um papel essencial na promoção do bem-estar físico e emocional das gestantes. Sua presença está associada a benefícios como:

- **Redução de Intervenções Médicas:** Estudos mostram que a atuação das doulas pode diminuir a necessidade de cesáreas, analgesia e outros procedimentos.
- **Apoio Emocional:** As doulas proporcionam segurança e conforto, ajudando a mulher a enfrentar o trabalho de parto com confiança.
- **Empoderamento Feminino:** Ao respeitar e apoiar as escolhas da gestante, as doulas promovem seu protagonismo nesse momento tão especial.

Com a aprovação da Lei nº 4207/2019, Ubatuba reafirma seu compromisso com a saúde e o bem-estar das mulheres. A cidade se destaca como um exemplo na promoção de políticas públicas voltadas para a humanização do parto e o respeito às escolhas das gestantes.

Em um município marcado pela rica cultura caiçara, o trabalho das doulas também carrega uma dimensão cultural. Inspiradas pela sabedoria tradicional, essas profissionais ajudam a preservar práticas de cuidado que conectam o presente às raízes históricas da região.

A presença das doulas em Ubatuba representa mais do que um avanço legal; é uma conquista da sociedade que valoriza o nascimento como um evento transformador. Ao permitir que as gestantes escolham livremente o suporte que desejam, a cidade contribui para um modelo de saúde mais inclusivo e humanizado.

Que o exemplo de Ubatuba inspire outras localidades a seguir o caminho da humanização, garantindo que cada mulher possa vivenciar o parto como um momento de acolhimento, respeito e celebração da vida.

Capítulo 8

# Sabores e hospitalidade: o sabor e o aconchego de Ubatuba

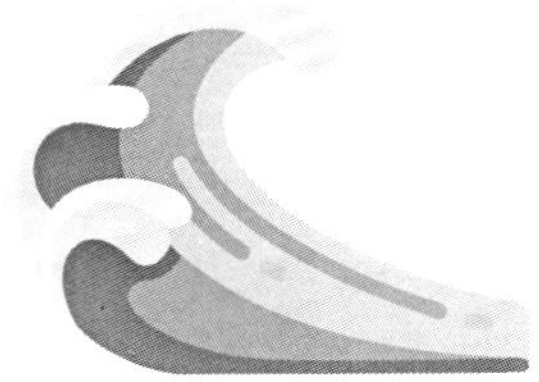

Ubatuba não se destaca apenas por suas belezas naturais e rica história, mas também pelos sabores que compõem sua identidade. A culinária local é um reflexo da diversidade cultural da cidade, trazendo influências indígenas, caiçaras, africanas e portuguesas. Neste capítulo, exploramos como a gastronomia ubatubense preserva suas tradições enquanto se reinventa para encantar novos paladares.

Dos pratos típicos à base de peixes e frutos do mar às receitas que atravessaram gerações, a culinária de Ubatuba é um convite para saborear a cultura local. Ingredientes como banana, farinha de mandioca e peixes frescos fazem parte da essência gastronômica da cidade, onde cada refeição carrega um pouco da história do povo caiçara.

Além da comida, a hospitalidade é um dos grandes diferenciais de Ubatuba. Neste capítulo, conheceremos os sabores que contam histórias e os espaços que fazem de Ubatuba um destino não apenas de belas paisagens, mas também de vivências inesquecíveis.

## A Culinária de Ubatuba

A culinária de Ubatuba é um reflexo vivo da história e da identidade do povo litorâneo brasileiro. Marcada pela fusão das culturas indígena, africana e europeia, ela encontra em Ubatuba um território fértil para celebrar sua autenticidade. Esse legado vai além dos pratos típicos: é uma expressão cultural que reflete a coletividade e a relação harmoniosa com a terra e o mar.

A palavra "caiçara", de origem tupi, remete às cercas de varas usadas pelos indígenas para caça e proteção. Os caiçaras, frutos da fusão entre indígenas e europeus, herdaram conhecimentos sobre agricultura, manejo de alimentos e navegação, desenvolvendo um estilo de vida que respeita os ciclos naturais e a sazonalidade dos alimentos.

Os pratos caiçaras, como o peixe azul-marinho e o arroz lambe-lambe, refletem a simplicidade e a riqueza dessa culinária. Com ingredientes locais, como peixes frescos, banana verde, mandioca e milho, esses pratos carregam a essência da terra e do mar, narrando histórias de sustentabilidade e tradição.

A culinária caiçara também é um símbolo de união. O trabalho coletivo para colheitas, pescas e festas como o fandango fortaleceu a identidade cultural das comunidades, resgatando práticas de troca e celebração que permanecem como marcas desse modo de vida.

Com quatro quilombos reconhecidos e uma população de 1.371 quilombolas, a cidade se destaca como um dos principais centros de resistência e preservação da cultura afro-brasileira no litoral norte de São Paulo.

## Culinária Quilombola: Sabores que Contam Histórias

A culinária quilombola de Ubatuba é uma expressão autêntica da sabedoria ancestral e da harmonia com o meio ambiente. Com pratos que utilizam ingredientes locais, como mandioca, banana, palmito pupunha, juçara e taioba, essa gastronomia não apenas alimenta, mas também conecta os visitantes com a história da região.

Um exemplo é o Quilombo da Fazenda, que promove o Turismo de Base Comunitária (TBC) como forma de fortalecer a economia local e valorizar a cultura quilombola. A Casa de Farinha, dentro do Núcleo Picinguaba, é um espaço onde os visitantes podem provar iguarias como strogonoff de lula com juçara, bolinho de mandioca, salada do coração da bananeira e nhoque de banana verde. Esses pratos são criados com ingredientes cultivados na própria comunidade, respeitando o meio ambiente e a tradição.

## Sabores de Ubatuba: preservação e reinvenção da tradição

Alguns restaurantes em Ubatuba se destacam por preservar e reinventar a culinária caiçara, oferecendo experiências gastronômicas que conectam os visitantes às raízes culturais da região.

### Restaurante Raízes

Hoje, com um espírito jovem e contemporâneo nas mãos criativas de Davi Macário, o Restaurante Raízes faz jus ao seu nome ao celebrar, em cada prato e drink, a riqueza cultural e natural do litoral norte paulista. A conexão com as raízes de Ubatuba vai além da culinária: é uma homenagem à história, às tradições caiçaras e à biodiversidade da Mata Atlântica, que moldaram a identidade da região ao longo dos séculos.

Os pratos e drinks do Raízes resgatam práticas e sabores que refletem o modo de vida caiçara. Técnicas como o uso da folha de bananeira para cozinhar peixes e o preparo de receitas simples, mas ricas em sabor, como o azul-marinho e o arroz lambe-lambe, lembram os costumes das comunidades tradicionais que sempre viveram em harmonia com a terra e o mar. O modo de viver do caiçara é, em essência, resistência.

Assim como os caiçaras aprenderam com os povos indígenas a aproveitar os frutos da terra, como a mandioca e o milho, e herdaram dos portugueses as técnicas de navegação e carpintaria, a culinária do Raízes une tradição e modernidade, narrando uma trajetória de fusão cultural.

Com ingredientes provenientes de produtores locais, o cardápio, que inclui peixes frescos e frutas como o cambuci e a banana, conecta o visitante à biodiversidade da região. Essas escolhas não são apenas culinárias, mas também políticas, ressaltando a importância de preservar o ecossistema da Mata Atlântica e promover o uso sustentável de seus recursos.

A incorporação de frutas nativas, como o cambuci em drinks tropicais, evoca os tempos em que as comunidades caiçaras viviam em sintonia com os ciclos naturais, respeitando as estações e colhendo apenas o necessário. Ao mesmo tempo, resgata essas raízes com sabores, cores e aromas autênticos. Drinks como a batida de banana com cachaça remetem às rodas de conversa e aos momentos de confraternização que permeiam a história de Ubatuba. A cachaça, por sua vez, é um símbolo da cultura local, muitas vezes produzida artesanalmente, perpetuando as práticas agrícolas do passado.

Mais do que um restaurante, o Raízes é um espaço de reconexão com a história e a essência de Ubatuba, oferecendo uma gastronomia de excelência. Cada prato e drink convida os visitantes a refletirem sobre a importância de preservar não apenas os sabores, mas também as narrativas e os saberes que mantêm viva a cultura caiçara.

Em uma época em que a modernidade frequentemente nos afasta de nossas origens, o Raízes oferece uma experiência que nos lembra da importância de valorizar o que é ocal, autêntico e verdadeiro. Assim como Ubatuba, com sua história ancestral, o restaurante nos convida a celebrar nossas raízes, garantindo que elas continuem vivas nas memórias e nos sabores de cada geração.

## Seu Motta Cozinha Caiçara

O Seu Motta Cozinha Caiçara, situado em um local histórico no centro de Ubatuba, é muito mais do que um restaurante: é um espaço que conecta os sabores autênticos da culinária caiçara com a alma da cidade. Cada prato do cardápio é uma celebração da riqueza cultural e da biodiversidade que fazem de Ubatuba um destino único.

Ao adotar ingredientes locais, como peixes frescos e frutas típicas como cambuci e banana-da-terra, o Seu Motta valoriza a pesca familiar, a agricultura sustentável e os produtores locais. Pratos como o Peixe com Pirão Caiçara, que combina filé de peixe com banana e palmito, e o Bobó de Camarão e Banana, que une a doçura da banana-da-terra ao camarão sete barbas, refletem a harmonia entre os elementos do mar e da terra que definem a culinária caiçara.

Além disso, as receitas resgatam práticas tradicionais, como o uso de pirão, um símbolo da cozinha regional, e incorporam elementos inovadores, como o toque de dendê na farofa que acompanha a Feijoada de Frutos do Mar. Essa mistura de autenticidade e criatividade faz com que cada refeição no Seu Motta seja uma viagem pelos sabores da história de Ubatuba.

Os drinks também contam essa história. O Me Ajuda Seu Motta, feito com cachaça, gengibre, mel, laranja e canela, é um verdadeiro brinde à ancestralidade, resgatando ingredientes que fazem parte da cultura caiçara e brasileira. Cada gole reflete a essência tropical e refrescante de Ubatuba, enquanto promove uma experiência sensorial única.

Com mesinhas na calçada e um clima descontraído de praia, o Seu Motta oferece um espaço perfeito para compartilhar momentos especiais. Estar ali, na Praça Anchieta, ao lado do histórico Casarão do Porto, torna a experiência ainda mais singular. A paisagem, que combina história, cultura e natureza, é um convite para desacelerar, apreciar a brisa do mar e mergulhar na essência de Ubatuba.

Seu Motta Cozinha Caiçara é mais do que uma refeição; é um abraço nas tradições de Ubatuba, um convite para saborear as memórias de um lugar onde terra, mar e cultura se encontram em perfeita harmonia.

## Rancho do Betum

A gastronomia caiçara de Ubatuba reflete a riqueza cultural e natural dessa região abençoada pela diversidade. Um dos maiores destaques dessa tradição é o Rancho do Betum, localizado na paradisíaca Praia do Prumirim. Sob o comando de Betum, um legítimo caiçara de alma e coração, natural do Perequê-Mirim, o quiosque tornou-se sinônimo de excelência, unindo autenticidade, inovação e o calor humano que só o povo de Ubatuba sabe oferecer.

Com atendimento impecável e pratos preparados com dedicação, carinho e ingredientes locais, o Rancho do Betum conquistou um lugar especial no coração de seus visitantes e no cenário gastronômico nacional. Pelo segundo ano consecutivo, foi reconhecido pelo prestigiado Guia Garfo de Ouro, um feito que enche de orgulho a equipe e toda a comunidade local.

O cardápio é uma celebração da culinária caiçara, combinando receitas tradicionais com um toque de vanguarda. Entre os pratos mais apreciados estão o peixe fresco grelhado, ceviche e outras delícias que valorizam os sabores do litoral. Cada refeição é uma experiência que equilibra simplicidade e sofisticação, sempre marcada pelos aromas do mar e da Mata Atlântica. Essa conquista é um reflexo não apenas da qualidade dos pratos, mas também do compromisso em oferecer experiências inesquecíveis. Para Betum e sua equipe, cada prato vai além de uma refeição: é uma homenagem à herança caiçara e à hospitalidade única de Ubatuba.

Visitar o Rancho do Betum é muito mais do que saborear uma refeição — é vivenciar a essência de Ubatuba. À sombra das árvores da Praia do Prumirim, com o som das ondas ao fundo, os visitantes têm a oportunidade de se conectar com a natureza e a cultura local em um ambiente acolhedor e único.

Seja você um amante da boa gastronomia, um explorador cultural ou alguém à procura de um momento especial à beira-mar, o Rancho do Betum é uma parada obrigatória em Ubatuba. Descubra o melhor da culinária caiçara e entenda por que este recanto é considerado um dos grandes destaques gastronômicos do Brasil.

## Quiosque da Mimi

Um refúgio à beira-mar onde o sol brilha mais forte, o mar sussurra histórias e o coração bate no ritmo da diversidade. Aqui, em Perequê-Açu, Ubatuba, o Quiosque da Mimi não é apenas um ponto de encontro, mas um porto seguro para celebrar a vida, o amor e a inclusão. Imagine um lugar onde o arco-íris se transforma em sabores, cores e experiências. Um espaço que acolhe a comunidade LGBTQIAPN+ e todos aqueles que acreditam que a diversidade é a verdadeira essência da humanidade.

Sua gastronomia é um tributo aos sabores típicos de um quiosque de praia, mas com um toque de criatividade e ousadia. Dos clássicos petiscos aos drinks autorais e bem-humorados, cada prato e cada gole são uma celebração à vida. Venha se deliciar com as especialidades enquanto curte a brisa do mar e a energia contagiante deste lugar único.

O Quiosque da Mimi é mais do que um destino gastronômico; é um símbolo de acolhimento, respeito e alegria. Aqui, todos são bem-vindos para celebrar a liberdade de ser quem são, em um ambiente que respira amor e inclusão. Então, venha fazer parte dessa história. Traga seu sorriso, sua essência e seu coração aberto. No Quiosque da Mimi, o arco-íris não está apenas no céu — está em cada detalhe, em cada momento, em cada pessoa que cruza por ali. Que Ubatuba cada vez mais possa celebrar e viver com a diversidade!

## Tachão de Ubatuba

Certamente, a gastronomia de Ubatuba não seria completa sem o Tachão de Ubatuba, um verdadeiro ícone local que, desde 1977, encanta moradores e turistas com suas delícias caseiras. Fundado por Célia Parodi e sua filha Marília Parodi, o Tachão começou humildemente em um quintal, onde doces eram preparados em um tacho — inspiração para o nome da marca. Ao longo dos anos, a produção artesanal se transformou em uma fábrica moderna e reconhecida nacionalmente, mas sem jamais perder a essência do sabor e da tradição.

O carro-chefe do Tachão é a icônica bananinha, que remete às doces lembranças de uma época em que cozinhar era sinônimo de afeto. Disponível em variações como original, sem açúcar, com canela e coberta com chocolate, esse doce caseiro conquistou paladares em todo o Brasil. Produzida com frutas selecionadas e ingredientes naturais, a bananinha tornou-se um símbolo da tradição e da qualidade que define o Tachão.

Entre os destaques do Tachão está o sorvete ao forno, uma sobremesa intrigante que combina sabores e texturas de maneira única. A receita reúne uma base de salada de frutas, uma camada de pão de ló, sorvete no sabor escolhido e uma cobertura de merengue gratinado. O contraste entre o quente e o frio torna essa sobremesa uma verdadeira experiência sensorial e um sucesso tanto no paladar quanto nas redes sociais.

Em seus 47 anos de história, o Tachão cresceu sem abrir mão de suas raízes. Hoje, conta com mais de 100 funcionários, uma fábrica moderna e equipada, duas lojas físicas em Ubatuba e uma loja online que atende clientes de todo o Brasil. Além das bananinhas, a marca oferece compotas, geleias e doces tradicionais, todos produzidos com o mesmo cuidado artesanal que marcou seu início.

Mais do que uma fábrica de doces, o Tachão é parte integrante da identidade gastronômica de Ubatuba. A marca equilibra tradição e inovação, resgatando sabores que remetem à infância com toques de modernidade. Visitar o Tachão é mergulhar na essência de Ubatuba, onde cada mordida conta uma história de afeto e qualidade.

Seja por suas famosas bananinhas, suas geleias ou pela inovadora sobremesa de sorvete ao forno, o Tachão de Ubatuba é um verdadeiro patrimônio local. Para quem visita a cidade, levar uma caixinha de bananinhas ou guardar a memória de uma sobremesa inesquecível do Tachão é carregar consigo um pedaço doce e singular da história de Ubatuba.

## Santin Gelato Artesanal

A Santin Gelato Artesanal é muito mais do que uma sorveteria; é uma celebração dos sabores únicos de Ubatuba, traduzidos em gelatos artesanais que conectam as pessoas à riqueza natural e cultural da região. Fundada por Gabriel Santin, a marca une inovação, sustentabilidade e hospitalidade em cada detalhe.

O Sabor da Mata Atlântica:

Com mais de 80% da mata atlântica preservada, Ubatuba oferece uma infinidade de ingredientes que inspiram Gabriel e sua equipe a criar sabores autênticos e exóticos. Entre os destaques estão:

- **Uvaia:** Um sorvete cítrico e refrescante que equilibra leveza e acidez em uma experiência única.
- **Flor de Cambuci:** Uma combinação doce e cítrica, com geleia artesanal de cambuci, que homenageia uma das frutas mais tradicionais da região.
- **Baunilha da Mata Atlântica:** Produzida a partir da *Vanilla planifolia*, com notas sofisticadas de caramelo, anis e cravo, essa baunilha é uma alternativa sustentável à famosa variedade de Madagascar.

Esses sabores não são apenas deliciosos, mas também uma celebração da biodiversidade local e um convite para conhecer Ubatuba pelo paladar.

A Santin Gelato Artesanal leva a sério a responsabilidade ambiental. As embalagens, como os copinhos feitos de mandioca biodegradável, refletem o compromisso com práticas sustentáveis, em sintonia com a natureza abundante de Ubatuba.

Em 2023, a Santin foi reconhecida como uma das 10 melhores sorveterias do Brasil no Gelato Festival World Masters, uma conquista que reafirma o equilíbrio entre sabor, qualidade e inovação.

Gabriel Santin transformou o "comentário" sobre ser antipático em um meme bem-humorado, reforçando o carisma que ele e sua equipe transmitem a todos os visitantes. A Santin é conhecida pela hospitalidade, com atenção aos detalhes e uma alegria contagiante em explicar cada ingrediente e ajudar os clientes a descobrirem seu sabor favorito. Essa leveza e simpatia tornam a experiência de visitar a Santin ainda mais especial.

Com a missão de oferecer mais do que gelatos, a Santin cria momentos únicos. Desde o cuidado na escolha de ingredientes até a interação com cada cliente, a marca transforma cada visita em uma celebração de sabores, emoções e conexões humanas.

Seja pela inovação dos sabores ou pela hospitalidade de Gabriel e sua equipe, a Santin Gelato Artesanal convida todos a experimentar o melhor de Ubatuba, uma colherada por vez. Que tal conhecer essa doce história? Que tal experimentar Ubatuba em forma de gelato?

## Conserve-se!

A Fábrica de Conservas Ubatuba, fundada por Genaro D'Elia em 1958, tornou-se um marco econômico e cultural de Ubatuba, sendo conhecida pelo famoso "Aliche Brasileiro". Com cerca de 50 mulheres na linha de produção, incluindo a dedicada Vó Maria, essa força de trabalho feminina foi essencial para a trajetória da fábrica, destacando o protagonismo das mulheres na história local.

O processo de produção do filé de sardinha anchovada era artesanal e demorado, levando meses para maturar a matéria-prima. A fabricação exigia 4,5 kg de sardinha fresca para cada 1 kg de filé de sardinha anchovada, enquanto a sardinha enlatada passava por um processo mais automatizado, o que a tornava mais acessível.

Após 62 anos de operação, a fábrica deixou um legado de autenticidade e inovação, lembrado por consumidores e trabalhadores de várias gerações. As memórias da Vó Maria e de suas companheiras simbolizam um capítulo fundamental na identidade de Ubatuba, onde o trabalho artesanal é marcado pelo carinho e dedicação de cada lata produzida.

Apesar do encerramento das atividades, o site da Ubatuba Gourmet[2] permanece ativo, oferecendo receitas tradicionais para relembrar os sabores de uma época.

## Mar e Praia Hotel: um marco na minha jornada no turismo e hospitalidade

Durante alguns anos da minha trajetória profissional, tive a oportunidade de trabalhar no Mar e Praia Hotel, um lugar que não apenas marcou minha carreira, mas também moldou minha visão sobre o turismo e a hospitalidade. Localizado em frente à deslumbrante Praia da Enseada, em Ubatuba, o hotel é um verdadeiro refúgio à beira-mar, onde a natureza e o conforto se encontram em perfeita harmonia.

O Mar e Praia Hotel é um daqueles lugares que cativa desde o primeiro momento. Com seus pés na areia e uma saída direta para a praia, o hotel oferece uma experiência única de conexão com o mar. Além disso, seus serviços são pensados para proporcionar o máximo de conforto e conveniência aos hóspedes: uma piscina aquecida ao ar livre, Wi-Fi, estacionamento e um serviço de praia completo, com ombrelones, cadeiras e toalhas cortesia.

Os quartos são um capítulo à parte. Todos equipados com banheiro privativo, aquecimento central, ar-condicionado split, frigobar, cofre, varal no banheiro, TV de LED com todos os canais disponíveis e roupas de cama e banho de alta qualidade, garantindo uma estadia confortável e memorável.

O café da manhã, servido diariamente ao lado da piscina com vista para o mar, é uma experiência que combina sabor e beleza. Com frutas tropicais, bolos, sucos, bolachas, frios e pães frescos, o buffet é um convite para começar o dia com energia e alegria. Já o bar da praia, com seus aperitivos, lanches, bebidas e coquetéis,

2 Ficou com saudade? Confira as receitas no site: <alicheubatuba.com.br/receitas.html>.

é o lugar perfeito para relaxar e aproveitar o clima descontraído. Para os mais animados, a sala de jogos, com opções como bilhar, pebolim e *air hockey*, garante diversão para todas as idades.

Um dos aspectos que mais me orgulho de destacar é a preocupação do hotel com a acessibilidade. O Mar e Praia Hotel possui apartamentos adaptados para pessoas com necessidades especiais, além de rampas de acesso tanto na área interna quanto na praia, garantindo que todos os hóspedes possam desfrutar de uma estadia confortável e inclusiva.

Localizado a 10 km do centro de Ubatuba, o hotel oferece fácil acesso a opções gastronômicas, lojas de artesanato e bares animados. Trabalhar no Mar e Praia Hotel foi uma experiência transformadora para mim. Foi ali que aprendi a valorizar os detalhes que fazem a diferença na hospitalidade, a importância de criar memórias inesquecíveis para os hóspedes e a entender que o turismo vai muito além de serviços — é sobre conexão, cuidado e sensibilidade.

Gostaria de agradecer a todos os amigos que fiz durante minha passagem pelo hotel. Cada um de vocês contribuiu de maneira única para minha jornada, e levo comigo não apenas os aprendizados, mas também as amizades que construímos. Um agradecimento especial à Claudete Ferreira e ao Alexandre Cardillo Hoffmann, que foram mentores e exemplos de dedicação e profissionalismo. Seus ensinamentos foram fundamentais para minha formação e continuam a inspirar minha trajetória.

O Mar e Praia Hotel não é apenas um lugar, é um símbolo de acolhimento e excelência, e tenho orgulho de ter feito parte dessa história.

## Que hotel é esse? Ubatuba *Palace Hotel* – Tradição e hospitalidade no coração da cidade

Entre as opções de hospedagem em Ubatuba, destaca-se o Ubatuba Palace Hotel, um símbolo de tradição, hospitalidade e excelência. Localizado na região central da cidade, este hotel tem sido administrado com esmero pelos irmãos Velloso e pela querida amiga Vera Lúcia de Oliveira Gouvea, cuja dedicação faz do local um exemplo de bem-receber. Tive a honra de trabalhar no hotel por alguns anos, uma experiência que contribuiu significativamente para minha trajetória pessoal e profissional.

Fundado com o objetivo de oferecer um espaço acolhedor e funcional, o Ubatuba Palace Hotel é reconhecido pelo seu bom gosto, atendimento de qualidade e deliciosa gastronomia. Com mais de 4.500 m² de áreas sociais e de lazer, o hotel combina conforto com praticidade, sendo ideal para viagens de lazer ou negócios. Sua localização estratégica no centro da cidade garante fácil acesso aos pontos turísticos, praias e áreas comerciais, proporcionando uma experiência completa para os hóspedes.

As opções de lazer são variadas e atendem a todas as idades. Desde piscinas climatizadas e saunas até salões de jogos e atividades recreativas com monitores especializados durante as férias e feriados, o hotel oferece entretenimento para toda a família. Para quem busca relaxamento, há massagens corporais, enquanto os mais ativos podem aproveitar as bicicletas disponíveis para passeios pela cidade.

A gastronomia é um dos pontos altos do Ubatuba Palace Hotel. O café da manhã e o jantar, incluídos na diária, são servidos em um restaurante à beira da piscina e incluem um buffet variado com pratos típicos da região, massas, carnes, frutos do mar e sobremesas irresistíveis. Durante a alta temporada, música ao vivo torna as refeições ainda mais especiais, reforçando o clima de descontração e celebração.

O hotel também é uma excelente opção para eventos e convenções, com uma equipe qualificada para atender às demandas de reuniões e palestras. Salões espaçosos e opções de refeições personalizadas tornam o Ubatuba Palace Hotel um local ideal para encontros corporativos ou celebrações especiais.

Com seus 64 apartamentos distribuídos em três andares, o Ubatuba Palace Hotel oferece acomodações confortáveis, mas é o cuidado com cada detalhe que realmente faz a diferença. Desde a recepção calorosa até a atenção às necessidades dos hóspedes, o hotel traduz a essência da hospitalidade ubatubense.

O tempo que passei trabalhando no Ubatuba Palace Hotel foi marcante em minha vida. Ali, aprendi o valor do trabalho em equipe, do atendimento humanizado e da busca pela excelência. É um lugar que vai além de sua estrutura física, pois carrega histórias, experiências e um compromisso genuíno com o bem-estar de seus hóspedes. Seja para um final de semana relaxante ou uma estadia prolongada, o Ubatuba Palace Hotel continua sendo uma escolha certeira para quem busca aliar conforto, tradição e o melhor de Ubatuba em uma experiência única.

## Capítulo 9

# Mitos, mistérios e canções: Ubatuba além do visível

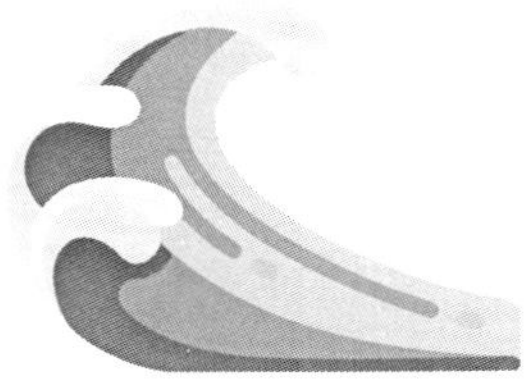

Este capítulo mergulha nos mistérios e lendas que cercam a cidade, desde avistamentos de OVNIs até eventos marcantes que desafiam a lógica e o tempo.

Aqui, relembramos o enigmático Caso Ubatuba, um dos relatos mais intrigantes da ufologia brasileira, quando um suposto OVNI teria explodido no céu da cidade, deixando fragmentos que são analisados até hoje. Também exploramos o céu estrelado de Ubatuba, uma janela para o infinito que encanta astrônomos e sonhadores.

Mas nem só de mistérios vive a cidade. O capítulo também passeia pelo impacto cultural de Raul Seixas, que, com sua música e sua filosofia libertária, encontra voz no espírito ubatubense e revisita um episódio emblemático da história recente: o Verão da Lata, quando uma carga de maconha foi despejada no mar e gerou uma onda de acontecimentos que se tornaram lenda.

Com histórias que vão do real ao fantástico, Ubatuba mostra que sua identidade está além das paisagens e que sua cultura é feita também de voltas, revoluções e narrativas que desafiam o tempo.

## Toca Raul, Ubatuba!

Quem viveu Ubatuba nos tempos áureos do Bar do Raul sabe que aquele lugar era mais do que um simples ponto de encontro; era um templo dedicado ao espírito livre e irreverente de Raul Seixas. Cada canto do bar transpirava a essência do "Maluco Beleza", com pôsteres e letras de músicas estampadas nas paredes, além de uma energia contagiante que unia fãs do artista e admiradores de um estilo de vida sem amarras.

Minha relação com o bar começou de forma despretensiosa, numa madrugada. Após uma saideira com amigos, tive a sorte de conhecer os proprietários, Arnaldo e Ozi, que estavam em busca de pessoas comprometidas para trabalhar no bar. Deixei meu contato e, algum tempo depois, em um encontro casual com a Ozi no centro da cidade, ela pediu meu número novamente.

Foi assim que tive a honra de trabalhar por inúmeras noites naquele espaço icônico, que era muito mais do que um bar: era um ponto de encontro para almas livres e corações rebeldes.

Ubatuba, conhecida por suas chuvas frequentes, é uma cidade onde o clima molda o ritmo da vida e celebra a força da natureza. Aqui, a chuva não é apenas um evento climático: é prosperidade, um lembrete de que a Mata Atlântica está viva e em equilíbrio. No Bar do Raul, essa conexão com o natural ganhava novas camadas quando os versos de *"Medo da Chuva"* soavam pelo ambiente, trazendo uma reflexão poderosa:

"Pois a chuva voltando pra terra traz coisas do ar".

A música de Raul Seixas traduz um espírito de aceitação e aprendizado diante das adversidades, um ensinamento que também encontramos na convivência com o clima de Ubatuba.

### Curiosidades do Bar:

- **Decoração Temática:** O bar era um verdadeiro tributo a Raul Seixas, com discos, recortes de jornais e até objetos pessoais de fãs que frequentavam o local.

- ***Playlists* Memoráveis:** As noites eram embaladas por uma trilha sonora que ia muito além do Raulzito, incluindo clássicos do rock e da MPB.
- **Comunidade Unida:** O bar atraía um público diverso, de locais a turistas, todos se sentindo rapidamente em casa naquele ambiente acolhedor.

O Bar do Raul já não existe fisicamente, mas sua memória continua viva. Assim como a chuva que nutre a terra, ele deixou marcas profundas em quem teve a sorte de viver aqueles momentos mágicos.

Raul nos ensinou a perder o medo e a aprender com o ciclo da vida. Que essa mensagem nos inspire a acolher as chuvas e as mudanças, respeitando Ubatuba como o território sagrado que é.

"Eu perdi o meu medo da chuva, pois a chuva voltando pra terra traz coisas do ar".

Que possamos, como o Bar do Raul, ser um espaço onde a liberdade, o respeito e a autenticidade se encontram.

## Caso Ubatuba: O OVNI que explodiu no céu

*Oh! Oh! Seu moço do disco voador*
*Me leve com você, pra onde você for*
*Mas não me deixe aqui*
*Enquanto eu sei que tem tanta estrela por aí [...]*
*(**Raul Seixas – S.O.S.**)*

A tranquilidade da bucólica Praia das Toninhas, em Ubatuba, no litoral norte de São Paulo, foi abruptamente interrompida no início da tarde de 7 de setembro de 1957. Banhistas observavam o mar quando, de repente, um objeto luminoso cortou o céu em altíssima velocidade. O que parecia ser uma colisão iminente com a água tomou um rumo inesperado: o objeto fez uma manobra brusca para cima, evitando o impacto com o oceano. No entanto, segundos depois, explodiu no ar, espalhando fragmentos incandescentes sobre o mar e a areia.

Os relatos apontam que o material encontrado nos destroços era incrivelmente leve, com aparência metálica, mas com a densidade de um papel. A notícia rapidamente se espalhou, alcançando a mídia e, principalmente, chamando a atenção das autoridades militares.

O Brasil dos anos 1950 vivia um período de forte influência da Guerra Fria, e qualquer relato envolvendo tecnologia desconhecida despertava o interesse das forças armadas. Os fragmentos foram recolhidos por curiosos, mas parte do material foi confiscada por militares, que nunca divulgaram seus estudos sobre os destroços.

A história logo ganhou as páginas dos jornais. Em 14 de setembro de 1957, o colunista Ibrahim Sued, do jornal O Globo, recebeu uma carta anônima relatando o caso e enviando alguns dos fragmentos encontrados. Cético, mas curioso, Sued publicou a história e encaminhou o material ao renomado ufólogo Olavo Fontes.

As análises e o enigma científico.

*"E nas mensagens que nos chegam sem parar*
*Ninguém, ninguém pode notar*
*Estão muito ocupados pra pensar* [...]"

Fontes, que era médico e membro da *Aerial Phenomena Research Organization* (APRO), conduziu uma investigação detalhada. Os fragmentos foram enviados ao Departamento Nacional de Produção Mineral, vinculado ao Ministério da Agricultura, onde a tecnologista química Luiza Maria Barbosa realizou os primeiros testes.

Em 24 de setembro de 1957, o laudo indicou que os fragmentos eram compostos quase inteiramente de magnésio puro (99,99%), algo considerado inviável para a tecnologia metalúrgica da época. Mais de uma década depois, em 1970, novos testes indicaram que o material havia passado por um processo de fusão solidificada unidirecional, um método de fabricação que simplesmente não existia nos anos 1950.

Outras partes dos fragmentos foram enviadas para análise nos Estados Unidos. A companhia metalúrgica Dow Chemical e a APRO realizaram mais testes e chegaram à mesma conclusão: o magnésio era de uma pureza inexplicável para os padrões terrestres.

O professor Garry Nolan, da Universidade de Stanford (EUA), que atualmente analisa materiais supostamente de origem não terrestre, também estudou fragmentos do caso de Ubatuba. As análises mais recentes reforçam que a estrutura do magnésio encontrado não corresponde a nenhuma fonte natural da Terra.

Seja qual for sua origem, o material parecia fabricado. Mas por quem? E para quê?

Uma conspiração global?

*"Oh! Oh! Seu moço!*
*Mas não me deixe aqui*
*Enquanto eu sei que tem tanta estrela por aí* [...]"

Em um mundo onde governos negam a existência de fenômenos extraterrestres, casos como o de Ubatuba reforçam suspeitas de que tecnologias avançadas podem estar sendo ocultadas da população.

O ex-oficial de inteligência dos Estados Unidos, David Charles Grusch, testemunhou recentemente perante o Congresso Americano que o governo dos EUA e seus aliados recuperaram e estudaram naves não humanas ao longo das últimas décadas. Suas declarações foram corroboradas por outros militares e cientistas ligados a investigações sobre OVNIs.

Se essas informações forem verdadeiras, seria possível que o Brasil, em 1957, tenha sido palco de uma dessas recuperações secretas? Teria o governo brasileiro cedido os fragmentos aos Estados Unidos, como aconteceu em outros países?

Relatos indicam que dois navios da Marinha Brasileira e uma embarcação dos Estados Unidos foram vistos na área dias após a explosão. Pescadores afirmaram que viram o objeto ser retirado do mar e transportado em segredo. A imprensa chegou a reportar o ocorrido, e a Revista Cruzeiro, uma das mais importantes da época, dedicou uma matéria extensa ao caso.

Passadas mais de seis décadas, o caso do OVNI de Ubatuba continua sem explicação definitiva. O material analisado não se encaixa em nenhuma tecnologia terrestre conhecida na época.

Os testes realizados ao longo dos anos confirmam a pureza anômala do magnésio. Os fragmentos desapareceram das mãos dos ufólogos e nunca mais foram vistos.

Para os céticos, tudo não passou de um mal-entendido ou fraude. Para os estudiosos do fenômeno OVNI, o caso de Ubatuba é uma das evidências mais concretas da existência de tecnologia não humana já registrada no planeta.

E, para aqueles que olham para o céu e se perguntam sobre o desconhecido, as palavras de Raul Seixas continuam ressoando:

*"Oh! Oh! Seu moço do disco voador*
*Me leve com você, pra onde você for* [...]"

Quem sabe, um dia, teremos as respostas.

## Universe-se! Sob o céu de Ubatuba: uma janela para o infinito

Olhar para o céu é uma experiência que nos conecta com algo maior, uma grandiosidade que transcende o cotidiano e nos lembra da nossa pequenez diante do universo. Ao mesmo tempo, inspira a reflexão sobre o potencial que temos de ser protagonistas de nossas histórias, de brilhar e de fazer a diferença na vida das pessoas ao nosso redor.

"Olho para o céu, tantas estrelas dizendo da imensidão do universo em nós [...]"

Em Ubatuba, o céu estrelado é um espetáculo à parte. Em noites claras, longe da poluição luminosa da área urbana, a abóbada celeste revela toda a sua beleza. Lugares como o Prumirim, com sua rocha costeira que se assemelha a um platô natural, são perfeitos para contemplar esse universo infinito. Ali, o céu parece abraçar quem o observa, oferecendo uma perspectiva única da vastidão que nos cerca.

A música também é um portal para a contemplação do céu. Canções como "Céu de Santo Amaro", de Caetano Veloso, traduzem em palavras e melodia a emoção de observar as estrelas. Com versos que falam da imensidão do universo e do amor, essa obra-prima é uma trilha sonora ideal para noites estreladas em Ubatuba.

"A força desse amor nos invadiu, com ela veio a paz, toda beleza de sentir [...]"

Outra forma de intensificar essa conexão com o cosmos é através da tecnologia. Recentemente, tenho utilizado o Stellarium, um software livre de astronomia que simula o céu com extrema precisão e qualidade gráfica. Essa ferramenta permite explorar constelações, estrelas e planetas em tempo real, trazendo a magia do céu noturno diretamente para a tela do computador ou celular. É uma forma fascinante de aprender sobre o universo e planejar observações astronômicas.

"Meu coração só quer bater por ti, eu me coloco em tuas mãos [...]"

A geografia de Ubatuba, com sua combinação de montanhas e mar, oferece um cenário perfeito para observar o céu. Lugares afastados da iluminação urbana, como praias isoladas e trilhas na Mata Atlântica, proporcionam uma visão limpa e deslumbrante das estrelas. Nesses momentos, o tempo parece desacelerar, e somos convidados a nos reconectar com nossa essência.

Observar o céu em Ubatuba é mais do que um momento de contemplação: é um convite à introspecção e à celebração da vida. É perceber que, mesmo sendo tão pequenos no universo, podemos brilhar intensamente, como estrelas que iluminam a escuridão.

"Então veio a certeza de amar você [...]"

Que o céu de Ubatuba continue inspirando moradores e visitantes a se maravilharem com sua beleza e a sonharem com um universo repleto de possibilidades. Sob essa vastidão estrelada, somos todos conectados pelo desejo de crescer, amar e brilhar.

## Roda Viva em Ubatuba: voltas e histórias

"Roda mundo, roda-gigante, rodopiando, roda pião, o tempo rodou num instante, nas voltas do meu coração [...]" As palavras de Chico Buarque em Roda Viva capturam perfeitamente o fascínio e a emoção que as rodas-gigantes despertam.

Em Ubatuba, essa magia agora ganha forma com a maior roda-gigante do Litoral Norte de São Paulo, convidando todos a girar nas alturas e contemplar a beleza infinita da cidade.

Com 38 metros de altura e 22 cabines climatizadas, a roda-gigante localizada no Ubatuba Mall é muito mais do que uma simples atração: é uma experiência que mistura emoção, contemplação e tecnologia. Suas voltas revelam paisagens encantadoras, com as montanhas de um lado e a baía do Itaguá do outro. À noite, as 19 mil luzes de LED prometem transformar cada giro em um espetáculo de cores e brilho, consolidando a roda como um novo cartão-postal da cidade.

Assim como na música de Chico, a roda-gigante nos lembra que o tempo é fugaz e cheio de voltas, mas também repleto de possibilidades. Cada subida e descida oferece uma nova perspectiva, criando memórias que rodarão em nossos corações para sempre.

Além de proporcionar vistas panorâmicas, as rodas-gigantes podem ser vistas como uma metáfora para a Roda da Vida, uma ferramenta de autoconhecimento amplamente usada para avaliar o equilíbrio entre diferentes áreas da existência humana.

Assim como a estrutura física gira em um movimento constante, nossa vida também precisa de harmonia em quatro pilares fundamentais:

1. *Qualidade de Vida;*
2. *Relacionamento;*
3. *Profissional;*
4. *Pessoal.*

A Roda da Vida é dividida em categorias como saúde, carreira, finanças, relacionamentos, lazer e crescimento pessoal. Avaliar nosso nível de satisfação em cada área nos ajuda a identificar onde estamos equilibrados e onde é necessário ajustar as prioridades para alcançar uma vida mais plena e harmoniosa.

Inspirada por conceitos antigos de equilíbrio, a Roda da Vida foi popularizada nos anos 1960 por Paul J. Meyer, mas tem raízes filosóficas em tradições orientais como o budismo, que explora o conceito de ciclos da vida e renascimento.

## Rodas-Gigantes pelo Mundo

A história das rodas-gigantes começou em 1893, com a criação da primeira delas pelo engenheiro George W. Ferris para a Exposição Mundial de Chicago. Desde então, essas estruturas tornaram-se ícones de progresso e lazer em todo o mundo:

- **Ain Dubai, Emirados Árabes Unidos:** A maior roda-gigante do mundo, com 250 metros de altura, oferece vistas que parecem tocar o céu.
- **Roda Rico, São Paulo:** Com 91 metros de altura, é a maior da América Latina, proporcionando uma visão única da capital paulista.

Assim como a "roda-viva" de Chico Buarque carrega histórias e emoções, a roda-gigante de Ubatuba promete momentos inesquecíveis. Com eventos exclusivos, como os giros ao nascer do sol e uma celebração especial para o Réveillon de 2025, ela é mais do que uma atração turística — é um espaço de conexão entre pessoas, memórias e a cidade.

As rodas-gigantes nos oferecem mais do que diversão: proporcionam novas perspectivas, tanto físicas quanto emocionais. Nas voltas da roda, somos lembrados de que, como canta Chico, "o tempo rodou num instante", mas que cada instante pode se transformar em uma eternidade de significado e beleza.

De Chicago a Ubatuba, as rodas-gigantes continuam a inspirar e conectar pessoas, girando sonhos e experiências que nos elevam a novos patamares.

## Que verão foi esse? O Verão da Lata – Realidade ou Roteiro de Cinema?

O verão de 1987 para 1988 deixou um legado tão único e surreal que, até hoje, parece mais um roteiro de cinema. Conhecido como o *Verão da Lata*, este episódio envolveu o navio *Solana Star*, que, ao tentar evitar ser capturado pelas autoridades, despejou no mar cerca de 15 mil latas contendo maconha tailandesa de alta qualidade, prensada com mel e glicose. As correntes marítimas levaram essas latas a diversas praias do Brasil, incluindo Ubatuba, transformando aquele verão em um evento histórico e cultural.

As latas começaram a aparecer em praias do litoral norte paulista em setembro de 1987 e se espalharam rapidamente pela costa, alcançando o Rio de Janeiro, o Rio Grande do Sul e outros estados. Para muitos, o evento foi quase mítico. Surfistas buscavam as latas nas ondas, pescadores as encontravam em alto-mar, e curiosos as seguiam até as areias. Enquanto a polícia tentava recuperar as latas, muitas pessoas as usavam sem sequer saber do que se tratava: caiçaras as queimavam para espantar mosquitos, outras as utilizavam como tabaco e, em alguns casos, até as cozinhavam.

O episódio deu origem a uma série de histórias e lendas que misturam humor e incredulidade. Foi um verão que ficou na memória coletiva, especialmente em Ubatuba, onde as praias se tornaram palco de uma narrativa tão extraordinária que parecia ficção.

Imagine a surpresa de banhistas, caiçaras e surfistas ao encontrar latas misteriosas flutuando no mar. Para muitos, parecia um presente de Yemanjá; para outros, um mistério a ser desvendado. As latas, embaladas a vácuo, conservavam a maconha tailandesa em condições perfeitas, despertando curiosidade e cobiça.

Figura 29 - Apreensão de latas recheadas de maconha Fonte: Revista Carta Capital - https://www.cartacapital.com.br/wp-content/uploads/2012/07/dalata2.jpg

Histórias peculiares surgiram por toda parte. Caiçaras queimavam a erva para espantar mosquitos ou a usavam como tabaco, sem saber de sua origem. Surfistas e pescadores partiam em expedições para encontrar mais latas, enquanto outros alugavam barcos para aumentar as chances de sucesso. Apesar das operações policiais, que conseguiram recuperar pouco mais de 3 mil unidades, a maioria das latas se perdeu no mar ou foi parar nas mãos de curiosos, alimentando lendas e o imaginário coletivo.

## O Navio *Solana Star*

O *Solana Star*, comprado na Austrália e carregado com 22 toneladas de maconha na Tailândia, tinha como destino final os Estados Unidos. Ao se aproximar da costa brasileira, a tripulação foi alertada pela DEA (agência antidrogas norte-americana) sobre a interceptação da operação. Para evitar serem capturados, os traficantes despejaram as latas ao mar próximo à Ilha Grande, no Rio de Janeiro. Dias depois, o navio foi encontrado vazio, com apenas o cozinheiro a bordo, que acabou preso. Os demais tripulantes conseguiram fugir, deixando para trás uma história tão peculiar quanto memorável.

## Da Lata à Cultura Popular

O impacto do *Verão da Lata* transcendeu as areias das praias e se tornou parte da cultura brasileira. Esse episódio inspirou livros, músicas e documentários que imortalizam os acontecimentos:

- **Livro:** *Verão da Lata*, do jornalista Wilson Aquino, detalha os eventos com entrevistas e relatos que capturam a essência desse capítulo inusitado da história brasileira.
- **Documentário:** *O Verão da Lata – Baseado em Fatos Reais*, dirigido por Tocha Alves e Haná Vaisman, revive momentos de forma cinematográfica, trazendo depoimentos de quem vivenciou o episódio.
- **Música:** *Veneno da Lata*, de Fernanda Abreu, transforma a história em poesia musical, misturando funk e samba para narrar o impacto cultural do evento.
- **Memes e Gírias:** A expressão "da lata", que passou a significar algo de qualidade superior, tornou-se uma gíria popular e ecoou na mídia e nas artes da época.

Mais do que um evento curioso, o *Verão da Lata* provoca reflexões importantes sobre a criminalização de substâncias como a maconha e o contraste com a aceitação social de outras substâncias, como o álcool. Este, apesar de amplamente associado a problemas sociais e de saúde pública, é amplamente acessível e culturalmente aceito, enquanto outras substâncias enfrentam uma política de repressão severa.

Este tópico não é uma apologia ao uso de drogas, mas um convite à reflexão. O evento ressalta as contradições nas políticas de drogas e levanta questões sobre o impacto social e cultural dessas escolhas.

O *Verão da Lata* foi mais do que um evento de verão; tornou-se parte do folclore brasileiro, imortalizado em memórias, obras culturais e na história de Ubatuba e do litoral brasileiro. Afinal, até mesmo o mar, com sua força e mistérios, pode trazer histórias dignas de um filme de cinema.

Capítulo 10

# Ubatuba no tempo: entre memórias, desafios e esperança

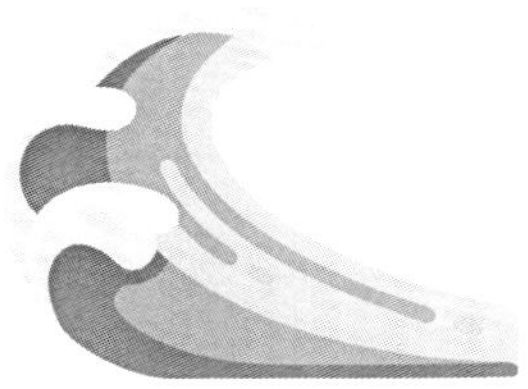

Ubatuba é um território de contrastes, onde riqueza natural e desafios urbanos coexistem, e este capítulo reflete sobre o presente e o futuro da cidade. Aqui, abordamos questões fundamentais como a distribuição de riqueza e os impactos do turismo, questionando como os benefícios econômicos são compartilhados e quais as consequências das decisões políticas e estruturais para moradores e visitantes.

A cidade carrega uma espiritualidade própria, onde o sagrado e o profano se entrelaçam nas festas populares, nas tradições religiosas e na relação íntima com a natureza. Em Ubatuba Sagrada e Profana, exploramos esse aspecto único da identidade local, onde fé e cultura popular se encontram.

Mas Ubatuba também é poesia, memória e celebração. Ubatuba, Você é Linda! Traz uma ode à cidade e seu povo, enquanto Oração ao Tempo convida a refletir sobre como as transformações impactam a vida cotidiana. Por fim, Ubatuba: Além do Tempo |

Memórias e Marés encerra a jornada, reafirmando que a cidade não é apenas um destino turístico, mas um espaço vivo, pulsante e cheio de histórias a serem contadas e preservadas.

Este capítulo é um chamado à consciência e ao pertencimento, uma reflexão sobre como podemos garantir que a beleza e a identidade de Ubatuba resistam ao tempo, mantendo-se como um refúgio de cultura, natureza e vida.

## É preciso estar atento e forte! Privatizam-se os lucros, compartilham-se os prejuízos

*É preciso estar atento e forte*
*Não temos tempo de temer a morte.*
*(Divino Maravilhoso)*

Os versos de *Divino Maravilhoso*, imortalizados na voz de Gal Costa, ressoam como um chamado à resistência. Em tempos de desafios ambientais, sociais e culturais, Ubatuba se torna um campo de batalha entre a preservação e o progresso, entre o respeito à sua história e as pressões do presente. Aqui, tudo é perigoso; tudo é divino maravilhoso.

A cidade, cercada pelo mar e pela floresta, carrega a força de sua biodiversidade, de seu povo e de suas lutas. Estar em Ubatuba é viver entre extremos: a exuberância e a ameaça, a beleza e a destruição, a resistência e a renovação.

"Atenção ao dobrar uma esquina, uma alegria, atenção menina [...]".

Ubatuba, apesar de seu título de Capital do Surfe e paraíso natural, não está imune às contradições do desenvolvimento. O crescimento desordenado, o desmatamento, a especulação imobiliária e o turismo predatório colocam em risco os ecossistemas locais. Para além das praias paradisíacas, há comunidades que lutam para manter vivas suas raízes caiçaras, indígenas e quilombolas.

A cidade, que abriga uma das mais ricas biodiversidades do Brasil e do planeta, precisa mais do que nunca da atenção de seus moradores e visitantes. Cada rio que corre, cada trilha que se abre, cada peixe pescado carrega consigo uma história que precisa ser preservada.

A canção de Gal Costa e Caetano Veloso, lançada no contexto da ditadura militar, falava da urgência de resistir em tempos sombrios. Hoje, Ubatuba vive uma resistência diferente, mas igualmente essencial: a luta para existir sem ser descaracterizada.

Como alertou Celso Furtado, o Brasil historicamente pratica a "privatização dos lucros e socialização dos prejuízos". E essa realidade se reflete em Ubatuba: grandes empreendimentos exploram suas riquezas naturais, mas os custos ambientais e sociais recaem sobre a população local.

A especulação imobiliária expulsa comunidades tradicionais, a poluição impacta os pescadores, e o turismo mal planejada ameaça o equilíbrio ecológico da cidade.

*"Atenção para as janelas no alto*
*Atenção ao pisar o asfalto, o mangue*
*Atenção para o sangue sobre o chão".*

Aqui, o divino e o perigoso caminham lado a lado. A beleza das praias esconde a fragilidade dos ecossistemas costeiros. O verde da Mata Atlântica abriga espécies ameaçadas. O crescimento urbano expande-se sobre áreas de preservação. O turismo impulsiona a economia, mas também deixa marcas profundas na cidade e em seus habitantes.

Ubatuba é resistência. A cada manifestação pela defesa da Serra do Mar, a cada ação para proteger os povos tradicionais, a cada onda surfada com respeito à natureza, reafirmamos que o futuro desta cidade não pode ser escrito sem cuidado e consciência.

*"É preciso estar atento e forte*
*Não temos tempo de temer a morte".*

O que podemos fazer para garantir que o divino e maravilhoso de Ubatuba continue a existir?

- **Respeitar as comunidades locais:** O povo caiçara, os indígenas e os quilombolas são guardiões de saberes ancestrais. Suas histórias fazem parte do que Ubatuba é e sempre será.
- **Preservar a natureza:** Ubatuba só é Ubatuba porque é natureza em estado puro. Manter as trilhas, os rios, os mangues e as praias limpas é um dever de todos.
- **Repensar o turismo:** Que tipo de cidade queremos? O turismo pode ser sustentável e benéfico para todos, mas isso exige planejamento e respeito ao meio ambiente.
- **Ser voz ativa nas decisões da cidade:** O futuro de Ubatuba não pode ser decidido apenas pelos que lucram com ela, mas por aqueles que a amam e nela vivem.

Como diz a canção: "Atenção para o samba exaltação". Que nossa exaltação a Ubatuba não seja vazia, mas carregada de propósito, amor e responsabilidade. Porque Ubatuba é divina e maravilhosa, mas também é frágil e precisa de quem a proteja.

E para isso, é preciso estar atento e forte...

## Ubatuba sagrada e profana

A música *Vaca Profana*, de Caetano Veloso, eternizada na voz ousada de Gal Costa e, mais recentemente, por Filipe Catto, é um manifesto à ruptura com o pensamento tradicional. Ela nos convida a questionar o normativo, celebrar o que é diverso e, sobretudo, compreender que a vida — como a arte — é uma dança entre o sagrado e o profano. Suas camadas de significado nos levam a refletir profundamente sobre o tempo em que vivemos, sobre o que escolhemos preservar e o que devemos abandonar.

A mensagem desta obra repercute em Ubatuba, cidade rica em natureza e cultura, mas que enfrenta desafios constantes. O futuro das comunidades tradicionais, a balneabilidade das praias, a qualidade das águas dos rios e cachoeiras, a luta contra a verticalização e a ocupação irregular de áreas de preservação são temas urgentes. Somados a isso, há a necessidade de respeito às manifestações culturais, aos credos e às pessoas, sem preconceitos ou racismo — seja ele estrutural ou ambiental. Inspirados por *Vaca Profana*, este capítulo é um convite para que sejamos protagonistas na proteção de Ubatuba: nossa casa, nosso refúgio e nosso legado.

Da mesma forma que a música expressa a transição entre a juventude irreverente e a maturidade reflexiva, Ubatuba precisa ultrapassar a mera contemplação. É hora de colocarmos nossos 'blocos na rua' com coragem e determinação, lutando pelo que realmente importa. A maturidade nos ensina que a preservação não é apenas resistência: é um compromisso com o futuro. É fundamental escolhermos melhor nossos representantes, afastando negacionistas e defendendo políticas que valorizem o meio ambiente e as pessoas.

Ubatuba, com sua riqueza natural e cultural, não pode ser reduzida a um destino para turistas passageiros ou a uma memória de verão. É preciso um amor ativo, como o descrito por Caetano quando clama pelo "leite bom" — símbolo de abundância, vitalidade e renovação. Esse "leite bom" precisa ser traduzido em ações que fortaleçam a comunidade e mantenham o equilíbrio delicado de nossa terra.

"Vaca profana, põe teus cornos pra fora e acima da manada" é um chamado à coragem para romper com convenções que nos mantêm estagnados. É tempo de desafiar modelos que priorizam o lucro imediato em detrimento da sustentabilidade. Não podemos mais aceitar que a expansão desordenada, o desmatamento e o descaso político destruam florestas, contaminem rios ou marginalizem comunidades tradicionais ou comunidades mais afastadas.

A cultura caiçara, os quilombolas e os indígenas que formam a identidade de Ubatuba são como essa "dona de divinas tetas": fontes de sabedoria e inspiração que precisamos valorizar. Proteger suas histórias, modos de vida e territórios é preservar nossa própria essência.

Assim como Caetano transforma o cotidiano em arte, nossa missão é transformar a preservação de Ubatuba em um gesto poético. Que cada escolha — manter uma praia limpa, proteger uma área de Mata Atlântica, apoiar pescadores locais ou educar crianças sobre sustentabilidade — seja um verso nessa composição coletiva.

O futuro de Ubatuba depende de sermos tímidos na humildade de aprender com a natureza e as comunidades locais, mas também espalhafatosos na coragem de lutar por ela. Precisamos ser a mistura do respeito ancestral com a ousadia do novo, honrando o passado enquanto construímos o futuro.

No fim das contas, *Vaca Profana* nos ensina que o extraordinário acontece quando rompemos com o ordinário. Que sejamos os profanos da nossa própria história, ousados o suficiente para proteger Ubatuba e sábios o suficiente para reconhecer que sua preservação é também a preservação de nós mesmos.

Assim, deixo um convite final: que cada um de nós escreva, como Caetano, "palavras na voz de uma mulher sagrada", criando uma Ubatuba que acolhe, prospera e inspira. Ser protagonista vai além de agir — é fazer história. Que nossa história seja a de proteger este paraíso que chamamos de lar, para que ele continue encantando gerações com sua beleza e ousadia.

E que, como na música, possamos dizer: "Chuva do mesmo bom sobre os caretas", enquanto transformamos o mundo com coragem, amor e arte.

## Ubatuba, Você É Linda!

Ah, nossa Ubatuba, que segue linda mesmo diante de tantos desafios! Até quando sua resiliência e força resistirão se não forem amadas e cuidadas por todos nós? Moradores, turistas e, principalmente, nossos governantes — que deveriam assumir com seriedade essa missão, mas muitas vezes se perdem na omissão. Será que estamos prontos para cuidar e preservar Ubatuba de verdade?

Assim como a canção *Você É Linda* de Caetano Veloso celebra a beleza, a força e a singularidade de quem se ama, este livro é uma homenagem à riqueza cultural, histórica e natural de Ubatuba. Cada página buscou revelar a profundidade de nossas raízes, o brilho das nossas tradições e a resistência de nosso povo.

As palavras de Caetano nos inspiram a olhar para Ubatuba como uma *onda do mar do amor*, que nos toca com histórias, memórias e paisagens que moldam quem somos. A cidade, como a figura descrita na música, é bela, forte, cheia de ritmo e dona de um encanto único que transcende o tempo e os desafios.

Se Ubatuba fosse um personagem dessa canção, seria "mãe do sol", com sua luz que irradia vida e calor; seria "mina de estrelas", com seu céu noturno que abraça o oceano e as montanhas. É também a "onda do mar do amor", que nos renova e conecta à natureza, às nossas raízes e uns aos outros.

Figura 30 - Vista da baía do Itaguá com um barco de pesca e ao fundo a Praia Vermelha do Norte e Mata Atlântica - Arquivo pessoal

Este livro é um convite para que nunca nos esqueçamos de quem somos e do que carregamos. Como diz a canção: "Você é linda e sabe viver. Você me faz feliz". Que cada leitor leve consigo a certeza de que Ubatuba é um tesouro a ser amado, protegido e celebrado — assim como uma canção eterna, cuja melodia ecoa em nossos corações.

A você, Ubatuba, terra ancestral e sagrada, este livro é só pra dizer: *Você é linda, mais do que demais.*

## Oração ao Tempo: Ubatuba e o Ritmo da Vida

A música *Oração Ao Tempo*, de Caetano Veloso, é um convite poético à reflexão sobre a passagem do tempo e sua capacidade de curar, transformar e oferecer novas perspectivas. Em cada verso, há um diálogo com o tempo como se fosse uma entidade viva, um "compositor de destinos" e "tambor de todos os ritmos", capaz de reger a sinfonia da vida. Assim como na música, este livro também busca um diálogo com o tempo, explorando as histórias e memórias de Ubatuba, que carregam tanto a beleza quanto os desafios de se viver em um lugar tão único.

O tempo, em Ubatuba, tem seu próprio ritmo. Ele pulsa na cadência das ondas, que formam as praias; no crescimento lento, mas resiliente, da Mata Atlântica; e no vai e vem das marés que sempre retornam, como os momentos que o tempo insiste em nos lembrar. O tempo também está presente nas tradições caiçaras, que preservam práticas ancestrais, como o preparo de pratos típicos e as celebrações coletivas, que resistem mesmo diante das transformações do mundo moderno.

O tempo, com sua sabedoria silenciosa, ensina lições valiosas àqueles que sabem ouvi-lo. Assim como a música de Caetano nos lembra que 'és um senhor tão bonito', a história de Ubatuba nos mostra que cada instante traz consigo a oportunidade de preservar nossas raízes, respeitar os ciclos da vida e ressignificar nossas escolhas. O tempo não apenas revela significados ocultos, mas também nos dá a chance de curar feridas, recuperar o que parecia perdido e descobrir, em cada momento, um novo começo.

Que a leitura deste livro seja, para cada leitor, um convite a entrar nesse acordo com o tempo. Que inspire não apenas a apreciação da história e da cultura de Ubatuba, mas também um olhar mais atento para o presente que nos cerca, onde quer que estejamos. Assim como o tempo, Ubatuba nos ensina sobre a beleza da continuidade e da transformação. Que possamos levar essa lição em cada passo que damos, reconhecendo o tempo como o dom precioso que ele é.

Por fim, como diz a música, "peço-te o prazer legítimo e o movimento preciso". Que saibamos viver o tempo com propósito, seja nas praias de Ubatuba ou nos caminhos que escolhemos seguir. E que, em algum nível, nos reunamos com esse tempo, celebrando a vida e suas infinitas possibilidades.

## Ubatuba:<br>Além do Tempo – Memórias e Marés

Para encerrar esta obra que celebra a vida, a essência de Ubatuba, sua história, cultura, natureza e também seus desafios, nada mais inspirador do que a poesia envolvente de *Conto de Areia*, eternizada na voz de Clara Nunes. A canção nos transporta para um universo mágico de marés, memórias e promessas, tão semelhante ao que Ubatuba representa para aqueles que aqui vivem ou visitam.

Tal como as marés que vão e vêm trazendo conchas e histórias à beira-mar, a trajetória de Ubatuba é marcada por ciclos de transformação. Aqui, cada onda carrega fragmentos de um passado rico, de lutas e resistências, mas também de sonhos e esperança.

As águas de Ubatuba não são apenas testemunhas das memórias de comunidades caiçaras, indígenas, quilombolas, ubatubenses e ubatubanos; elas são cúmplices, levando e trazendo histórias que formam a alma deste lugar único. Assim como na canção, o "chamado do mar" aqui não é apenas físico, mas espiritual, conectando todos os que pisam nesta terra à força maior da natureza e ao sagrado.

*"Foi beira-mar que chamou* [...]".

Ubatuba é um lugar onde o mar e a terra se encontram em harmonia. Essa fusão é uma lição para o futuro: preservar nossas raízes, respeitar a natureza e valorizar as histórias que compõem a identidade deste território. Vamos todos agir e proteger esse lugar ímpar no mundo. Como o mar de Clara Nunes, que embala promessas e mistérios, Ubatuba guarda o potencial de inspirar novas gerações a cuidar do que realmente importa.

Além do Tempo, Além das Marés... Ao longo destas páginas, viajamos por memórias que emergem como ondas, revivendo a força das tradições, o encanto das lendas e a urgência de preservar este paraíso. Que este livro seja um convite para todos — moradores, visitantes e sonhadores — a serem parte ativa dessa história, seja preservando as florestas, valorizando as comunidades ou simplesmente se permitindo ser tocados pela beleza de Ubatuba.

Uma despedida, um novo começo... "Adeus, meu amor, não me espera porque eu já vou me embora [...]".

Encerrar este livro não é um adeus, mas um até logo. Tenho muito mais a pesquisar e contar sobre Ubatuba. Que Ubatuba continue sendo uma inspiração, um refúgio e um espaço para quem busca conexão com a natureza, com o passado e consigo mesmo. Que, como as marés, possamos sempre retornar, trazendo novos aprendizados e levando a certeza de que Ubatuba, com suas memórias e marés, permanecerá além do tempo.

E, assim como as águas do mar, seguimos: "É água no mar, é maré cheia, oi... Mareia, oi, mareia".

Que possamos continuar a escutar o chamado do mar, que nos conecta às profundezas de nossa própria história e à vastidão de nossos sonhos.

# Referências

## Referências pesquisadas capítulo 1:


**AGÊNCIA BRASIL.** Obra de Eduardo Galeano foi referência para intelectuais latino-americanos. Disponível em: https://agenciabrasil.ebc.com.br/internacional/noticia/2015-04/obra-de-eduardo-galeano-foi-referencia-para-intelectuais-latino. Acesso em: 23 dez. 2024.

**ALANA.** Glossário: Desemparedamento da infância. Disponível em: https://alana.org.br/glossario/desemparedamento-da-infancia/. Acesso em: 23 dez. 2024.

ALMANAQUE URUPÊS. Condessa de Vimieiro. Disponível em: http://almanaqueurupes.com.br/index.php/condessa-de-vimieiro/. Acesso em: 16 out. 2024.

**ARCA DE DARWIN.** Buganvília e a mulher que, disfarçada de homem, a descobriu. Disponível em: https://arcadedarwin.blogs.sapo.pt/buganvilia-e-a-mulher-que-disfarcada-de-435175. Acesso em: 15 dez. 2024.

**ASSEMBLEIA LEGISLATIVA DO ESTADO DE SÃO PAULO.** Lei nº 492, de 2007. Declara o município de Ubatuba "Capital do Surfe" do Estado de São Paulo. Disponível em: https://www.al.sp.gov.br/noticia/?id=286753. Acesso em: 15 dez. 2024.

**ASSEMBLEIA LEGISLATIVA DO ESTADO DE SÃO PAULO.** Propositura nº 715874. Disponível em: https://www.al.sp.gov.br/propositura/?id=715874. Acesso em: 15 dez. 2024.

**ASSOCIAÇÃO UBATUBENSE DE SURF (AUS).** Página oficial. Disponível em: https://www.aus.org.br/. Acesso em: 15 dez. 2024.

**BENEVIDES.** Desemparedar as infâncias significa considerar que as crianças têm direito de aprender fora de quatro paredes. Disponível em: https://benevides.pa.gov.br/cidadedascriancas/ver-noticia/25065/5428. Acesso em: 23 dez. 2024.

**BELCHIOR.** Sujeito de Sorte. Disponível em: https://www.letras.mus.br/belchior/344922/. Acesso em: 28 jan. 2025.

**BRASIL DE FATO.** 50 anos de Veias Abertas da América Latina: um livro para entender a vida e o mundo. Disponível em: https://www.brasildefato.com.br/2021/04/24/50-anos-de-veias-abertas-da-america-latina-um-livro-para-entender-a-vida-e-o-mundo. Acesso em: 23 dez. 2024.

**CAMARGO, Ophélia Alves de Figueira de.** Ubatuba ou 'Ubachuva': uma questão de geografia. São Paulo: GraphBox, 1994.

**CÂMARA MUNICIPAL DE UBATUBA.** Decreto nº 159, de 16 de setembro de 1968. Disponível em: https://camaraubatuba.sp.gov.br/documentos/decretos/1968/1590001.pdf. Acesso em: 15 dez. 2024.

**CÂMARA MUNICIPAL DE UBATUBA.** Lei nº 2.349, de 2003. Disponível em: https://www.camaraubatuba.sp.gov.br/documentos/leis/2003/2349.pdf. Acesso em: 16 out. 2024.

**CÂMARA MUNICIPAL DE UBATUBA.** Lei nº 1.454, de 1995. Disponível em: https://cmubatuba.legislacaocompilada.com.br/Arquivo/Documents/legislacao/image/L14541995.pdf. Acesso em: 15 dez. 2024.

**CÂMARA MUNICIPAL DE UBATUBA.** Lei nº 2.732, de 2005. Disponível em: https://cmubatuba.legislacaocompilada.com.br/Arquivo/Documents/legislacao/image/L27322005.pdf. Acesso em: 15 dez. 2024.

**CULTURA GENIAL.** Eu sei, mas não devia - Marina Colasanti. Disponível em: https://www.culturagenial.com/eu-sei-mas-nao-devia-marina-colasanti/. Acesso em: 23 dez. 2024.

**EDCITIES.** International Association of Educating Cities. Disponível em: https://www.edcities.org/. Acesso em: 23 dez. 2024.

**EDUCAÇÃO E TERRITÓRIO.** Cidade Educadora. Disponível em: https://educacaoeterritorio.org.br/glossario/cidade-educadora-2/. Acesso em: 23 dez. 2024.

**FREINET, Célestin.** As Técnicas Freinet da Escola Moderna. Lisboa: Editorial Estampa, 1996.

**FREINET, Célestin.** O método natural I: a aprendizagem da língua. Lisboa: Estampa, 1977.

**FREIRE, Paulo.** Conscientização: teoria e prática da libertação – uma introdução ao pensamento de Paulo Freire. 4. ed. São Paulo: Moraes, 1980.

**GALEANO, Eduardo.** As veias abertas da América Latina. Tradução de Sergio Faraco. Porto Alegre: L&PM, 2021.

**GELEDÉS** – Instituto da Mulher Negra. Lançado glossário do pensamento contracolonial. Disponível em: https://www.geledes.org.br/lancado-glossario-do-pensamento-contracolonial-um-guia-que-ajuda-a-ecoar-ideias-de-intelectuais-brasileiros/. Acesso em: 23 dez. 2024.

**INSTITUTO HISTÓRICO E GEOGRÁFICO DE SÃO PAULO**. *Terceiro Centenário de Ubatuba*. São Paulo: Instituto Histórico e Geográfico de São Paulo, 1938.

**KRENAK, Ailton.** Ideias para adiar o fim do mundo. São Paulo: Companhia das Letras, 2020.

**MILTON NASCIMENTO.** Quem Sabe Isso Quer Dizer Amor. Disponível em: https://www.letras.mus.br/milton-nascimento/70280/. Acesso em: 16 out. 2024.

**NOVA ESCOLA.** Desemparedando a educação infantil: reflexões sobre crianças e a natureza. Disponível em: https://novaescola.org.br/conteudo/20165/desemparedando-a-educacao-infantil-reflexoes-sobre-criancas-e-a-natureza. Acesso em: 23 dez. 2024.

**OLHAR DIGITAL.** Uma hora na natureza tem efeito positivo para o cérebro humano. Disponível em: https://olhardigital.com.br/2022/09/22/ciencia-e-espaco/uma-hora-na-natureza-tem-efeito-positivo-para-o-cerebro-humano/. Acesso em: 23 dez. 2024.

**ORIGEM SURF.** Sobre. Disponível em: https://origemsurf.com.br/sobre/. Acesso em: [data de acesso].

**REINVENTANDO A EDUCAÇÃO.** Reinventando a Educação: Comunidade de práticas pedagógicas inovadoras. Disponível em: https://reinventandoaeducacao.org/. Acesso em: 23 dez. 2024.

**RELVAS, Marta Pires. Cérebro: contextos, nuances e possibilidades.** Rio de Janeiro: WAK Editora, 2019.

**SILVA, Dinair Andrade da.** Roteiro de análise de fonte primária – América Invertida. In: Histórias das Américas. Disponível em: https://historiasdasamericas.com/america-invertida/. Publicado em: 21 set. 2021. Acesso em: 23 dez. 2024.

**UFSC – Universidade Federal de Santa Catarina.** Você sabia?. Disponível em: https://www.camarasaojoaquim.sc.gov.br/imprensa/institucional/Voce--Sabia/1/2021/12. Acesso em: 23 dez. 2024.

**UNIVERSALISMO Construtivo.** In: ENCICLOPÉDIA Itaú Cultural de Arte e Cultura Brasileira. São Paulo: Itaú Cultural, 2025. Disponível em: http://enciclopedia.itaucultural.org.br/termos/80105-universalismo-construtivo. Acesso em: 23 jan. 2025.

**WWF BRASIL.** Pesquisas mostram benefícios da conexão com a natureza para saúde física e mental. Disponível em: https://www.wwf.org.br/?86440/Pesquisas-mostram-beneficios-da-conexao-com-a-natureza-para-saude-fisica-e-mental. Acesso em: 23 dez. 2024.

## Referências pesquisadas capítulo 2:

**BBC NEWS BRASIL.** Jean-Baptiste Debret: artista francês que pintou a brutalidade do Brasil escravocrata – e acabou rejeitado na época. Disponível em: https://www.bbc.com/portuguese/articles/c4nyjggvgy4o. Acesso em: 24 jan. 2025.

**BBC NEWS BRASIL.** Os vergonhosos "zoológicos humanos" que existiram na Europa até 1958. Disponível em: https://www.bbc.com/portuguese/geral-63371607. Acesso em: 23 dez. 2024.

**CAETANO VELOSO.** Um índio. Disponível em: https://www.letras.mus.br/caetano-veloso/44788/. Acesso em: 15 dez. 2024.

**CÂMARA MUNICIPAL DE UBATUBA.** Lei nº 1912, de 2 de fevereiro de 2000. Dá a denominação de "Praça do Motociclista" à praça Rosa dos Ventos, em frente ao Aeroporto Gastão Madeira, na orla central da cidade. Disponível em: https://cmubatuba.legislacaocompilada.com.br/Arquivo/Documents/legislacao/image/L19122000.pdf. Acesso em: 28 jan. 2025.

**CÂMARA MUNICIPAL DE UBATUBA.** Lei nº 2199, de 1[illegible] de junho de 2002. Dá denominação de "Pista de Skate João Serpa (Fifo) e Alfredo Vieira" ao espaço esportivo situado na Rua Guarani, em frente ao Aeroporto. Disponível em: https://cmubatuba.legislacaocompilada.com.br/Arquivo/Documents/legislacao/image/L21992002.pdf. Acesso em: 28 jan. 2025.

**CÂMARA MUNICIPAL DE UBATUBA.** Lei nº 2265, de 29 de novembro de 2002. Disponível em: https://cmubatuba.legislacaocompilada.com.br/Arquivo/Documents/legislacao/image/L22652002.pdf. Acesso em: 23 dez. 2024.

**CÂMARA MUNICIPAL DE UBATUBA.** Lei nº 2686, de 4 de julho de 2005. Altera a denominação da Praça localizada na Rua Guarani, em frente ao Aeroporto "Gastão Madeira", a qual passa a denominar-se "Praça Trópico de Capricórnio". Disponível em: https://cmubatuba.legislacaocompilada.com.br/Arquivo/Documents/legislacao/image/L26862005.pdf. Acesso em: 28 jan. 2025.

**CÂMARA MUNICIPAL DE UBATUBA.** Projeto de Lei nº 150, de 2001. Disponível em: https://www.camaraubatuba.sp.gov.br/documentos/projeto_lei/2001/1500005.pdf. Acesso em: 28 jan. 2025.

**CIÊNCIA HOJE.** O Hans Staden de Cândido Portinari. Disponível em: https://cienciahoje.org.br/acervo/o-hans-staden-de-candido-portinari/. Acesso em: 18 dez. 2024.

**CLUBE DA ESQUINA II.** Disponível em: https://www.letras.mus.br/clube-da-esquina/clube-da-esquina-ii/. Acesso em: 23 dez. 2024.

**E-BIOGRAFIA.** Jean-Baptiste Debret. Disponível em: https://www.ebiografia.com/jean_baptiste_debret/. Acesso em: 24 jan. 2025.

**ESTADO DE MINAS.** Primavera flamejante: flores dão show em BH. Disponível em: https://www.em.com.br/app/noticia/gerais/2023/10/17/interna_gerais,1577524/primavera-flamejante-flores-dao-show-em-bh.shtml. Acesso em: 23 dez. 2024.

**G1.** Flamboyant é considerada uma das árvores mais bonitas do mundo; você conhece essa espécie? Disponível em: https://g1.globo.com/sp/campinas-regiao/terra-da-gente/noticia/2020/11/23/flamboyant-e-considerada-uma-das-arvores-mais-bonitas-do-mundo-voce-conhece-essa-especie.ghtml. Acesso em: 23 dez. 2024.

**G1.** Flamboyant tem origem da África e foi introduzida no Brasil no século 19. Disponível em: https://g1.globo.com/sp/campinas-regiao/terra-da-gente/flora/noticia/2016/11/flamboyant-tem-origem-da-africa-e-foi-introduzida-no-brasil-no-seculo-19.html. Acesso em: 23 dez. 2024.

**G1.** Trópicos, meridianos e círculos: entenda as linhas que cortam a Terra. Disponível em: https://redeglobo.globo.com/globociencia/noticia/2013/05/tropicos-meridianos-e-circulos-entenda-linhas-que-cortam-terra.html. Acesso em: 23 dez. 2024.

**GEÓGRAFOS.** Ubatuba: localização, características e curiosidades. Disponível em: https://www.geografos.com.br/cidades-sao-paulo/ubatuba.php. Acesso em: 23 dez. 2024.

**ILHABELA ARQUEOLÓGICA.** Identificadas imagens do litoral norte feitas por Debret. Disponível em: https://ilhabelaarqueologica.blogspot.com/2010/12/identificadas-imagens-do-litoral-norte.html. Acesso em: 24 jan. 2025.

**INSTITUTO BRASILEIRO DE GEOGRAFIA E ESTATÍSTICA (IBGE).** Histórico: Ubatuba. Disponível em: https://cidades.ibge.gov.br/brasil/sp/ubatuba/historico. Acesso em: 16 out. 2024.

**LEGIÃO URBANA.** Índios. Disponível em: https://www.letras.mus.br/legiao-urbana/22497/. Acesso em: 15 dez. 2024.

**MACAPÁ.** Flamboyant. Disponível em: https://macapa.ap.gov.br/arborea/flamboyant/. Acesso em: 23 dez. 2024.

**MUNDO EDUCAÇÃO.** Trópicos de Câncer e Capricórnio. Disponível em: https://mundoeducacao.uol.com.br/geografia/tropicos-cancer-capricornio.htm. Acesso em: 23 dez. 2024.

**PORTINARI, Cândido.** Hans. Acervo Projeto Portinari. Disponível em: https://www.portinari.org.br/acervo/obras/15780/hans. Acesso em: 18 dez. 2024.

**RÁDIO COSTA AZUL FM.** Ubatuba recebe mais de 840 mil turistas nas festas de Natal e Ano Novo. Disponível em: https://www.radiocostaazulfm.com/noticias/ubatuba-recebe-mais-de-840-mil-turistas-nas-festas-de-natal-e-ano-novo/. Acesso em: 23 dez. 2024.

**RITA LEE.** Baila Comigo. Disponível em: https://www.letras.mus.br/rita-lee/48498/. Acesso em: 15 dez. 2024.

**UBATUBENSE.** Ubatuba em 1827 por Jean-Baptiste Debret. Disponível em: https://ubatubense.blogspot.com/2019/03/ubatuba-1827-por-jean-baptiste-debret.html. Acesso em: 24 jan. 2025.

**UOL BAND VALE.** Ubatuba é a cidade mais procurada por turistas. Disponível em: https://www.band.uol.com.br/band-vale/noticias/ubatuba-e-a-cidade--mais-procurada-por-turistas-16567253. Acesso em: 23 dez. 2024.

**SCIELO BRASIL.** Artigo sobre Hans Staden e Cândido Portinari. Disponível em: https://www.scielo.br/j/pg/a/ScC3JnzqtZHqncjx9bJwrBt/. Acesso em: 18 dez. 2024.

## Referências pesquisadas capítulo 3:

**ALMEIDA, Fernando Azevedo de.** O franciscano Ciccillo. São Paulo: Pioneira, 1976. (Novos umbrais).

**AMUSEARTE.** O mundo impossível de Escher. Hypotheses. Disponível em: https://amusearte.hypotheses.org/2072. Acesso em: 15 dez. 2024.

**BBC NEWS BRASIL.** Ainda Estou Aqui: filme de Walter Salles sobre Rubens Paiva narra trauma e impunidade dos crimes da ditadura militar. Disponível em: https://www.bbc.com/portuguese/articles/cj6e5886n3do. Acesso em: 23 dez. 2024.

**BRASIL**. Ministério das Comunicações. Rádio no Brasil: há mais de 100 anos criando e contando histórias. Disponível em: https://www.gov.br/mcom/pt-br/noticias/2021/setembro/radio-no-brasil-ha-mais-de-100-anos-criando-e-contando-historias. Acesso em: 23 dez. 2024.

**BRASIL ESCOLA.** História do rádio. Disponível em: https://brasilescola.uol.com.br/cultura/historia-do-radio.htm. Acesso em: 23 dez. 2024.

**CÂMARA MUNICIPAL DE UBATUBA.** Lei nº 19, de 1964. Disponível em: https://cmubatuba.legislacaocompilada.com.br/Arquivo/Documents/legislacao/html/L191964.html. Acesso em: 18 dez. 2024..

**CÂMARA MUNICIPAL DE UBATUBA.** Lei nº 619, de 1958. Disponível em: https://cmubatuba.legislacaocompilada.com.br/Arquivo/Documents/legislacao/image/L61958.pdf. Acesso em: 18 dez. 2024.

**CÂMARA MUNICIPAL DE UBATUBA.** Lei nº 1227, de 18 de janeiro de 1993. Dá denominação a rua no Loteamento Jardim Paula Nobre. Disponível em: https://cmubatuba.legislacaocompilada.com.br/Arquivo/Documents/legislacao/html/L12271993.html. Acesso em: 23 dez. 2024.

**CÂMARA MUNICIPAL DE UBATUBA.** Projeto de Lei nº 21/05 – Jardim Idalina do Amaral Graça. Disponível em: https://www.camaraubatuba.sp.gov.br/documentos/projeto_lei/2005/210082.pdf. Acesso em: 28 jan. 2025.

**CARLOS, Erasmo. É preciso dar um jeito, meu amigo**. Disponível em: https://www.letras.mus.br/erasmo-carlos/424159/. Acesso em: 23 dez. 2024.

**CICCILLO Matarazzo.** In: ENCICLOPÉDIA Itaú Cultural de Arte e Cultura Brasileira. São Paulo: Itaú Cultural, 2025. Disponível em: http://enciclopedia.itaucultural.org.br/pessoas/5091-ciccillo-matarazzo. Acesso em: 30 jan. 2025. ISBN: 978-85-7979-060-7.

**CONDEPHAAT.** O CONDEPHAAT e a UPPH. Disponível em: http://condephaat.sp.gov.br/o-condephaat-e-a-upph/. Acesso em: 29 dez. 2024.

**DIÁRIO DO LITORAL.** Mineradora inicia extração e venda de granito verde no litoral de São Paulo. 2024. Disponível em: https://www.diariodolitoral.com.br/diario-mais/mineradora-inicia-extracao-e-venda-de-granito-verde-no-litoral-de/185552/. Acesso em: 23 dez. 2024.

**DRÓGUET, Juan; FONSECA, Jorge Otavio.** *Ubatuba, espaço, memória e cultura.* 1. ed. 2005.

**ENCICLOPÉDIA Itaú Cultural.** Clodovil Hernandes. Disponível em: https://enciclopedia.itaucultural.org.br/pessoas/32838-clodovil. Acesso em: 23 dez. 2024.

**F5 - Folha de S. Paulo.** Leilão do acervo de Clodovil arrecada mais de R$ 370 mil em SP. Disponível em: https://f5.folha.uol.com.br/celebridades/1075732-leilao-do-acervo-de-clodovil-arrecada-mais-de-r-370-mil-em-sp.shtml. Acesso em: 23 dez. 2024.

**FASHION BUBBLES.** Clodovil Hernandes: trajetória e impacto na moda brasileira. Disponível em: https://www.fashionbubbles.com/historia-da-moda/clodovil-hernandes/. Acesso em: 23 dez. 2024.

**FERDINANDO DE SOUSA.** A caótica exploração do granito verde em Ubatuba. 2019. Disponível em: https://ferdinandodesousa.com/2019/03/15/a-caotica-exploracao-do-granito-verde-em-ubatuba/. Acesso em: 23 dez. 2024.

**FOLHA de S. Paulo.** Biografia de Clodovil revela profundez do personagem, mas peca em apuração. Disponível em: https://www1.folha.uol.com.br/ilustrada/2017/12/1943660-biografia-de-clodovil-revela-profundez-do-personagem-mas-peca-em-apuracao.shtml. Acesso em: 23 dez. 2024.

**FUNDAÇÃO BIENAL DE SÃO PAULO.** Arquivo histórico. Disponível em: http://arquivo.bienal.org.br/pawtucket/index.php/Detail/documento/2. Acesso em: 30 jan. 2025.

**FUNDART.** Ubatuba celebra os 150 anos de nascimento de Gastão Madeira, pioneiro da aviação. Disponível em: https://fundart.com.br/ubatuba-celebra--os-150-anos-de-nascimento-de-gastao-madeira-pioneiro-da-aviacao/. Acesso em: 24 jan. 2025.

**FUNDART.** A FundArt. Disponível em: https://fundart.com.br/a-fundart/. Acesso em: 29 dez. 2024.

**FUNDART.** Memorial Ciccillo Matarazzo. Disponível em: https://fundart.com.br/dt_portfolio/memorial-ciccillo-matarazzo/. Acesso em: 30 jan. 2025.

**GASTÃO Galhardo Madeira.** Disponível em: https://pt.wikipedia.org/wiki/Gast%C3%A3o_Galhardo_Madeira. Acesso em: 24 jan. 2025.

**GAZETA do Povo.** Polêmico, Clodovil tinha medo de não encontrar a mãe após a morte. Disponível em: https://www.gazetadopovo.com.br/vida-publica/polemico-clodovil-tinha-medo-de-nao-encontrar-a-mae-apos-a-morte--bhnepsvqbif7o34uob2u2gaj2/. Acesso em: 23 dez. 2024.

**G1.** Casamento entre Ciccillo Matarazzo e Yolanda Penteado mudou a história cultural de SP. Disponível em: https://g1.globo.com/sp/noticia/2018/11/25/casamento-entre-ciccilo-matarazzo-e-yolanda-penteado-mudou-a-historia-cultural-de-sp.ghtml. Acesso em: 30 jan. 2025.

**G1 Notícias.** Clodovil será enterrado ao lado da mãe, diz partido. Disponível em: https://g1.globo.com/Noticias/Politica/0,,MUL1047025-5601,00-CLODOVIL+SERA+ENTERRADO+AO+LADO+DA+MAE+DIZ+PARTIDO.html#:~:text=-Clodovil%20nasceu%20no%20dia%2017,Hernandes%20e%20Izabel%20Sanches%20Hernandes. Acesso em: 23 dez. 2024.

**G1 Vale do Paraíba e Região.** Exposição em Ubatuba recria gabinete do ex-deputado Clodovil. Disponível em: https://g1.globo.com/sp/vale-do-paraiba-regiao/noticia/2012/07/exposicao-em-ubatuba-recria-gabinete-do--ex-deputado-clodovil.html. Acesso em: 23 dez. 2024.

**G1 Vale do Paraíba e Região.** Seis anos após 1º leilão, mansão de Clodovil em Ubatuba pode ser demolida. Disponível em: https://g1.globo.com/sp/vale-do-paraiba-regiao/noticia/2023/11/30/seis-anos-apos-1-leilao-mansao-de-clodovil-em-ubatuba-no-litoral-de-sp-pode-ser-demolida.ghtml. Acesso em: 23 dez. 2024.

**GRANITO VERDE DE UBATUBA.** Blog: Granito Verde: Desenvolvimento e Resgate da Tradição. Disponível em: https://granitoverdedeubatuba.com.br/blog-granito-verde-desenvolvimento-e-resgate-da-tradicao.html. Acesso em: 23 dez. 2024.

**GRANITO VERDE DE UBATUBA.** História do Granito Verde de Ubatuba. Disponível em: https://granitoverdedeubatuba.com.br/historia-granito-ubatuba.html. Acesso em: 23 dez. 2024.

**INVENTORES.** Aviplano. Disponível em: https://inventores.com.br/aviplano/. Acesso em: 24 jan. 2025.

**IPHAN.** Iphan: 83 anos em defesa do patrimônio cultural. Disponível em: http://portal.iphan.gov.br/noticias/detalhes/5532/iphan-83-anos-em-defesa-do-patrimonio-cultural#:~:text=Iphan%20e%20sua%20hist%C3%B3ria&text=O%20Iphan%20teve%20como%20primeiro,pelos%20bens%20m%C3%B3veis%20neles%20existentes. Acesso em: 29 dez. 2024.

**LEGISLAÇÃO MUNICIPAL DE UBATUBA.** Lei n.º 2446, de 2003. Disponível em: https://cmubatuba.legislacaocompilada.com.br/Arquivo/Documents/legislacao/image/L24462003.pdf. Acesso em: 30 jan. 2025.

**LN21.** Teatro de Ubatuba reativa Espaço Clodovil Hernandes. Disponível em: https://ln21.com.br/noticia/23810/teatro-de-ubatuba-reativa-espaco-clodovil-hernandes.html. Acesso em: 23 dez. 2024.

**MARTINS, O. M.** A vida de M. C. Escher. Faculdade de Ciências da Universidade de Lisboa. Disponível em: https://webpages.ciencias.ulisboa.pt/~ommartins/seminario/escher/vida.html. Acesso em: 15 dez. 2024.

**NATIONAL GEOGRAPHIC BRASIL.** O que foi o supercontinente Gondwana. 2024. Disponível em: https://www.nationalgeographicbrasil.com/historia/2024/06/o-que-foi-o-supercontinente-gondwana. Acesso em: 23 dez. 2024.

**NATIONAL GEOGRAPHIC BRASIL.** Qual é a origem do termo Gondwana. 2024. Disponível em: https://www.nationalgeographicbrasil.com/historia/2024/07/qual-e-a-origem-do-termo-gondwana. Acesso em: 23 dez. 2024.

**NOVA IMPRENSA.** Mineradora explora pedra ornamental encontrada exclusivamente em Ubatuba. 2024. Disponível em: https://novaimprensa.com/2024/09/mineradora-explora-pedra-ornamental-encontrada-exclusivamente-em-ubatuba.html. Acesso em: 23 dez. 2024.

**O UBATUBENSE.** *A primeira rádio de Ubatuba – Rádio Iperoig AM.* 2024. Disponível em: https://oubatubense.wordpress.com/2024/07/09/a-primeira-radio-de-ubatuba-radio-iperoig-am/. Acesso em: 18 dez. 2024..

**PONTIFÍCIA Universidade Católica de São Paulo (PUC-SP).** Clodovil Hernandes: 15 anos da morte do estilista. Disponível em: https://agemt.pucsp.br/noticias/clodovil-hernandes-15-anos-da-morte-do-estilista. Acesso em: 23 dez. 2024.

**PREFEITURA DE UBATUBA.** Gastão Madeira, pioneiro da aviação, é homenageado pela Prefeitura de Ubatuba. Disponível em: https://www.ubatuba.sp.gov.br/noticias/gastao-madeira-pioneiro-da-aviacao-e-homenageado-pela-prefeitura-de-ubatuba/. Acesso em: 24 jan. 2025.

**PREFEITURA MUNICIPAL DE UBATUBA.** Nota de esclarecimento. Disponível em: https://www.ubatuba.sp.gov.br/smo/nota-de-esclarecimento/. Acesso em: 28 jan. 2025.

**PREFEITURA MUNICIPAL DE UBATUBA.** Novo espaço da Feira de Artesanato e Afins é inaugurado na orla da praia do Iperoig. Disponível em: https://www.ubatuba.sp.gov.br/noticias/feiraartesanato/. Acesso em: 28 jan. 2025.

**PREFEITURA MUNICIPAL DE UBATUBA.** Ubatuba inaugura Espaço Clodovil Hernandes. Disponível em: https://www.ubatuba.sp.gov.br/noticias/ubatuba-inaugura-espaco-clodovil-hernandes/. Acesso em: 23 dez. 2024.

**RÁDIO COSTA AZUL FM.** *Sobre nós.* Disponível em: https://www.radiocostaazulfm.com/sobre-nos/. Acesso em: 18 dez. 2024..

**REDE VOA.** Aeroporto Gastão Madeira – Ubatuba/SP. Disponível em: https://redevoa.com.br/nossos-aeroportos/aeroporto-gastao-madeira-ubatuba-sp/. Acesso em: 24 jan. 2025.

**REZENDE, Fernando.** O mundo impossível de Escher. Diário do Grande ABC. Disponível em: https://www.dgabc.com.br/Noticia/165361/o-mundo-impossivel-de-escher-. Acesso em: 15 dez. 2024.

**SANTOS, Priscila dos.** Análise da degradação ambiental associada à exploração mineral do granito verde em Ubatuba-SP. 2015. Dissertação (Mestrado em Geociências e Meio Ambiente) – Instituto de Geociências, Universidade de São Paulo, São Paulo, 2015. Disponível em: https://teses.usp.br/teses/disponiveis/44/44144/tde-05022015-145425/publico/corrigidaDissertacao_Mestrado_PriscilaSantos1.pdf. Acesso em: 23 dez. 2024.

**SÉRIE AVENIDA PAULISTA.** A saga da família Matarazzo e a mansão na Paulista – Parte 2. Disponível em: https://serieavenidapaulista.com.br/2021/02/13/a-saga-da-familia-matarazzo-e-a-mansao-na-paulista-parte-2/. Acesso em: 30 jan. 2025.

**TAMOIOS News.** Última reportagem de Gugu Liberato no Litoral Norte mostrou casa abandonada de Clodovil Hernandes. Disponível em: https://tamoiosnews.com.br/ultima-reportagem-de-gugu-liberato-no-litoral-norte-mostrou-casa-abandonada-de-clodovil-hernandes/. Acesso em: 23 dez. 2024.

**TODA MATÉRIA.** História do rádio. Disponível em: https://www.todamateria.com.br/historia-do-radio/. Acesso em: 23 dez. 2024.

**UBATUBA.** Lei nº 10/1953. Disponível em: https://cmubatuba.legislacaocompilada.com.br/Arquivo/Documents/legislacao/image/L101953.pdf. Acesso em: 24 jan. 2025.

**UBATUBA.** Lei nº 2.355/2003. Disponível em: https://cmubatuba.legislacaocompilada.com.br/Arquivo/Documents/legislacao/image/L23552003.pdf. Acesso em: 24 jan. 2025.

**UBATUBA.** Lei nº 2.740/2005. Disponível em: https://cmubatuba.legislacaocompilada.com.br/Arquivo/Documents/legislacao/image/L27402005.pdf. Acesso em: 24 jan. 2025.

**UBATUBA.** Lei nº 4.488/2022. Disponível em: https://cmubatuba.legislacaocompilada.com.br/Arquivo/Documents/legislacao/image/L44882022.PDF. Acesso em: 24 jan. 2025.

**UBATUBA SP.** Gastão Madeira. Disponível em: https://www.ubatubasp.com.br/gastao.htm. Acesso em: 24 jan. 2025.

**UBATUBENSE.** Monumento ao Granito Verde – Ubatuba. 2020. Disponível em: https://ubatubense.blogspot.com/2020/11/monumento-ao-granito-verde-ubatuba.html?m=1. Acesso em: 23 dez. 2024.

**UBATUBENSE.** Quem foi Gastão Madeira? Disponível em: https://ubatubense.blogspot.com/2015/03/quem-foi-gastao-madeira.html. Acesso em: 24 jan. 2025.

**UBATUBENSE.** Saudade de Ubatuba – por Idalina Graça. Disponível em: https://ubatubense.blogspot.com/2014/09/saudade-de-ubatubapor-idalina-graca.html. Acesso em: 28 jan. 2025.

**UNESCO.** A Organização das Nações Unidas para a Educação, a Ciência e a Cultura. Disponível em: <http://portal.mec.gov.br/encceja-2/480-gabinete-do-ministro-1578890832/assessoria-internacional-1377578466/20747-unesco#:~:text=A%20Organiza%C3%A7%C3%A3o%20das%20Na

## Referências pesquisadas capítulo 4:

**AGÊNCIA FAPESP.** Segredo fitoterápico. Disponível em: https://agencia.fapesp.br/segredo-fitoterapico/4261. Acesso em: 15 dez. 2024.

**AMDA.** Plantas da Mata Atlântica e seu potencial medicinal. Disponível em: https://amda.org.br/informacoes-ambientais/6130-plantas-da-mata-atlantica-e-seu-potencial-medicinal/. Acesso em: 15 dez. 2024.

**APREMAVI.** Guia de espécies nativas da Mata Atlântica. Disponível em: https://apremavi.org.br/category/guia-especies/nativas-da-mata-atlantica/. Acesso em: 15 dez. 2024.

**AQUÁRIO DE UBATUBA.** Dia Mundial da Água: Desafios da poluição em Ubatuba. Disponível em: https://aquariodeubatuba.com.br/dia-mundial-da-agua-desafios-da-poluicao-em-ubatuba/. Acesso em: 23 jan. 2025.

**AQUÁRIO DE UBATUBA.** Mata Atlântica: a segunda maior floresta do Brasil. Disponível em: https://aquariodeubatuba.com.br/mata-atlantica-a-segunda-maior-floresta-do-brasil/. Acesso em: 16 out. 2024.

**ASSEMBLEIA LEGISLATIVA DO ESTADO DE SÃO PAULO.** Lei nº 0A, de 11 de setembro de 1970. Disponível em: https://www.al.sp.gov.br/repositorio/legislacao/lei/1970/lei-0A-11.09.1970.html. Acesso em: 23 dez. 2024.

**BRASIL**. Câmara dos Deputados. Projeto de Lei nº 10.978, de 2018: Reconhece o município de Ubatuba, no Estado de São Paulo, como Capital Nacional da Mata Atlântica. Disponível em: http://www.camara.gov.br/proposicoesWeb/

prop_mostrarintegra?codteor=1692254&filename=PL-10978-2018. Acesso em: 20 nov. 2024.

**BRASIL.** Senado Federal. Projeto de Lei nº 6.208, de 2023 (nº 10.978/2018, na Câmara dos Deputados): Reconhece o município de Ubatuba, no Estado de São Paulo, como Capital Nacional da Mata Atlântica. Disponível em: https://www25.senado.leg.br/web/atividade/materias/-/materia/161815/pdf. Acesso em: 20 nov. 2024.

**BRASIL DE FATO.** Dia de proteção das florestas: conheça lutas de ativistas narradas pelo Brasil de Fato. Disponível em: https://www.brasildefato.com.br/2023/07/17/dia-de-protecao-das-florestas-conheca-lutas-de-ativistas-narradas-pelo-brasil-de-fato. Acesso em: 23 dez. 2024.

**BRASIL EM SÍNTESE.** Território. Disponível em: https://brasilemsintese.ibge.gov.br/territorio.html. Acesso em: 15 dez. 2024.

**BUTANTAN.** Conheça a história do Curupira, o defensor das árvores e dos animais. Disponível em: https://butantan.gov.br/bubutantan/conheca-a-historia-do-curupira-o-defensor-das-arvores-e-dos-animais. Acesso em: 23 dez. 2024.

**CÂMARA MUNICIPAL DE UBATUBA.** Lei nº 9.2018, de 20 de outubro de 2022. Disponível em: https://cmubatuba.legislacaocompilada.com.br/Arquivo/Documents/legislacao/image/C92018.pdf. Acesso em: 23 dez. 2024.

**CÂMARA MUNICIPAL DE UBATUBA.** Projeto de Lei nº 79/01, de 2001. Constitui comissão para realizar os estudos e projetos para a construção de estátua do pescador na entrada da cidade. Disponível em: https://camaraubatuba.sp.gov.br/documentos/projeto_lei/2001/790019.pdf. Acesso em: 28 jan. 2025.

**CÂMARA MUNICIPAL DE UBATUBA.** Lei nº 2417, de 06 de outubro de 2003. Disponível em: https://cmubatuba.legislacaocompilada.com.br/Arquivo/Documents/legislacao/image/L24172003.pdf. Acesso em: 30 dez. 2024.

**CARTA DE SÃO VICENTE.** Acervo Digital Socioambiental. Disponível em: https://acervo.socioambiental.org/acervo/documentos/carta-de-sao-vicente-1560. Acesso em: 16 out. 2024.

**CERRADOS.** Hoje, 17 de julho, é o Dia de Proteção às Florestas. Disponível em: https://cerrados.org/diaprotecaoflorestas#:~:text=Hoje%2C%2017%20

de%20julho%2C%20%C3%A9,em%20defesa%20do%20nosso%20Cerrado. Acesso em: 23 dez. 2024.

**CONSELHO FEDERAL DE BIOLOGIA.** Dia da Mata Atlântica. Disponível em: https://cfbio.gov.br/2024/05/27/dia-da-mata-atlantica/. Acesso em: 16 out. 2024.

**CURIOSIDADES DE UBATUBA.** Professor Joaquim Lauro Monte Claro. Disponível em: https://www.curiosidadesdeubatuba.com.br/professor-joaquim-lauro/. Acesso em: 23 dez. 2024.

**CURIOSIDADES DE UBATUBA.** Zé Capão, o Pescador que Saúda na Entrada de Ubatuba. Disponível em: https://www.curiosidadesdeubatuba.com.br/ze-capao/. Acesso em: 28 jan. 2025.

**ECO UBATUBA.** Taxa de Preservação Ambiental. Disponível em: https://www.ecoubatuba.com.br/. Acesso em: 23 dez. 2024.

**EMBRAPA.** Levantamento de espécies vegetais da Mata Atlântica com potencial medicinal. Disponível em: https://www.embrapa.br/busca-de-publicacoes/-/publicacao/951442/levantamento-de-especies-vegetais-da-mata-atlantica-com-potencial-medicinal. Acesso em: 15 dez. 2024.

**FUNDAÇÃO FLORESTAL.** Áreas protegidas: RPPN. Disponível em: https://fflorestal.sp.gov.br/areas-protegidas/rppn/. Acesso em: 23 dez. 2024.

**FUNDAÇÃO PROJETO TAMAR.** As tartarugas marinhas no Brasil. Disponível em: https://www.tamar.org.br/interna.php?cod=72. Acesso em: 28 jan. 2025.

**FUNDAÇÃO PROJETO TAMAR.** O Tamar no Brasil: conservação e pesquisa. Disponível em: https://www.tamar.org.br/noticia1.php?cod=1030. Acesso em: 28 jan. 2025.

**G1.** 92% das patentes que usam plantas da Mata Atlântica foram criadas fora do Brasil. Disponível em: https://revistagalileu.globo.com/um-so-planeta/noticia/2024/06/92percent-das-patentes-que-usam-plantas-da-mata-atlantica-foram-criadas-fora-do-brasil.ghtml. Acesso em: 15 dez. 2024.

**G1.** Ervário caiçara promove atividade sobre uso das plantas medicinais em Ubatuba (SP). Disponível em: https://g1.globo.com/sp/campinas-regiao/terra-da-gente/noticia/2023/03/06/ervario-caicara-promove-atividade-sobre-uso-das-plantas-medicinais-em-ubatuba-sp.ghtml. Acesso em: 15 dez. 2024.

**G1.** Quem foi Padre Anchieta, o primeiro repórter de natureza do Brasil. Disponível em: https://g1.globo.com/sp/campinas-regiao/terra-da-gente/noticia/2022/05/20/quem-foi-padre-anchieta-o-primeiro-reporter-de-natureza-do-brasil.ghtml. Acesso em: 16 out. 2024.

**GOVERNO FEDERAL.** Perguntas e respostas sobre RPPN. Disponível em: https://www.gov.br/icmbio/pt-br/servicos/servicos-do-icmbio-no-gov.br/crie-sua-rppn/perguntas-e-respostas-sobre-rppn. Acesso em: 23 dez. 2024.

**HORTO DIDÁTICO UFSC.** Plantas nativas da Mata Atlântica e implicações quanto à origem das plantas. Disponível em: https://hortodidatico.ufsc.br/plantas-nativas-da-mata-atlantica-e-implicacoes-quanto-a-origem-das-plantas/. Acesso em: 15 dez. 2024.

**IBERDROLA.** Ilha de lixo no Pacífico: o sétimo continente. Disponível em: https://www.iberdrola.com/sustentabilidade/ilha-de-lixo-pacifico-setimo-continente. Acesso em: 23 jan. 2025.

**IBFLORESTAS. Árvores nativas da Mata Atlântica.** Disponível em: https://www.ibflorestas.org.br/conteudo/arvores-nativas-da-mata-atlantica. Acesso em: 15 dez. 2024.

**IBFLORESTAS.** Bioma Mata Atlântica. Disponível em: https://www.ibflorestas.org.br/bioma-mata-atlantica. Acesso em: 16 out. 2024.

**ICMBIO.** Memorando: RPPN Morro do Curussu Mirim. Disponível em: https://sistemas.icmbio.gov.br/simrppn/requerimento/impressao/530/memorppn/. Acesso em: 23 dez. 2024.

**ICMBIO.** Portaria RPPN Morro do Curussu Mirim. Disponível em: https://sistemas.icmbio.gov.br/site_media/portarias/2010/07/22/PortRPPNMorrodoCurussuMirim.pdf. Acesso em: 23 dez. 2024.

**INFOSANBAS.** Município: Ubatuba (SP). Disponível em: https://infosanbas.org.br/municipio/ubatuba-sp/. Acesso em: 23 jan. 2025.

**INFRAESTRUTURA MEIO AMBIENTE.** No Dia de Proteção às Florestas, relembre a saga do Curupira no Estado de São Paulo. Disponível em: https://www.infraestruturameioambiente.sp.gov.br/ipa/2024/07/no-dia-de-protecao-as-florestas-relembre-a-saga-do-curupira-no-estado-de-sao-paulo/#:~:text=-Dia%2017%20de%20julho%20%C3%A9,ind%C3%ADgenas%20e%20no%20folclore%20nacional. Acesso em: 23 dez. 2024.

**INSTITUTO CLARO.** 5 livros para entender o pensamento decolonial. Disponível em: https://www.institutoclaro.org.br/educacao/nossas-novidades/noticias/5-livros-para-entender-o-pensamento-decolonial/. Acesso em: 16 out. 2024.

**LEGIÃO URBANA.** Que país é esse? Disponível em: https://www.letras.mus.br/legiao-urbana/46973/. Acesso em: 23 dez. 2024.

**MMA.** Mata Atlântica em desenvolvimento. Disponível em: https://antigo.mma.gov.br/biomas/mata-atl%C3%A2ntica_emdesenvolvimento.html. Acesso em: 15 dez. 2024.

**MUNDO EDUCAÇÃO.** Curupira. Disponível em: https://mundoeducacao.uol.com.br/folclore/curupira.htm. Acesso em: 23 dez. 2024.

**NATIONAL GEOGRAPHIC BRASIL.** As 6 praias pelo Brasil para ver as tartarugas marinhas. Disponível em: https://www.nationalgeographicbrasil.com/animais/2023/11/as-6-praias-pelo-brasil-para-ver-as-tartarugas-marinhas. Acesso em: 28 jan. 2025.

**NATIONAL GEOGRAPHIC BRASIL.** O que foi o supercontinente Gondwana. 2024. Disponível em: https://www.nationalgeographicbrasil.com/historia/2024/06/o-que-foi-o-supercontinente-gondwana. Acesso em: 23 dez. 2024.

**NATIONAL GEOGRAPHIC BRASIL.** Qual é a origem do termo Gondwana. 2024. Disponível em: https://www.nationalgeographicbrasil.com/historia/2024/07/qual-e-a-origem-do-termo-gondwana. Acesso em: 23 dez. 2024.

**NOVA IMPRENSA.** Mineradora explora pedra ornamental encontrada exclusivamente em Ubatuba. 2024. Disponível em: https://novaimprensa.com/2024/09/mineradora-explora-pedra-ornamental-encontrada-exclusivamente-em--ubatuba.html. Acesso em: 23 dez. 2024.

**PARQUE DAS AVES.** Plantas medicinais da Mata Atlântica. Disponível em: https://www.parquedasaves.com.br/blog/plantas-medicinais-mata-atlantica/. Acesso em: 15 dez. 2024.

**POTENCIAL BIÓTICO.** Plantas da Mata Atlântica. Disponível em: https://www.potencialbiotico.com/post/plantasdamataatlantica. Acesso em: 15 dez. 2024.

**PREFEITURA DE UBATUBA.** Decreto nº 8.032, de 2022. Disponível em: https://www.ubatuba.sp.gov.br/diariooficial/decreto_8032_de_2022/#:~:text=NOVEMBRO%20DE%202022-,Disp%C3%B5e%20sobre%20o%20cadastramento%20de%20ve%C3%ADculos%20para%20isen%C3%A7%-C3%A3o%20da%20cobran%C3%A7a,20%20de%20outubro%20de%20 2022. Acesso em: 23 dez. 2024.

**PREFEITURA DE UBATUBA.** Monumento Sabesp. Disponível em: https://www.ubatuba.sp.gov.br/noticias/monumentosabesp/. Acesso em: 23 jan. 2025.

**PREFEITURA DE UBATUBA.** Taxa de Preservação Ambiental (TPA). Disponível em: https://www.ubatuba.sp.gov.br/tpa/. Acesso em: 23 dez. 2024.

**PROGRAMA TATO.** O que precisa saber para observar tartarugas marinhas. Disponível em: https://www.programatato.org/post/o-que-precisa-saber-para-observar-tartarugas-marinhas-what-you-need-to-know-to-watch-sea-turtles. Acesso em: 28 jan. 2025.

**PROPOSITURA DO PROJETO DE LEI nº 1, de 1968.** Disponível em: https://www.al.sp.gov.br/propositura/?id=923249&tipo=1&ano=1968. Acesso em: 23 dez. 2024.

**REDARIO.** Biblioteca de espécies. Disponível em: https://www.redario.org.br/biblioteca?tag&category&search&type&language&media=-652d8d2188797424e8609056. Acesso em: 15 dez. 2024.

**RESEARCHGATE. Inventário Geológico do Patrimônio Construído no Litoral Norte do Estado de São Paulo, Brasil.** Disponível em: https://www.researchgate.net/publication/318507987_Inventario_Geologico_do_Patrimonio_Construido_no_Litoral_Norte_do_Estado_de_Sao_Paulo_Brasil#pf16. Acesso em: 28 jan. 2025.

**SABERES ARTESANAIS.** MapaMata: Materiais da Mata Atlântica. Disponível em: https://saberesartesanais.com.br/mapamata-materiais-da-mata-atlantica/. Acesso em: 15 dez. 2024.

**SAÚDE. Plantas medicinais e fitoterápicos no SUS.** Disponível em: https://www.gov.br/saude/pt-br/composicao/sectics/plantas-medicinais-e-fitoterapicos/plantas-medicinais-e-fitoterapicos-no-sus. Acesso em: 15 dez. 2024.

**SÃO PAULO (Estado). Conselho de Defesa do Patrimônio Histórico, Arqueológico, Artístico e Turístico.** Serra do Mar e de Paranapiacaba. Disponível em: http://condephaat.sp.gov.br/benstombados/serra-do-mar-e-de-paranapiacaba-3/. Acesso em: 16 out. 2024.

**SÃO PAULO (Estado). Secretaria do Meio Ambiente e Infraestrutura.** 27 de maio: Dia Nacional da Mata Atlântica. Disponível em: https://semil.sp.gov.br/educacaoambiental/2021/05/27-de-maio-dia-nacional-da-mata-atlantica/. Acesso em: 16 out. 2024.

**SANTA VIRGÍNIA.** PESM – Santa Virgínia – Trilha Pico do Corcovado. Disponível em: https://santavirginia.ingressosparquespaulistas.com.br/produto/ff-pesm-santa-virginia-trilha-pico-do-corcovado. Acesso em: 30 dez. 2024.

**SOS MATA ATLÂNTICA.** Mata Atlântica. Disponível em: https://www.sosma.org.br/causas/mata-atlantica/. Acesso em: 16 out. 2024.

**TERRA DA GENTE.** Ervário Caiçara promove atividade sobre uso das plantas medicinais em Ubatuba (SP). Disponível em: https://g1.globo.com/sp/campinas-regiao/terra-da-gente/noticia/2023/03/06/ervario-caicara-promove-atividade-sobre-uso-das-plantas-medicinais-em-ubatuba-sp.ghtml. Acesso em: 15 dez. 2024.

**TURISMO UBATUBA.** Pico do Corcovado. Disponível em: https://turismo.ubatuba.sp.gov.br/atrativosturisticos/corcovado/. Acesso em: 30 dez. 2024.

**UBATUBA.** Câmara Municipal de Ubatuba. Lei nº 4350 de 16 de dezembro de 2020. Disponível em: https://cmubatuba.legislacaocompilada.com.br/Arquivo/Documents/legislacao/image/L43502020.pdf. Acesso em: 23 dez. 2024.

**UBATUBA.** Projeto de Lei nº 79/01, de 2001. Constitui comissão para realizar os estudos e projetos para a construção de estátua do pescador na entrada da cidade. Disponível em: https://camaraubatuba.sp.gov.br/documentos/projeto_lei/2001/790019.pdf. Acesso em: 28 jan. 2025.

**UBATUBA.** Remo do monumento de Zé Capão passa por revitalização. Disponível em: https://www.ubatuba.sp.gov.br/destaques/remozecapao/. Acesso em: 28 jan. 2025.

**UBAWEB.** Histórias e curiosidades sobre Zé Capão. Disponível em: https://www.ubaweb.com/revista/g_mascara.php?grc=5179. Acesso em: 28 jan. 2025.

**VIEIRA, Milward de Azevedo.** Diversidade e gestão na Mata Atlântica. Disponível em: https://itr.ufrrj.br/diversidadeegestao/wp-content/uploads/2019/09/DG049_Vieira_Milward-de-Azevedo.pdf. Acesso em: 15 dez. 2024.

**WIKIMAPIA.** RPPN Morro do Curussu Mirim. Disponível em: https://wikimapia.org/26923350/pt/RPPN-Morro-do-Curussu-Mirim. Acesso em: 23 dez. 2024.

## Referências pesquisadas capítulo 5:

**ALBATROZ.** Rodovia Rio-Santos e turismo na Costa Verde. Disponível em: https://www.albatroz.eco.br/rodovia-rio-santos-e-turismo-na-costa-verde/. Acesso em: 23 dez. 2024.

**BRASIL DE FATO.** 'Cicatriz que nunca cura': 50 anos depois, Rio-Santos segue fazendo vítimas no litoral. Disponível em: https://www.brasildefato.com.br/2023/02/25/cicatriz-que-nunca-cura-50-anos-depois-rio-santos-segue-fazendo-vitimas-no-litoral#:~:text=Apesar%20de%20planejada%20ainda%20no,Costa%20e%20Silva%20e%20M%C3%A9dici. Acesso em: 23 dez. 2024.

**FOLHA DE S.PAULO.** Governo de SP quer duplicar a Rodovia Rio-Santos entre Caraguatatuba e Ubatuba. Disponível em: https://www1.folha.uol.com.br/cotidiano/2024/11/governo-de-sp-quer-duplicar-a-rodovia-rio-santos-entre-caraguatatuba-e-ubatuba.shtml. Acesso em: 23 dez. 2024.

**FIOCRUZ.** Trajetória do médico dedicado à ciência. Disponível em: https://portal.fiocruz.br/trajetoria-do-medico-dedicado-ciencia. Acesso em: 26 jan. 2025.

**GAZETA SP.** Litoral de SP tem uma das estradas mais bonitas do Brasil. Veja! Disponível em: https://www.gazetasp.com.br/gazeta-mais/curiosidades/litoral-de-sp-tem-uma-das-estradas-mais-bonitas-do-brasil-veja/1143248/. Acesso em: 23 dez. 2024.

**G1.** Tarcísio de Freitas anuncia obra para duplicação da Rio-Santos entre Ubatuba e Caraguatatuba. Disponível em: https://g1.globo.com/sp/vale-do-paraiba-regiao/noticia/2024/11/18/tarcisio-de-freitas-anuncia-obra-para-duplicacao-da-rio-santos-entre-ubatuba-e-caraguatatuba.ghtml. Acesso em: 23 dez. 2024.

**INSTITUTO DE ENGENHARIA.** História da Rio-Santos é a crônica dos deslizamentos de terra. Disponível em: https://www.institutodeengenharia.org.br/site/2010/01/06/historia-da-riosantos-e-a-cronica-dos-deslizamentos-de-terra/. Acesso em: 23 dez. 2024.

**IPHAN.** História da Rodovia Rio-Santos. Disponível em: http://portal.iphan.gov.br/pagina/detalhes/1510/. Acesso em: 23 dez. 2024.

**MEMÓRIA NACIONAL.** Estrada do Sol: Rio-Santos. Disponível em: https://memoria.bn.gov.br/docreader/DocReader.aspx?bib=089842_07&pagfis=91924. Acesso em: 23 dez. 2024.

**NOTÍCIAS DAS PRAIAS.** Vídeo: confira como ficará a Rio-Santos após a duplicação entre Caraguatatuba e Ubatuba. Disponível em: https://noticiasdaspraias.com/2024/10/31/video-confira-como-ficara-a-rio-santos-apos-a-duplicacao-entre-caraguatatuba-e-ubatuba/. Acesso em: 23 dez. 2024.

**PLANETA CAMINHÃO.** Estrada mais bonita do Brasil: por que a Rodovia Rio-Santos tem essa fama? Disponível em: https://planetacaminhao.com.br/noticias/ver/2517/estrada-mais-bonita-do-brasil-por-que-a-rodovia-rio-santos-tem-essa-fama. Acesso em: 23 dez. 2024.

**RÁDIO COSTA AZUL FM.** Quase 2 mil calotas caem mensalmente dos carros na serra de Ubatuba. Disponível em: https://www.radiocostaazulfm.com/noticias/quase-2-mil-calotas-caem-mensalmente-dos-acrros-na-serra-de-ubatuba/. Acesso em: 26 jan. 2025.

**RODOVIA OSWALDO CRUZ.** Disponível em: https://www.rodoviaoswaldocruz.com.br/. Acesso em: 26 jan. 2025.

**RODOVIAS.ORG.** Rodovia Oswaldo Cruz SP-125. Disponível em: https://rodovias.org/rodovia-oswaldo-cruz-sp-125/. Acesso em: 26 jan. 2025.

**RODOVIAS.ORG.** Rodovia Rio-Santos BR-101. Disponível em: https://rodovias.org/rodovia-rio-santos-br-101/. Acesso em: 23 dez. 2024.

**TAMOIOS NEWS.** Oswaldo Cruz: a estrada que salva a vida dos motoristas quando a Tamoios é interditada. Disponível em: https://tamoiosnews.com.br/oswaldo-cruz-a-estrada-que-salva-a-vida-dos-motoristas-quando-a-tamoios-e-interditada/. Acesso em: 26 jan. 2025.

**UBATUBENSE.** História da Rodovia Rio-Santos em Ubatuba. Disponível em: https://ubatubense.blogspot.com/2007/11/histria-da-rodovia-rio-santos-em.html. Acesso em: 23 dez. 2024.

**YOUTUBE.** Estrada do Sol: Rio-Santos. Arquivo Nacional. Disponível em: https://www.youtube.com/watch?v=ELVa99o2pSo. Acesso em: 23 dez. 2024.

## Referências pesquisadas capítulo 6:

**AÇÃO EDUCATIVA.** Adinkra. Disponível em: https://relacoesraciais.acaoeducativa.org.br/material/adinkra/. Acesso em: 23 dez. 2024.

**BRASIL.** Ministério da Agricultura e Pecuária. Instituto Nacional de Colonização e Reforma Agrária. Relatório Técnico de Identificação e Delimitação da Comunidade Quilombola Caçandoca. Disponível em: https://www.gov.br/incra/pt-br/assuntos/governanca-fundiaria/cacandoca.pdf. Acesso em: 23 dez. 2024.

**BRASIL.** Ministério da Educação. Lei n.º 11.645, de 10 de março de 2008. Disponível em: https://etnicoracial.mec.gov.br/images/pdf/lei_11645_100308.pdf. Acesso em: 20 nov. 2024.

**BRASIL.** Presidência da República. Lei n.º 10.639, de 9 de janeiro de 2003. Disponível em: https://www.planalto.gov.br/ccivil_03/leis/2003/l10.639.htm. Acesso em: 20 nov. 2024.

**CÂMARA MUNICIPAL DE UBATUBA.** Lei n. 11, de 1956. Disponível em: https://cmubatuba.legislacaocompilada.com.br/legislacao/norma.aspx?id=134&numero=11&ano=1956&interno=0. Acesso em: 16 out. 2024.

**CLARA NUNES.** Canto das Três Raças. Letras.mus.br. Disponível em: https://www.letras.mus.br/clara-nunes/83169/. Acesso em: 23 dez. 2024.

**CONSELHO DE DEFESA DO PATRIMÔNIO HISTÓRICO, ARQUEOLÓGICO, ARTÍSTICO E TURÍSTICO DO ESTADO DE SÃO PAULO.** Igreja Matriz de Ubatuba e Cruzeiro. Disponível em: http://condephaat.sp.gov.br/benstombados/igreja-matriz-de-ubatuba-e-cruzeiro/. Acesso em: 16 out. 2024.

**CURIOSIDADES DE UBATUBA.** Estátua Regina Pacis. Disponível em: https://www.curiosidadesdeubatuba.com.br/estatua-regina-pacis/. Acesso em: 20 nov. 2024.

**CURIOSIDADES DE UBATUBA.** Matarazzo. Disponível em: https://www.curiosidadesdeubatuba.com.br/ubatuba2/matarazzo/. Acesso em: 23 dez. 2024.

**CURIOSIDADES DE UBATUBA. Túnel da Prainha.** Disponível em: https://www.curiosidadesdeubatuba.com.br/tunel-da-prainha/. Acesso em: 23 dez. 2024.

**FUNDAÇÃO DE ARTE E CULTURA DE UBATUBA – FUNDART.** Homenagem a Dona Maria da Caçandoca. Disponível em: https://www.ubatuba.sp.gov.br/noticias/fundart-homenageia-dona-maria/. Acesso em: 23 dez. 2024.

**FUNDAÇÃO UNIVERSIDADE FEDERAL DO RIO GRANDE – FURG.** Uso de simbologia africana marca identidade visual da Feira do Livro. Disponível em: https://www.furg.br/en/noticias/noticias-institucional/uso-de-simbologia-africana-marca-identidade-visual-da-feira-do-livro. Acesso em: 23 dez. 2024.

**GERDAU.** Memórias de Ferro. Disponível em: https://mmgerdau.org.br/site2021/wp-content/uploads/2022/04/MemoriasdeFerro.pdf. Acesso em: 23 dez. 2024.

**GLOBO.** Ora-pro-nobis: folha batizada em latim por causa de missa é estrela de festival gastronômico. G1. 2023. Disponível em: https://g1.globo.com/mg/noticia/2023/05/28/ora-pro-nobis-folha-batizada-em-latim-por-causa-de-missa-e-estrela-de-festival-gastronomico.ghtml. Acesso em: 16 out. 2024.

**IMS.** Pequenas Áfricas: espaço de convivência e jogo da memória Adinkra. Disponível em: https://ims.com.br/pequenas-africas-espaco-de-convivencia-jogo-da-memoria-adinkra/. Acesso em: 23 dez. 2024.

**JORNAL GGN.** Ubatuba: ato une religiões e resgata história da Igreja dos Escravos. Disponível em: https://jornalggn.com.br/cidadania/ubatuba-ato-une-religioes-e-resgata-historia-da-igreja-dos-escravos/. Acesso em: 16 out. 2024.

**LAART.** Arquitetura Neoclássica. Disponível em: https://laart.art.br/blog/arquitetura-neoclassica/. Acesso em: 16 out. 2024.

**LE PETIT JOURNAL.** Vai-Vai e o ideograma Adinkra. Disponível em: https://backoffice.lepetitjournal.com/sites/default/files/inline-files/Vai-Vai-Adinkra-ide%CC%81ogramme.pdf. Acesso em: 23 dez. 2024.

**NONADA - Jornalismo Travessia.** Glossário do pensamento contracolonial brasileiro. Disponível em: https://www.nonada.com.br/glossario-do-pensamento-contracolonial-brasileiro/. Acesso em: 23 dez. 2024.

**PET AGRONOMIA.** História do ora-pro-nóbis. 2024. Disponível em: http://www.petagronomia.com/news/historia-do-ora-pro-nobis/. Acesso em: 16 out. 2024.

**PORTAL R3.** Ato de resgate histórico e religioso da Igreja de Nossa Senhora do Rosário dos Homens Pretos. Disponível em: https://www.portalr3.com.br/2018/10/26/ato-de-resgate-historico-e-religioso-da-igreja-de-nossa-senhora-do-rosario-dos-homens-pretos. Acesso em: 16 out. 2024.

**REDE NHANDEREKO.** Sobre nós. Disponível em: https://www.redenhandereko.org/sobre. Acesso em: 23 dez. 2024.

**REVISTA SUPERINTERESSANTE.** Consciência negra: conheça os Adinkras, símbolos africanos que estão no seu cotidiano. Disponível em: https://super.abril.com.br/cultura/consciencia-negra-conheca-os-adinkras-simbolos-africanos-que-estao-no-seu-cotidiano/. Acesso em: 23 dez. 2024.

**UBAWEB.** História da Santa Cruz: O significado e a história da Santa Cruz de Ubatuba. Disponível em: https://www.ubaweb.com/ubatuba/historia/index_his_masc.php?hist=escruz. Acesso em: 16 out. 2024.

**UBATUBENSE.** Igreja Nossa Senhora do Rosário dos Homens Pretos. Ubatuba, 1912. Disponível em: https://ubatubense.blogspot.com/2011/09/ubatuba-1912igreja-nossa-senhora-do.html. Acesso em: 16 out. 2024.

**UNIVERSIDADE FEDERAL DE MINAS GERAIS – UFMG.** Tecnologia ancestral africana: símbolos Adinkra. Disponível em: https://www.ufmg.br/espacodoconhecimento/tecnologia-ancestral-africana-simbolos-adinkra/. Acesso em: 23 dez. 2024.

**UNIVERSIDADE FEDERAL DO ESTADO DO RIO DE JANEIRO (UNIRIO).** Pereskia aculeata Mill. Disponível em: https://www.unirio.br/ccbs/ibio/herbariohuni/pereskia-aculeata-mill. Acesso em: 16 out. 2024.

**VAI-VAI.** Samba-enredo para o próximo carnaval. Disponível em: https://ligasp.com.br/ouca-o-samba-enredo-do-vai-vai-para-o-proximo-carnaval/. Acesso em: 23 dez. 2024.

## Referências pesquisadas capítulo 7:

**ALMANAQUE URUPÊS.** Companhia Taubaté Industrial: o início. Disponível em: https://almanaqueurupes.com.br/companhia-taubate-industrial-o-inicio/. Acesso em: 23 jan. 2025.

**ARQUITECTURA neoclássica: conheça o estilo e suas inspirações.** Tegula. Disponível em: https://tegula.com.br/arquitetura-neoclassica-conheca-o-estilo-e-suas-inspiracoes/. Acesso em: 29 dez. 2024.

**ARQUITETURA neoclássica: história e principais características. Archtrends.** Disponível em: https://blog.archtrends.com/estilo-neoclassico/. Acesso em: 29 dez. 2024.

**ARQUITETURA neoclássica: tudo o que você precisa saber. Incorposul.** Disponível em: https://www.incorposul.com.br/blog/arquitetura-neoclassica/. Acesso em: 29 dez. 2024.

**ARQUITETURA neoclássica: um estilo atemporal. Gallas Disperati.** Disponível em: https://gallasdisperati.com.br/neoclassico/. Acesso em: 29 dez. 2024.

**ARQUITETURA neoclássica: um guia completo sobre o estilo.** Vobi. Disponível em: https://www.vobi.com.br/blog/arquitetura-neoclassica. Acesso em: 29 dez. 2024.

**ATLAS DO CHÃO.** Palma Mater. Disponível em: https://www.atlasdochao.org/ponto/palma-mater/. Acesso em: 23 dez. 2024.

**BRASIL DE FATO.** A história da palmeira imperial no Brasil. 2021. Disponível em: https://www.brasildefato.com.br/2021/03/26/a-historia-da-palmeira-imperial-no-brasil. Acesso em: 23 dez. 2024.

**CÂMARA DOS DEPUTADOS.** Palmeira D. João. Disponível em: https://www2.camara.leg.br/a-camara/estruturaadm/gestao-na-camara-dos-deputados/responsabilidade-social-e-ambiental/ecocamara/pastadeimagens/PalmeiraDJoo.jpg/view. Acesso em: 23 dez. 2024.

**CÂMARA MUNICIPAL DE UBATUBA.** Lei n.º 4207 de 20 de setembro de 2019. Dispõe sobre a presença de "Doulas" durante o parto, nas maternidades situadas no Município de Ubatuba e dá outras providências. Disponível em: https://cmubatuba.legislacaocompilada.com.br/Arquivo/Documents/legislacao/image/L42072019.pdf. Acesso em: 23 dez. 2024.

**CÂMARA MUNICIPAL DE UBATUBA.** Lei nº 196, de 2 de dezembro de 1968. Disponível em: https://cmubatuba.legislacaocompilada.com.br/Arquivo/Documents/legislacao/html/L1961968.html. Acesso em: 23 dez. 2024.

**CÂMARA MUNICIPAL DE UBATUBA.** Lei nº 721, de 1º de julho de 1966. Disponível em: https://cmubatuba.legislacaocompilada.com.br/Arquivo/Documents/legislacao/image/L721966.pdf. Acesso em: 23 dez. 2024.

**CARLOS FATORELLI.** A obra Cruz de Anchieta na Praça Santa Cruz. Disponível em: https://carlosfatorelli27013.blogspot.com/2013/05/a-obra-cruz-de-anchieta-na-praca-santa.html. Acesso em: 30 dez. 2024.

**COMPANHIA TAUBATÉ INDUSTRIAL.** Condephaat: bens tombados. Disponível em: http://condephaat.sp.gov.br/benstombados/companhia-taubate-industrial/. Acesso em: 23 jan. 2025.

**CONDEPHAAT.** Igreja Matriz de Ubatuba e Cruzeiro. Conselho de Defesa do Patrimônio Histórico, Arqueológico, Artístico e Turístico. Disponível em: http://condephaat.sp.gov.br/benstombados/igreja-matriz-de-ubatuba-e-cruzeiro/. Acesso em: 29 dez. 2024.

**FUNDART.** FundArt Ubatuba disponibiliza relatório sobre estudo de cores do Sobradão do Porto. Disponível em: https://fundart.com.br/fundart-ubatuba-disponibiliza-relatorio-sobre-estudo-de-cores-do-sobradao-do-porto/. Acesso em: 23 jan. 2025.

**FUNDART.** O carnaval de Ubatuba. Disponível em: https://fundart.com.br/o-carnaval-de-ubatuba/. Acesso em: 15 dez. 2024.

**FUNDART.** Sobradão do Porto. Disponível em: https://fundart.com.br/dt_portfolio/sobradao-do-porto/. Acesso em: 23 jan. 2025.

**GLOBO, O.** Parte da primeira palmeira imperial plantada no país salva de um raio há 50 anos estará em exposição no Jardim Botânico do Rio. Disponível em: https://blogs.oglobo.globo.com/ancelmo/post/parte-da-primeira-palmeira-imperial-plantada-no-pais-salva-de-um-raio-ha-50-anos-estara-em-exposicao-no-jardim-botanico-do-rio.html. Acesso em: 23 dez. 2024.

**GOV.BR.** Jardim Botânico do Rio completa 214 anos e inaugura exposição da primeira palmeira imperial plantada no país. Disponível em: https://www.gov.br/jbrj/pt-br/assuntos/noticias/jardim-botanico-do-rio-completa-214-anos-e-inaugura-exposicao-da-primeira-palmeira-imperial-plantada-no-pais. Acesso em: 23 dez. 2024.

**HISTÓRIA EM DESTAQUE.** Obelisco Egípcio. Disponível em: https://www.historiaemdestaque.com.br/post/obelisco-egipcio. Acesso em: 30 dez. 2024.

**IGREJA MATRIZ e Cruzeiro de Ubatuba. Ipatrimônio.** Disponível em: https://www.ipatrimonio.org/ubatuba-igreja-matriz-e-cruzeiro/#!/map=38329&loc=-23.424493758349932,-45.077494382858276,14. Acesso em: 29 dez. 2024.

**IGREJA MATRIZ: Exaltação da Santa Cruz. Cidade e Cultura.** Disponível em: https://www.cidadeecultura.com/igreja-matriz-ubatuba/. Acesso em: 29 dez. 2024.

**IGREJA MATRIZ: Exaltação da Santa Cruz. Portal Ubatuba.** Disponível em: https://turismo.ubatuba.sp.gov.br/atrativosturisticos/matriz/. Acesso em: 29 dez. 2024.

**LEI nº 1.762, de 20 de setembro de 1978.** Assembleia Legislativa do Estado de São Paulo. Disponível em: https://www.al.sp.gov.br/repositorio/legislacao/lei/1978/lei-1762-20.09.1978.html. Acesso em: 23 dez. 2024.

**LORENA, Prefeitura de.** Os barões do café sob as palmeiras imperiais. Disponível em: http://www.lorena.sp.gov.br/wordpress/index.php/2017/01/12/os-baroes-do-cafe-sob-as-palmeiras-imperiais/. Acesso em: 23 dez. 2024.

**MATRIZ de Ubatuba: História e Patrimônio.** Ubatuba SP. Disponível em: https://www.ubatubasp.com.br/matriz.htm. Acesso em: 29 dez. 2024.

**NATIONAL GEOGRAPHIC BRASIL.** Qual é o obelisco preservado mais antigo do mundo. Disponível em: https://www.nationalgeographicbrasil.com/historia/2023/04/qual-e-o-obelisco-preservado-mais-antigo-do-mundo. Acesso em: 30 dez. 2024.

**NEY MATOGROSSO.** Eu quero é botar meu bloco na rua. Disponível em: https://www.letras.mus.br/ney-matogrosso/eu-quero-e-botar-meu-bloco-na-rua/. Acesso em: 15 dez. 2024.

**OGUIALEGAL.** Palma Mater. Disponível em: https://www.oguialegal.com/08-palmamater.htm. Acesso em: 23 dez. 2024.

**PASSOS de Anchieta: a contribuição do jesuíta para o Rio de Janeiro (RJ).** Disponível em: https://g1.globo.com/sp/campinas-regiao/terra-da-gente/noticia/2022/06/07/passos-de-anchieta-a-contribuicao-do-jesuita-para-o-rio-de-janeiro-rj.ghtml. Acesso em: 23 dez. 2024.

**PORTAL SERRA E MAR.** O que é Obelisco Histórico. Disponível em: https://portalserraemar.com.br/glossario/o-que-e-obelisco-historico/. Acesso em: 30 dez. 2024.

**PREFEITURA MUNICIPAL DE UBATUBA.** Escola Municipal Maestro Pedro. Disponível em: https://educacao.ubatuba.sp.gov.br/escolas/em-maestro-pedro/. Acesso em: 16 out. 2024.

**R7 - SEGREDOS DO MUNDO.** A história dos Obeliscos. Disponível em: https://segredosdomundo.r7.com/obeliscos/#:~:text=A%20hist%C3%B3ria%20dos%20Obeliscos&text=Al%C3%A9m%20de%20serem%20constru%C3%ADdos%20para,est%C3%A3o%20apenas%20no%20Egito%20mais. Acesso em: 30 dez. 2024.

**SANTA CASA DE MISERICÓRDIA: origem e contribuição na medicina.** Acta Médica Brasileira. Disponível em: http://www.actamedica.org.br/publico/noticia.php?codigo=29. Acesso em: 23 dez. 2024.

**SANTA CASA DE UBATUBA - História.** Disponível em: https://santacasaubatuba.org.br/elementor-1140/. Acesso em: 23 dez. 2024.

**SANTA CASA DE UBATUBA - Institucional.** Disponível em: https://santacasaubatuba.org.br/elementor-1035/. Acesso em: 23 dez. 2024.

**SANTA CASA DE UBATUBA - Página Oficial.** Disponível em: https://santacasaubatuba.org.br/. Acesso em: 23 dez. 2024.

**SÃO PAULO (Estado).** Conselho de Defesa do Patrimônio Histórico, Arqueológico, Artístico e Turístico (CONDEPHAAT). Sobrado do Porto. Disponível em: http://condephaat.sp.gov.br/benstombados/sobrado-do-porto/. Acesso em: 23 jan. 2025.

**SÃO PAULO ANTIGA.** Monumento a Baden Powell. Disponível em: https://saopauloantiga.com.br/monumento-a-baden-powell/. Acesso em: 30 dez. 2024.

**SILVA, Tiago Oliveira.** Sobradão do Porto: um estudo de tombamento e restauro na cidade de Ubatuba. São Paulo, 2019. 155 f. Orientadora: Beatriz Mugayar Kühl.

**TRANSCRIÇÃO da Lei nº 1, de 31 de janeiro de 1953.** Câmara Municipal de Ubatuba. Disponível em: https://cmubatuba.legislacaocompilada.com.br/Arquivo/Documents/legislacao/image/L11953.pdf. Acesso em: 23 dez. 2024.

**UBATUBA. Casarão do Porto – Atrações Turísticas.** Disponível em: https://turismo.ubatuba.sp.gov.br/atrativosturisticos/casaraoporto/. Acesso em: 23 jan. 2025.

**UBATUBA. Lei nº 10, de 20 de junho de 1950.** Autoriza a Prefeitura Municipal a efetuar o pagamento do relógio público colocado na torre da Igreja local. Disponível em: https://cmubatuba.legislacaocompilada.com.br/Arquivo/

Documents/legislacao/image/L101950.pdf?identificador=30003A004C00. Acesso em: 16 out. 2024.

**UBATUBA. Lei nº 1159, de 8 de maio de 1992.** Denomina "Maestro Pedro Alves de Souza" o coreto da Praça Exaltação à Santa Cruz, situada no centro da cidade. Disponível em: https://cmubatuba.legislacaocompilada.com.br/Arquivo/Documents/legislacao/html/L11591992.html?identificador=3100380035003A004C00. Acesso em: 18 out. 2024.

**UBATUBA. Lei nº 2733, de 21 de novembro de 2005.** Disponível em: https://cmubatuba.legislacaocompilada.com.br/Arquivo/Documents/legislacao/image/L27332005.pdf. Acesso em: 30 dez. 2024.

**UBATUBA. Lei nº 3004, de 8 de novembro de 2007.** Denomina "Ophélia Prado de Oliveira" o coreto da Praça Exaltação à Santa Cruz, localizado na área central. Disponível em: https://cmubatuba.legislacaocompilada.com.br/Arquivo/Documents/legislacao/html/L30042007.html?identificador=320034003000039003A004C00. Acesso em: 18 out. 2024.

**UBATUBA.** Obra Sobradão do Porto. Disponível em: https://www.ubatuba.sp.gov.br/destaques/obra-sobradao-porto/. Acesso em: 23 jan. 2025.

**UBATUBA SP.** Obelisco de Ubatuba. Disponível em: https://www.ubatubasp.com.br/obelisco.htm. Acesso em: 30 dez. 2024.

**UBATUBENSE.** História do Bloco da Caxorrada com X. Disponível em: https://ubatubense.blogspot.com/2009/02/historia-do-bloco-da-caxorrada-com-x.html. Acesso em: 30 dez. 2024.

**USP, ESALQ.** Palmeira Imperial. Disponível em: https://www.esalq.usp.br/trilhas/palm/palm03.php#:~:text=Origin%C3%A1ria%20das%20Antilhas%2C%20%C3%A9%20tamb%C3%A9m,chamada%20%22Palma%2DMaster%22. Acesso em: 23 dez. 2024.

**VEJA RIO.** Primeira palmeira imperial salva de um raio. Disponível em: https://vejario.abril.com.br/programe-se/primeira-palmeira-imperial-salva-raio. Acesso em: 23 dez. 2024.

**WIKIPÉDIA.** Companhia Taubaté Industrial. Disponível em: https://pt.wikipedia.org/wiki/Companhia_Taubat%C3%A9_Industrial. Acesso em: 23 jan. 2025.

**WIKIPÉDIA.** Palmeira-imperial. Disponível em: https://pt.wikipedia.org/wiki/Palmeira-imperial. Acesso em: 23 dez. 2024.

**YOUTUBE.** História da Companhia Taubaté Industrial. Disponível em: https://www.youtube.com/watch?v=N0ITmMLJ2Jg. Acesso em: 23 jan. 2025.

## Referências pesquisadas capítulo 8:

**COSTA NORTE.** Litoral Norte: 3 hotéis em Ubatuba para aproveitar as férias. Disponível em: https://costanorte.com.br/turismo/litoral-norte-3-hoteis-em-ubatuba-para-aproveitar-as-ferias.html. Acesso em: 23 dez. 2024.

**CURIOSIDADES DE UBATUBA.** Seu Motta Cozinha. Disponível em: https://www.curiosidadesdeubatuba.com.br/seu-motta-cozinha/. Acesso em: 15 dez. 2024.

**EMPRESÁRIO cria sorvetes com sabores exóticos da Mata Atlântica.** Valeando. Disponível em: https://www.valeando.com.br/noticia/empresario-cria-sorvetes-com-sabores-exoticos-da-mata-atlantica. Acesso em: 23 dez. 2024.

**FUNDAÇÃO DE ARTE E CULTURA DE UBATUBA (Fundart).** Tradição – Comunidades – Quilombos. Disponível em: https://fundart.com.br/tradicao/comunidades/quilombos/. Acesso em: 23 dez. 2024.

**G1 VALE DO PARAÍBA E REGIÃO.** Com mais de mil quilombolas, Ubatuba tem quatro comunidades na cidade; conheça os quilombos. Disponível em: https://g1.globo.com/sp/vale-do-paraiba-regiao/noticia/2023/07/27/com-mais-de-mil-quilombolas-ubatuba-tem-quatro-comunidades-na-cidade-conheca-os-quilombos.ghtml. Acesso em: 23 dez. 2024.

**IDECOBR.** Comida caiçara e história do povo litorâneo brasileiro. Disponível em: https://idec.org.br/dicas-e-direitos/comida-caicara. Acesso em: 15 dez. 2024.

**MAR E PRAIA HOTEL.** Sobre o Mar e Praia Hotel. Ubatuba, [2024]. Disponível em: https://marepraia.com.br/sobre. Acesso em: 15 dez. 2024.

**PREFEITURA MUNICIPAL DE UBATUBA.** Festival Gastronômico Quilombo. Disponível em: https://www.ubatuba.sp.gov.br/noticias/festival-gastronomico-quilombo/. Acesso em: 23 dez. 2024.

**QUILOMBO DA FAZENDA.** Página Inicial. Disponível em: https://www.quilombodafazenda.com/p%C3%A1gina-inicial. Acesso em: 23 dez. 2024.

**RÁDIO COSTA AZUL.** Ubatuba é a cidade com a maior quantidade de quilombolas do Litoral Norte. Disponível em: https://www.radiocostaazulfm.com/

noticias/ubatuba-e-a-cidade-com-a-maior-quantidade-de-quilombolas--do-litoral-norte/. Acesso em: 23 dez. 2024.

**RANCHO DO BETUM.** Rancho do Betum [perfil no Instagram]. Disponível em: https://www.instagram.com/ranchodobetum/. Acesso em: 23 dez. 2024.

**RESTAURANTE RAÍZES.** Quem somos. Disponível em: https://www.raizesubatuba.com/quemsomos. Acesso em: 15 dez. 2024.

**RESTAURANTE RAÍZES.** Restaurante Raízes [perfil no Instagram]. Disponível em: https://www.instagram.com/restaurante.raizes/. Acesso em: 15 dez. 2024.

**SANTIN Gelato Artesanal.** Disponível em: https://www.santingelatoartesanal.com/. Acesso em: 23 dez. 2024.

**SANTIN Gelato Artesanal.** Instagram. Disponível em: https://www.instagram.com/santingelatoartesanal/. Acesso em: 23 dez. 2024.

**SEU MOTTA COZINHA.** Seu Motta Cozinha [perfil no Instagram]. Disponível em: https://www.instagram.com/seumottacozinha/. Acesso em: 15 dez. 2024.

**TACHÃO DE UBATUBA.** Nossa empresa. Disponível em: https://www.tachao.com.br/pages/nossa-empresa. Acesso em: 15 dez. 2024.

**UBATUBA PALACE HOTEL.** Hotel. Disponível em: https://ubatubapalace.com.br/Hotel. Acesso em: 23 dez. 2024.

## Referências pesquisadas capítulo 9:

**ACIDENTE OVNI de Ubatuba de setembro de 1957 no Brasil.** Lúcia Duran, 2017. Disponível em: https://luciaduran.net/accidente-ovni-de-ubatuba-de--septiembre-de-1957-en-brasil/. Acesso em: 28 jan. 2025.

**ADOROCINEMA.** Verão da Lata. Disponível em: https://www.adorocinema.com/filmes/filme-242647/. Acesso em: 23 dez. 2024.

**APÓS 65 anos, explosão de disco voador em praia de Ubatuba ainda é mistério.** UOL, 28 dez. 2022. Disponível em: https://www.uol.com.br/nossa/noticias/redacao/2022/12/28/apos-65-anos-explosao-de-disco-voador--em-praia-de-ubatuba-ainda-e-misterio.htm. Acesso em: 28 jan. 2025.

**ARQUIVO UFO.** Caso Ubatuba e os fragmentos de OVNIs. 13 abr. 2017. Disponível em: https://arquivoufo.com.br/2017/04/13/caso-ubatuba-e-os-fragmentos-de-ovnis/. Acesso em: 28 jan. 2025.

**AVENTURAS NA HISTÓRIA.** Verão da Lata: quando 22 toneladas de maconha foram encontradas nas praias brasileiras. Disponível em: https://aventurasnahistoria.com.br/noticias/reportagem/verao-da-lata-quando-22-toneladas-maconha-foram-encontradas-praias-brasileiras.phtml. Acesso em: 23 dez. 2024.

**BANCO DE DADOS UFOLÓGICOS e Científicos.** Explosão de OVNI na Praia das Toninhas, Ubatuba (SP), em 1957. 22 nov. 2020. Disponível em: https://bancodedadosufologicosecientificos.wordpress.com/2020/11/22/explosao-de-ovni-na-praia-das-toninhas-ubatuba-sp-em-1957/. Acesso em: 28 jan. 2025.

**BAND VALE.** Evento na Praia das Toninhas em Ubatuba debate vida extraterrestre neste sábado (23). 23 set. 2023. Disponível em: https://www.band.uol.com.br/band-vale/noticias/evento-na-praia-das-toinhas-em-ubatuba-debate-vida-extraterrestre-neste-sabado-23-16456068. Acesso em: 28 jan. 2025.

**BLASTING NEWS Brasil.** USP comprova material alienígena recolhido de OVNI em Ubatuba. 13 abr. 2017. Disponível em: https://br.blastingnews.com/curiosidades/2017/04/usp-comprova-material-alienigena-recolhido-de-ovni-em-ubatuba-001623657.html. Acesso em: 28 jan. 2025.

**CAETANO Veloso.** Céu de Santo Amaro. Disponível em: https://www.letras.mus.br/caetano-veloso/84162/. Acesso em: 23 dez. 2024.

**CARTA CAPITAL.** Maconha da lata. Disponível em: https://www.cartacapital.com.br/sociedade/maconha-da-lata/. Acesso em: 23 dez. 2024.

**CHICO Buarque.** Roda Viva. Disponível em: https://www.letras.mus.br/chico-buarque/45167/. Acesso em: 23 dez. 2024.

**CONTRA-CULTURA.** OVNI em Ubatuba: evidências materiais de origem não humana. 6 jul. 2023. Disponível em: https://contra-cultura.com/2023/07/06/ovni-ubatuba-evidencias-materiais-origem-nao-humana/. Acesso em: 28 jan. 2025.

**DIÁRIO DO LITORAL.** Disco voador explode em praia do litoral: pesquisadores estão investigando o caso. 2023. Disponível em: https://www.diariodolitoral.com.br/cotidiano/disco-voador-explode-em-praia-do-litoral-esta-investigando-o-caso/163408/. Acesso em: 28 jan. 2025.

**EBAC.** Roda da Vida: equilíbrio pessoal e profissional. Disponível em: https://ebaconline.com.br/blog/roda-da-vida. Acesso em: 23 dez. 2024.

**FENOMENUM.** O caso Ubatuba. Disponível em: https://www.fenomenum.com.br/novo/o-caso-ubatuba/. Acesso em: 28 jan. 2025.

**FERNANDA ABREU.** Veneno da lata. Disponível em: https://www.letras.mus.br/fernanda-abreu/109192/. Acesso em: 23 dez. 2024.

**G1.** Maior roda-gigante do litoral paulista será atração do verão em Ubatuba. Disponível em: https://g1.globo.com/sp/vale-do-paraiba-regiao/especial-publicitario/atmosfera-incorporadora/noticia/2024/10/14/maior-roda-gigante-do-litoral-paulista-sera-atracao-do-verao-em-ubatuba.ghtml. Acesso em: 23 dez. 2024.

**Museu Weg. Roda-gigante:** história e curiosidades sobre as maiores do mundo. Disponível em: https://museuweg.net/blog/roda-gigante-historia-e-curiosidades-sobre-as-maiores-do-mundo/. Acesso em: 23 dez. 2024.

**O Globo.** De Dubai a São Paulo: conheça as maiores rodas-gigantes do mundo; fotos. Disponível em: https://oglobo.globo.com/boa-viagem/noticia/2023/05/de-dubai-a-sao-paulo-conheca-as-maiores-rodas-gigantes-do-mundo-fotos.ghtml. Acesso em: 23 dez. 2024.

**O GLOBO.** Memória: Verão da Lata vira documentário. Disponível em: https://oglobo.globo.com/rio/memoria-verao-da-lata-vira-documentario-14761459. Acesso em: 23 dez. 2024.

**SEIXAS, Raul.** Medo da chuva. Disponível em: https://www.letras.mus.br/raul-seixas/48316/. Acesso em: 30 dez. 2024.

**SEIXAS, Raul.** – S.O.S. Disponível em: https://www.letras.mus.br/raul-seixas/198140/. Acesso em: 28 jan. 2025.

**STELLARIUM.** Planetário gratuito. Disponível em: https://stellarium.org/pt/. Acesso em: 23 dez. 2024.

**STRANGE STRANGE STRANGE.** The Ubatuba Incident: a UFO exploded in 1957. Disponível em: https://strangestrangestrange.com/paranormal/ufo/the-ubatuba-incident-a-ufo-exploded-in-1957/. Acesso em: 28 jan. 2025.

**SUMMER HUNTER.** Os anos 1980 no Rio de Janeiro e a maravilhosa história do Verão da Lata. Disponível em: https://thesummerhunter.com/os-anos--1980-no-rio-de-janeiro-e-a-maravilhosa-historia-do-verao-da-lata/. Acesso em: 23 dez. 2024.

**TV APPLE.** Verão da Lata. Disponível em: https://tv.apple.com/br/movie/verao--da-lata/umc.cmc.390eq8v8j4t4cq0foqq81ef1d. Acesso em: 23 dez. 2024.

**UFO.COM.BR.** Um disco voador explodiu em plena luz do dia em Ubatuba nos anos 50. Disponível em: https://ufo.com.br/um-disco-voador-explodiu-em--plena-luz-do-dia-em-ubatuba-nos-anos-50/. Acesso em: 28 jan. 2025.

**UFO.COM.BR.** Uma explosão em Ubatuba. Disponível em: https://ufo.com.br/uma-explosao-em-ubatuba/. Acesso em: 28 jan. 2025.

**UOL.** Verão da Lata conta como 22 toneladas de maconha acabaram nas praias brasileiras em 87. Disponível em: https://entretenimento.uol.com.br/noticias/redacao/2012/09/25/verao-da-lata-conta-como-22-toneladas--de-maconha-acabaram-nas-praias-brasileiras-em-87.htm. Acesso em: 23 dez. 2024.

**VIGÍLIA.** O estranho caso do OVNI que explodiu no céu de Ubatuba. Disponível em: https://vigilia.com.br/o-estranho-caso-do-ovni-que-explodiu-no-ceu--de-ubatuba/. Acesso em: 28 jan. 2025.

**WIKIPÉDIA.** Verão da Lata. Disponível em: https://pt.wikipedia.org/wiki/Ver%C3%A3o_da_Lata. Acesso em: 23 dez. 2024.

## Referências pesquisadas capítulo 10:

**CAETANO VELOSO.** Oração ao tempo. Letras.mus.br. Disponível em: https://www.letras.mus.br/caetano-veloso/44760/. Acesso em: 15 dez. 2024.

**CAETANO VELOSO.** Vaca Profana. Disponível em: https://www.letras.mus.br/caetano-veloso/44789/. Acesso em: 23 dez. 2024.

**CAETANO VELOSO.** Você é linda. Disponível em: https://www.letras.mus.br/caetano-veloso/43884/. Acesso em: 15 dez. 2024.

**CLARA NUNES** – O Canto das Três Raças. Disponível em: https://www.letras.mus.br/clara-nunes/67769/. Acesso em: 28 jan. 2025

**FURTADO, Celso.** Privatização dos lucros e socialização dos prejuízos. Diário das Nações, 8 dez. 2020. Disponível em: https://diariodasnacoes.wordpress.com/2020/12/08/privatizacao-dos-lucros-e-socializacao-dos-prejuizos-celso-furtado/. Acesso em: 28 jan. 2025.

**GAL COSTA.** Divino Maravilhoso. Disponível em: https://www.letras.mus.br/gal-costa/248671/. Acesso em: 28 jan. 2025.